Wolfgang R. Hantel-Quitmann

SEHNSUCHT
DAS UNSTILLBARE GEFÜHL

Klett-Cotta

Klett-Cotta
www.klett-cotta.de
© 2011 by J. G. Cotta'sche Buchhandlung
Nachfolger GmbH, gegr. 1659, Stuttgart
Alle Rechte vorbehalten
Printed in Germany
Schutzumschlag: Rothfos & Gabler, Hamburg
Unter Verwendung eines Fotos von © Brigitte Ehnert
Gesetzt aus der Minion von Dörlemann Satz, Lemförde
Gedruckt und gebunden von fgb – freiburger graphische betriebe

ISBN 978-3-608-94679-6

Bibliografische Information der Deutschen Nationalbibliothek
Die Deutsche Nationalbibliothek verzeichnet diese Publikation in der
Deutschen Nationalbibliografie; detaillierte bibliografische
Daten sind im Internet über <http://dnb.d-nb.de> abrufbar.

Nur wer die Sehnsucht kennt,
Weiß, was ich leide!

Johann Wolfgang von Goethe
Wilhelm Meister, 1795/96

Dieses Buch widme ich:
Lucie, Wilfried, Julia, Marius,
David, Robin, Clara, Lili und …

Inhaltsverzeichnis

Sehnsucht – Eine Einführung

Erst jetzt, da dieser Durst gestillt ist,
begreife ich, wie leer ich war.
Und wie sehr ich, so viele Jahre lang,
gehungert und gedürstet habe.
Haruki Murakami

Michihisa Yamaguchi aus Tokio folgte der Sehnsucht und landete zwischen Kühen in einem französischen Bergdorf[1]. Als er 15 Jahre alt war verbrachte er als begeisterter Radrennfahrer viele Nächte vor dem Fernseher, weil er die Tour de France verfolgte. Und dabei sah er auch die Berge der Alpen, die Wiesen und die Kühe. *Es war Liebe auf den ersten Blick, der Beginn einer diffusen Sehnsucht eines Tages Tokio zu verlassen und in den Bergen zu leben, ganz nah bei der Natur und den Tieren.* Er studierte japanische Literatur, gab seine Hoffnung aber nie auf und verließ mit Mitte zwanzig seine Heimat. Von Frankreich kannte er nur das, was er in den Fernsehberichten über die Tour de France gesehen hatte und sprach kein Wort französisch. Keiner hatte geglaubt, dass er seine Pläne wahr machen würde. *Nur meine Geschwister, die haben vielleicht schon immer gedacht, dass ich das wirklich machen würde, weil ich nie aufgehört habe, von der Tour und den Kühen zu reden.*
Also ging er im Jahre 2002 nach Frankreich, landete in Poitiers, machte dort erst einmal einen Sprachkurs und begann eine Käserausbildung. Bei der Bewerbung als Käser in der *Fruitiere des Perrieres* im Bergdorf *Les Gets* in den Savoyen war er der einzige Bewerber, der mit einem selbstgemachten Käse zum Vorstellungsgespräch kam – und er wurde genommen. Während der

Tour de France nimmt er sich immer frei, denn sie geht direkt an seiner Haustür vorbei. Beim letzten Mal schrieb er auf japanisch den Namen des einzigen japanischen Tourfahrers auf die Straße, daraufhin bekam er viel Post aus der Heimat, weil alle wussten, dass nur er das gewesen sein konnte. Vielleicht wird er eines Tages seinen Käse auch nach Japan verkaufen, denn die Laktoseintoleranz der Japaner soll ein Mythos sein; er jedenfalls isst abends im Restaurant der Käserei die Hälfte seiner Kostproben selbst. Und wenn er dann noch die Kühe auf den Wiesen besucht ist er glücklich und weiß, dass sich seine Sehnsüchte erfüllt haben.

Wie kann man sich beim Verfolgen eines Radrennens im Fernsehen in eine Berglandschaft mit Kühen so verlieben, dass daraus eine Sehnsucht wird, der zuliebe man die Heimat verlässt, in ein vollkommen fremdes Land am anderen Ende der Welt geht und dort in einem Bergdorf einen Beruf ausübt, von dem man vorher noch nie gehört hat? Woher kommt solch eine Sehnsucht? Wie entsteht sie? Welche Kraft treibt sie an und wieso kann man sich ihrem Sog nicht entziehen, selbst wenn man es wollte? Wie können sich alle Lebensenergien der Seele an diese Idee binden, so dass sie fortan das Denken und Handeln eines Menschen beherrscht?

Was ist Sehnsucht?

Bei der Wahl des schönsten deutschen Wortes kam die Sehnsucht auf den dritten Platz. *Sehnsucht* ist der Name des deutschen Pavillons bei der Architektur-Biennale in Venedig, *Sehnsucht* ist der Name von Schiffen, Parfums und Modemarken, es ist ein ziehendes, schmerzliches Gefühl im Oberbauch, eine Phantasie im Hirn, die direkt mit tiefen Gefühlen verknüpft ist, eine Passion und Obsession, ein Schmerz und das Glück zugleich. Sehnsucht lässt die Zeit stillstehen und zugleich verfliegen. Es gibt die Sehnsucht nach der Kindheit, einem warmen Essen, einem sorglosen Leben, nach dem Authentischen, nach Wärme und Zärtlichkeit, Demokratie und Freiheit, Familie oder Freunden, der großen

Liebe, der Natur, der Stille, dem Meistertitel, nach Größe, Einmaligkeit oder Macht, Sonne und Erholung, nach Blaubeerkuchen, dem starken Mann und Recht und Ordnung, nach Geborgenheit oder Gewissheit, Stabilität oder Sicherheit, Gott und Erlösung, Ruhe und Einsamkeit oder Leben und Trubel, nach der Ferne, dem Paradies oder dem Schrebergarten, einer verlorenen Liebesbeziehung, einem verstorbenen Freund oder auch die Sehnsucht nach der Sehnsucht.

Sehnsüchte sagen zugleich viel über die Kultur, den Lebensraum, die sozialen Beziehungen und das Denken und Fühlen der Menschen aus. Eine Geschichte der Sehnsüchte ist insofern immer auch zugleich eine Kulturgeschichte der Völker. Denn so normal eine Sehnsucht für die einen ist, so absurd oder fern ist sie für die anderen. Während beispielsweise unbedarfte Mitteleuropäer mit der Wüste eher Entbehrungen und Durst verbinden, ist sie für Beduinen oder Nomaden ein Ort der tiefen Sehnsucht. So besagt ein traditionelles arabisches Sprichwort: *Wer die Wüste nicht kennt und ihren Atem nie gespürt hat, wird ein Leben lang erfüllt sein von Sehnsucht.* Für die Nomaden ist die Wüste ihre Heimat, *ein Meer ohne Wasser*, ein unbegrenzter Raum an Freiheit und Stille.

Das Sehnen kann sich als Sucht an alles binden, an Materielles oder auch an bloße Ideen. Und so, wie man in den Suchttheorien die stoffgebundenen von den stoffungebundenen Süchten unterscheidet, könnte man von einer materiellen und einer ideellen Sehnsucht sprechen. Ebenso wie die Süchtigen leiden die Sehn-Süchtigen unter diesem Mangel, haben körperliche Schmerzen und sind in ihrem Denken durch die Sehnsucht beherrscht. Sehnsucht macht hilflos und machtlos, abhängig und bedürftig. Sie zeigt uns unsere Grenzen auf und beendet damit den Machbarkeitswahn; sie lässt uns die Selbstbeherrschung verlieren, hemmungslos weinen, freudig jauchzen und schmerzhaft stöhnen. Sehnsucht hat anscheinend auf ganz ursprüngliche Weise etwas mit dem Leben und dem Mangel zu tun, mit Lebenshunger und Liebesdurst.

Lebensbilanzen

Wir werden hungrig nach Liebe geboren und bleiben es mehr oder weniger ein ganzes Leben lang, erleben besonders in der Jugend eine Zeit schier grenzenlosen Hungers nach Leben und Liebe, erscheinen danach immer wieder für kurze Zeit wohlig gesättigt, bis wir den Hunger und den Mangel als Lebensbegleiter anzunehmen lernen, und werden am Ende unseres Lebens noch einmal von einem melancholischen Lebenshunger geplagt, der aus all den verpassten Chancen unseres Lebens besteht. Die bloße Erinnerung kann jederzeit neue Sehnsucht hervorrufen, und beneidenswert sind vielleicht diejenigen, die sich nicht erinnern können. Wäre es nur das nicht gegessene 5-Gänge-Menü oder der nicht getrunkene Champagner, dann könnten wir damit zufrieden weiterleben. Aber es mehr, viel mehr. Es meldet sich das nicht gelebte Leben mit seinen bohrenden Fragen: Hätte ich mich rückblickend anders verhalten sollen? Was habe ich alles verpasst? Was hätte ich haben oder sein können, wenn ich an den entscheidenden Schnittstellen meines Lebens nicht Ja oder Nein gesagt oder mich auch einfach nur anders entschieden hätte? Wo habe ich mich mit magerer Kost begnügt und zugleich auf ein opulentes Mahl verzichtet? Welcher Genuss ist mir entgangen? Welche Liebe habe ich nicht gelebt? Welches Glas habe ich nicht getrunken? Welche sexuelle Leidenschaft nicht ausgelebt? Welche persönliche Beziehung habe ich schlicht verpasst? Welchen Teil der Welt habe ich nie gesehen? Mit welchen Menschen habe ich nie gesprochen? Wo habe ich mich ängstlich zurückgehalten, anstatt die Gunst der Stunde zu nutzen?

Bilanzen am Ende des Lebens sind manchmal grausam und verstörend, aber sie sind ja nur eine letzte Extremform, denn auf dem Weg dorthin gilt es die vielen kleinen Bilanzierungen des Alltags zu ertragen, die sich schon vor den Entscheidungen einstellen und die mit ihren Fragen noch in die Zukunft gerichtet sind. Soll ich jetzt nach Hause gehen oder ist die Nacht noch lang? Soll ich in diesem Jahr die große Reise machen oder sie noch weiter verschieben? Soll ich alles genießen, was das Leben mir bietet, oder zugunsten noch besserer Möglichkeiten lieber verzichten? Soll ich mich mit dem derzeitigen Partner begnügen, oder findet sich noch ein besserer? (Und wenn ja, wann und wo und wie und woran werde ich es merken?) Angesichts der beinahe grenzenlosen Möglichkeiten sind solche Fragen eine beständige Herausforderung. Manchmal hilft uns das Schicksal oder eine Krise, solche Entscheidungen zu treffen. Krankheiten, Unfälle oder der Tod eines nahen Menschen sind solche Momente, die zur Entscheidung drängen. Wer aber das Glück der Freiheit hat, der muss die Qual der Entscheidung erdulden und die Verantwortung für die Folgen des eigenen Handelns übernehmen. Mit jeder Entscheidung wird ein aktueller Hunger gestillt, bis er sich aufs Neue einstellt.

Sehnsucht nach der Sehnsucht

Sehnsucht ist der ungestillte Hunger und Durst der Seele. Sie ist die Vorfreude auf ein erhofftes Ereignis und manchmal befriedigender und glücklicher als das Ereignis selbst. Deshalb haben manche Menschen auch eine Sehnsucht nach der Sehnsucht, weil sie den erwartungs- und hoffnungsvollen Zustand der Vorfreude wieder herbeisehnen. In der Vorfreude sind noch alle Möglichkeiten enthalten, hier kann sich die Sehnsucht mit allen Zukunftshoffnungen noch frei entfalten. Wenn das Ereignis aber erst einmal eingetroffen ist, dann sind die Würfel gefallen. Vor dem Spiel ist der Sieg nicht nur möglich, sondern wahrscheinlich, vor dem Sex erscheinen die Leidenschaft und die Befriedigung wie ein endloser Rausch, vor dem Urlaub ist die Erholung grenzenlos, vor der Ehe erscheint die Liebe einmalig und dauerhaft, vor den Kindern erscheint jedes Familienleben harmonisch.

Wenn der Wunsch erst einmal befriedigt und die Sehnsucht erfüllt ist, dann ist dies zugleich das Ende unbegrenzter Möglichkeiten, Chancen und Hoffnungen. Oscar Wilde soll einmal gesagt haben, am Ende des Lebens würde keine Sünde so sehr bereut, wie die Unterlassungssünde. Wie sollten wir leben, wenn wir diese Sünde nicht begehen wollen? Alles mitnehmen, was sich auf dem Lebensweg an Möglichkeiten ergibt? Keine noch so kleine Chance auslassen? Aber das Leben besteht nun einmal aus Entscheidungen und damit Verzicht. Schon bei der Partnerwahl ist nicht die Wahl dieses einen Menschen so sehr das Problem, als vielmehr der Ausschluss aller anderen. Wenn wir einen Menschen wählen, verzichten wir zugleich auf alle anderen möglichen Partner und Liebesbeziehungen. Damit ist nicht nur der Verzicht auf einen Partner oder eine Liebesbeziehung gemeint, viel schwerer wiegt der Verzicht auf ein anderes Selbst, letztlich eine andere Lebensmöglichkeit. Wie hätten wir uns in einer anderen Beziehung persönlich entwickelt? Wären wir unseren eigenen Idealen näher gekommen? Wären wir geduldiger, reifer, intelligenter, erfolgreicher und freundlicher geworden?

Der Raum der Möglichkeiten

Die Formen der Sehnsüchte, ihre Art und Intensität haben auch etwas mit dem Alter und Entwicklungsstand zu tun. Die Sehnsüchte der Jugendlichen erscheinen lebensoffen und schier unbegrenzt, bis sie von den Realitäten der Arbeits- und Beziehungsmärkte eingeholt werden, die Sehnsüchte der Erwachsenen orientieren sich an Partnerschaft, Familie und Lebenskonzepten und die Sehnsüchte der älteren Menschen enthalten den sehnsuchtsvollen Rückblick ebenso wie den endlichen Ausblick auf ein möglichst gesundes Altern und Sterben. Insofern ist Sehnsucht gebunden an die Zeiten des Lebens, aber auch an den kulturellen und historischen Zeitgeist. Heute werden viele Wünsche und Sehnsüchte über das Internet vermittelt, ohne durch die Technik die Romantik zu verlieren; denn die kleinen E-Mail-Botschaften erinnern doch stark an die Tradition des guten alten Briefeschreibens.

Und nicht zuletzt bestimmt die soziale Lage den konkreten Inhalt vieler Sehnsüchte. Wer um das tägliche Überleben kämpfen muss, dessen Sehnsüchte werden eher materiell sein und sich am heute und morgen orientieren, wer relativ frei von solchen sozialen und wirtschaftlichen Sorgen lebt, der kann sich mehr Gedanken um persönliche Lebenskonzepte machen. Wer kaum noch Optionen hat, sich um die nächsten Tage, bestenfalls die nächste Woche sorgen muss, wer kein Geld für das Nötigste hat und den Kindern alle Wünsche abschlagen muss, der hat entweder ganz viele Sehnsüchte oder gar keine mehr. Sehnsucht hängt immer auch davon ab, ob etwas möglich oder gänzlich unmöglich ist.

Sehnsucht ist vom Anspruch her ein Raum der Möglichkeiten, letztlich also ein kreativer, unbegrenzter Raum. Und als solcher ist er gefüllt mit Hoffnungen. Keine Realität der Welt kann es mit diesem imaginären Raum jemals aufnehmen. Jede Realität wirkt im Vergleich mit der Sehnsucht banal und defizitär wie ein mehr oder weniger schlechter Abklatsch des Möglichen. Deshalb entscheiden sich manche Menschen auch lieber für die Sehnsucht und gegen eine frustrierende Realität. Die Taube auf dem Dach ist eben doch besser als der Spatz in der Hand, die große Liebe als Möglichkeit ist eben doch attraktiver als eine schwierige Beziehung im Alltag. So leben manche Singles lieber das Sehnsuchtsprogramm als das Ende aller Illusionen. Madame Bovary lässt verträumt grüßen. Befriedigung ist sowieso relativ und auf jeden Fall kurzzeitig. Sobald wir Sehnsucht empfinden stellt sich Unruhe ein, aus Angst, etwas zu verpassen oder schon verpasst zu haben.

Der Stachel in der Selbstgenügsamkeit

Wer die Sehnsucht lebt, sie spürt, ihr nah ist, der wird im positiven Falle ein unruhiger Geist, und leidet im negativen Fall unter einer anstrengenden Erregung, die ihn dauerhaft suchend und gleichzeitig niemals zufrieden sein lässt. Vielleicht war Casanova der Prototyp dieses zugleich produktiven und permanent erregten Menschen, der von seinen Sehnsüchten von einer Frau zur nächsten, von einer Wissenschaft zur nächsten und von einem Land und Herren zum nächsten getrieben wurde, bis er einfach physisch nicht mehr konnte und sich in sein Schicksal ergeben musste, aber beim Schreiben seiner Memoiren den Höllenqualen der Sehnsucht noch einmal vollends ausgesetzt war. Und heute? Manche meinen, wie der Philosoph Sloterdijk, diese Art der dauernden Erregtheit sei gar das Wesensmerkmal unserer postmodernen Gesellschaft. Woher kommt diese Erregung? Werden wir als Menschen eigentlich von Trieben gesteuert oder ist es nicht vielmehr ein äußerer Sog? Werden wir von der Natur gedrängt oder von der Sehnsucht nach dem Leben angezogen – oder vielleicht sogar beides?

Sehnsucht ist der permanente Stachel in der Selbstgenügsamkeit unseres Daseins. Und das ist gut so. Sehnsucht mahnt uns, niemals in banaler Zufriedenheit zu versinken, unsere ganz persönlichen Träume und Wunschträume zu verfolgen, manchmal auch unsere sozialen Utopien. Sehnsucht ist eine permanente Suche nach Vollkommenheit, nach Perfektion oder gar dem Absoluten. Sie weist stets über das Reale und Konkrete hinaus, deshalb ist sie dem Göttlichen auch so nahe, sind Spiritualität und Transzendenz ihre Schwestern. Die Sehnsucht will alles stets besser machen, will das Leben optimieren. Sie entsteht aus einer täglichen oder letztendlichen Bilanzierung, aber auch aus einer Distanz zum eigenen Leben. Sie kann von innen kommen oder von außen, aus sich selbst oder von anderen, sie ist manchen in die Wiege gelegt, aber richtig schmerzlich, bitter-süß und traurig-schön wird sie erst mit zunehmendem Alter, wenn das Ende der Möglichkeiten absehbar ist.

Ein schlafender Riese

Sehnsucht kann für manche ein beständiges Hintergrundgefühl des Lebens sein und für andere ist sie wiederum eine plötzliche Begegnung. Ein Klient sagte mir einmal, ihm sei überhaupt nicht bewusst gewesen, was er alles vermisse und wonach er sich so sehr sehne, bevor er seine Geliebte traf. Sehnsucht ist ein schlafender Riese, der jederzeit wach werden kann. Und man weiß nicht, ob man ihn schlafen lassen oder doch lieber wecken soll.

Die Sehnsucht enthält viel Wehmut, Trauer und einen tiefen Schmerz über einen Verlust. Wer einen wichtigen Menschen verloren hat, wer diese Grausamkeit des Lebens ertragen musste, wenn beispielsweise ein Kind vor den Eltern stirbt, oder wenn einem der geliebte Partner genommen wurde, der wünscht sich in der Trauer nicht nur den verlorenen Menschen zurück, sondern findet in der Sehnsucht wieder eine Nähe zu ihm und auch einen Trost für den schmerzlichen Verlust. Die Sehnsucht kann trösten und quälen zugleich.

Wieso ist die Sehnsucht so mächtig, dass die Betroffenen manchmal spontan und radikal ihr Leben ändern? Jemand kündigt plötzlich, entwickelt mit seinem Coach eine neue Geschäftsidee und macht sich selbständig; ein Paar ist erst seit drei Wochen zusammen, zieht in eine gemeinsame Wohnung und plant zugleich ein Kind; andere trennen sich unmittelbar nach einem banalen alltäglichen Streit in der Hoffnung, dass jetzt alles anders wird; Familien wandern aus und suchen in der Ferne die Verwirklichung ihrer Träume. Sehnsucht ist nicht nur eine Idee oder ein Gefühl, sondern beides in einer explosiven Mischung. Ideen haben allein keine große Kraft, und Gefühle sind nicht unbedingt vernünftig, aber beide zusammen potenzieren sich wie Nitro und Glyzerin zu einem wirkungsvollen Sprengstoff. Eine Idee, die mit der Macht und Energie der Gefühle besetzt wird, kann wahrlich ein Leben verändern. Darin liegt die Kraft der Sehnsucht.

Das denkbar Mögliche und das realistisch Unmögliche

Sehnsüchte sind Ideale, die mit Gefühlen besetzt werden und damit eine ungeahnte Energie entfalten. Sie sind als solche Motive menschlichen Handelns, und manchmal versteht man die Handlungen eines Menschen erst, wenn man seine Sehnsüchte kennt. Für den Betroffenen selbst ist seine Sehnsucht selbstverständlich, weil sie meist alt und vertraut ist. Aber Sehnsüchte können auch zu Dummheiten verleiten oder zum Scheitern führen, wenn sie sich zu weit von der persönlichen Wirklichkeit entfernen. Realitätsprüfung nennen wir Psychologen den Vorgang, wenn ein Wunsch, ein Gefühl oder eine Sehnsucht auf ihren Ursprung und ihre Möglichkeiten der Verwirklichung hin überprüft werden soll. Nur wenn dies gelingt, wenn das denkbar Mögliche zugleich auch das realistisch Machbare darstellt, kann eine Sehnsucht zum Erfolg führen und ein Scheitern verhindert werden. Aber damit stirbt sie zugleich als konkrete Sehnsucht, um in einer neuen Sehnsucht wiedergeboren zu werden.

Menschen haben die absurdesten Sehnsüchte, bei denen sich alle anderen fragen, wie man sie verstehen soll. Der Sinn der Sehnsucht erschließt sich auf zweifache Weise: zum einen als ein persönlich-biografischer Sinn aus dem individuellen Leben heraus. Warum zieht es den einen auf die Berge zum Klettern und die andere zum Tanzen ins Ballett? Neulich sagte mir ein Mädchen in der zweiten Klasse, sie würde später, wenn sie groß ist, gerne Tierärztin werden oder bei Penny an der Kasse arbeiten. Um solche Sehnsüchte zu verstehen, muss man das Leben dieses Mädchens kennen, zumindest wissen, dass sie einen Hamster hatte, der gestorben ist, und dass sie mit ihrer Mutter immer bei Penny einkaufen geht. Zum anderen gibt es allgemein menschliche Sehnsüchte, die wir alle kennen. Wir alle wollen so geliebt werden, wie wir sind, wollen uns persönlich weiterentwickeln, sehnen uns nach erfüllten und dauerhaften Liebesbeziehungen, wollen ein sorgenfreies Leben führen und von Schicksalsschlägen verschont werden, glückliche Kinder und Enkelkinder haben, gesund bleiben und möglichst auch gesund sterben. Diese menschlichen Sehnsüchte sind nachvollziehbar, aber in ihren konkreten Ausformungen, individuellen Bedeutungen und emotionalen Ladungen erschließen sie sich nur im Einzelfall.

Dieses Buch ist ein Wegweiser zum Verständnis menschlicher Sehnsüchte, die einzelnen Kapitel thematisieren ihre zentralen Aspekte. Dabei geht es um die Entstehung der Sehnsucht und die besondere Mischung der Gefühle, wie sie in der *bitter-süßen* Sehnsucht enthalten sind (Kap.1); um ganz persönliche *Wunschträume und Lebenskonzepte* (Kap. 2); um Sehnsüchte, wie sie durch *persönliche Lebensbilanzen* ausgelöst werden können (Kap. 3); um die Suche nach dem *persönlichen Glück* (Kap. 4); um die *Weitergabe* der Sehnsüchte von einem Menschen zum anderen oder gar einer Generation zur nächsten (Kap. 5); um die *Aufhebung von Raum und Zeit* in der Sehnsucht, das beschleunigte Leben und den vergesslichen Tod (Kap. 6); um die *symbolischen Wunscherfüllungen* und die *Sehnsucht nach der Sehnsucht* (Kap. 7); sowie um *das größte Glück für die größte Zahl*, also um positive und negative *soziale Utopien* (Kap. 8). Anschließend wird die Frage nach dem Sinn der Sehnsucht beantwortet (Kap. 9). Es geht darum, mithilfe der Sehnsucht das Leben auszuhalten und kreativ zu gestalten. Und es geht um Träume, Wunschträume, Lebensträume und traumhafte Lösungen.

Wie kann man nun mit einer Sehnsucht umgehen? Muss man dazu nicht erst einmal die möglichen von den unmöglichen, sowie die wichtigen von den unwichtigen Sehnsüchten unterscheiden? Nach der Beantwortung dieser Fragen (Kapitel 10) soll ein kleiner Leitfaden für den Ernstfall den sehnsüchtigen Menschen eine erste Hilfe bieten.

1. Bitter-süß und traurig-schön – Die Geburt der Sehnsucht aus den Gefühlen der Phantasie

Er war ein schöner Mann,
ein Mann mit all jenem,
was lebenslange Sehnsucht bereitet.
Und die Sehnsucht ist eine traurige Sache,
aber ein wenig Freude ist auch dabei.
Milena Agus
Die Frau im Mond

Verliebte Menschen empfinden eine tiefe Sehnsucht nach dem anderen und vielleicht besteht ja die Verliebtheit aus nichts anderem als einer unendlichen Sehnsucht. Liebende Menschen scheinen dagegen mit der Sehnsucht gelassener umgehen zu können, sie können auch mal Trennungen ertragen, vielleicht weil sie um die Liebe des anderen schon wissen. Verliebte werden von ihrer Sehnsucht aber wahrlich umgetrieben, ausgezehrt und gepeinigt, sie empfinden jede Minute und jeden Zentimeter einer Trennung als unerträglich. Wenn der Weg in eine gemeinsame Zukunft frei erscheint, dann bekommt die Verliebtheit Flügel, aber wenn sie keine Aussicht auf Verwirklichung hat, wenn die Liebe unerreichbar und unmöglich erscheint, dann erhält die Süße der Verliebtheit einen ganz bitteren Beigeschmack.

So kann es nicht mehr weitergehen! Ich kann nicht mehr richtig essen, leide an Schlafstörungen, laufe wie traumwandelnd durch die Welt, kann mich nicht mehr auf meine Arbeit konzentrieren, mit meinen Gefühlen fahre ich Achterbahn und meine Phantasien machen mich schier fertig. Ich habe so einen ziehenden Schmerz in der oberen Bauchgegend, seitdem ich sie das erste Mal gesehen habe, und immer wenn ich an sie denke, tut es weh, es schmerzt richtig, aber ich fühle mich dabei lebendig. Wenn ich in ihrer Nähe bin, lässt dieser Schmerz etwas nach, je näher wir uns sind, desto besser geht es mir. Ich glaube, nur wenn ich sie in den Armen halten würde oder besser noch, wenn ich in ihr drin wäre, körperlich und seelisch, dann würde dieser Schmerz langsam vergehen. Irgendwie hatte ich von Anfang an das Gefühl tiefer Vertrautheit, als ob wir uns schon lange kennen würden. Da wir uns immer nur zusammen mit anderen bei Projektbesprechungen sehen, sind wir nie alleine. Die anderen stören mich langsam, am liebsten würde ich sie dann alle rausschicken. Das Gefühl des Verliebtseins kenne ich, da fühle ich mich immer leicht und beschwingt. Aber diese Sehnsucht habe ich so noch nicht erlebt, sie treibt mich langsam zum Wahnsinn, irgendetwas muss passieren! Tagsüber versinke ich immer öfter in Träumereien und gebe mich meinen Phantasien hin. Dann lieben wir uns in meiner Phantasie, wir sind immer zusammen, ich sehe ihre Augen vor mir, ihren Mund, ihren Körper, wir sprechen zärtlich miteinander und wenn ich aus den Träumen wieder in die Wirklichkeit zurückkehren muss, ist das wie eine kalte Dusche. Sie ist eine neue Kollegin, sie ist verheiratet und hat auch eine Familie, genauso wie ich. Es ist also ganz unmöglich, dass daraus etwas wird. Sie arbeitet in einer anderen Abteilung, deshalb sehen wir uns nur selten. Aber ich überlege mir immer öfter, unter welchem Vorwand ich in ihre Abteilung gehen könnte, wen ich dringend sprechen muss, um in ihre Nähe zu kommen. Neulich habe ich gar nicht gemerkt, wie ich zu ihr gegangen bin. Ich stand plötzlich vor ihrer geöffneten Zimmertür und sie lächelte mich an und fragte mich, ob ich mich verlaufen hätte. Ich habe nur Ja gestottert und bin schnell weitergegangen. Ich weiß nicht, ob es ihr auch so geht, manchmal sieht sie mich ganz intensiv an, und dann möchte ich am liebsten sagen: Wir sollten jetzt mal offen sein und uns unsere Liebe eingestehen! Aber dann sagt wieder eine Stimme in mir: Du spinnst, reiß dich zusammen, du hast einfach eine blühende Phantasie, sei endlich vernünftig! Sobald ich nachts wach werde, habe ich ihr Bild vor meinen Augen und gebe mich hemmungslos meinen Phantasien hin. Wie viel Zeit ich schlafe oder im Halbschlaf mit meinen Träumen von ihr verbringe, weiß ich gar nicht. Meine Phantasien sind Bilder voller Gefühle, alles in Farbe und unglaublich intensiv. Ich weiß nicht mehr, was zuerst da war, die Gefühle, die Phantasien, oder die Sehnsucht. Ich kann die Gefühle und meine Phantasien nicht mehr abstellen. Ist Sehnsucht eigentlich eine seelische Krankheit? Irgendwie fühlt es sich so an. Sagen Sie mir, was ich machen soll!

Sprechen Sie über diese Gefühle und Phantasien!

Aber das macht doch alles nur noch schlimmer! Dann werde ich Ihnen nur noch mehr von dieser Frau vorschwärmen und in meiner Sehnsucht zerfließen, das kann mir doch nicht helfen.

Doch, wir müssen Ihre Phantasien und Gefühle verstehen! Welche Bilder sind das? Welche Geschichten erzählen sie? Welche Bedeutung haben sie? Welche Beziehung besteht zu Ihrem realen Leben? Wohin werden Sie von den Phantasien und Gefühlen gezogen? Erst dann können wir Ihre Sehnsucht verstehen und Sie können besser mit ihr umgehen.

Das klingt für mich erst einmal nach Folter …

Ja, aber es ist doch nur eine Folter in der Phantasie und darin haben Sie ja jetzt schon ein wenig Übung. Stellen Sie sich einfach vor, Sie sind Odysseus und hören den Klang der Sirenen. Der hat sich an den Mast seines Schiffes gebunden, um nicht schwach zu werden. Und Sie binden sich bei mir in der Therapie an und erzählen mir von Ihrer Sehnsucht.

Meine Sehnsucht will aber, dass ich schwach werde und ich glaube, ich will das auch. Mich zieht alles zu ihr hin, richtig körperlich. Und gleichzeitig weiß ich, dass eine Beziehung total unmöglich ist. Es ist ausweglos, aber ich sehne mich sehr nach ihr.

Bevor Sie sich ganz dieser Sehnsucht hingeben, lassen Sie uns erst einmal versuchen, sie zu verstehen. Bitten Sie Ihre Sehnsucht, noch ein wenig zu warten und lassen Sie uns mit Ihren Gefühle und Phantasien beginnen. Schaffen Sie das?

Der Klient antwortete mit einem langen Seufzer und dann brach es aus ihm heraus. Am Anfang seiner romantischen Liebeserklärung schwärmte er nur von seiner neuen Kollegin, danach kam er offener auf seine eigenen Gefühle und seinen quälenden und wiederkehrenden Wunschphantasien zu sprechen. Es dauerte viele Stunden, bis er seine Sehnsucht, die durch diese Frau ausgelöst worden war, besser verstand. Und die Hintergründe dieser tiefen Sehnsucht waren viel älter als seine akute Verliebtheit. Viele Menschen glauben, die Sehnsucht würde erst durch die Begegnung mit der geliebten Person entstehen, aber das stimmt nicht! Sie wird durch sie nur ausgelöst. In der Therapie ging es nicht nur um seine bisherigen Liebesbeziehungen, sondern auch um seine derzeitigen Wunsch- und zukünftigen Lebensträume. Seine Sehnsucht hatte viel mehr mit seinem eigenen Leben zu tun als mit der Frau, das hatte ihn erstaunt.

Das Gefühl der Sehnsucht ist süß, hat aber in diesem Fall auch einen bitteren Beigeschmack, weil die Realisierung vollkommen unmöglich erscheint. Beide Partner sind verheiratet und haben Familie, eine Liebesbeziehung scheint von Beginn an ausgeschlossen. Nur in seinen Sehnsuchtsphantasien kann er mit ihr allein sein, ganz allein. Da stören keine Ehepartner und Familien, keine Arbeitsbeziehungen oder sonstige Realitäten. Die Sehnsucht hat ihn richtig geschmerzt, war aber dennoch intensiv und schön. Seine Frage nach dem Verhältnis von Gefühlen, Phantasien und Sehnsüchten beschäftigte mich noch eine ganze Weile. Bestehen zuerst Gefühle, die sich in Phantasien verwandeln und dann zu einer Sehnsucht werden? Oder entstehen zunächst Phantasien im Kopf, die dann mit Gefühlen besetzt werden und letztlich in eine Sehnsucht münden? Oder ist da zuerst eine Sehnsucht, die sich in Gefühlen und Phantasien bemerkbar macht und die betroffene Person wie ein Virus infiziert? Der Weg vom Gefühl zur Phantasie scheint der Normalfall zu sein.

Vom Gefühl zur Phantasie

Gefühle werden nicht immer von Phantasien begleitet, aber wenn dies so ist, dann haben sie meist etwas miteinander zu tun. Wenn wir uns betrogen, hintergangen oder auf andere Weise absichtlich geschädigt fühlen, dann werden Gefühle von Ärger, Wut und Zorn ausgelöst, die sich in der Realität, aber auch in der Phantasie Luft verschaffen können. Ob man gleich zum körperlichen Angriff übergeht oder die Wut nach einigen Rachephantasien wieder verflogen ist, hängt vom Temperament der betroffenen Person und ihrer Impulskontrolle ab. Wer seine Impulse im Griff hat, wird den Weg der Phantasie wählen. Hier kann die Phantasie dazu beitragen, starke Gefühle wieder abklingen zu lassen.

Wenn wir durch einen Unfall plötzlich einen geliebten Menschen verlieren, dann werden unsere Trauergefühle von Wunschphantasien begleitet, in denen der geliebte Mensch noch lebt. Da werden nicht nur Szenen des Lebens noch einmal geträumt, manchmal wird auch noch etwas getan oder gesagt, wozu man nicht mehr gekommen ist. Hier ist eindeutig ein Sehnsuchtsgefühl beteiligt, das sich die verlorene Person zurückwünscht. Das Gefühl des Trauerns über den Verlust ist die Voraussetzung für die Sehnsucht, aber ohne die Phantasie hätten die Trauer und die Sehnsucht keine Bilder und damit weniger Kraft. Je tiefer die Trauer ist, desto besser kann sie verarbeitet werden. Insofern ist die Phantasie für den Trauerprozess sehr wichtig.

Wenn wir uns gegenüber unseren Kindern ungerecht verhalten haben, wir sie beispielsweise für etwas bestraft haben, was sie gar nicht getan haben, dann entstehen Scham- und Schuldgefühle, für die wir uns in unserer Phantasie entschuldigen können. Hier hat die Phantasie eine wichtige Funktion, weil sie uns ein Probehandeln ermöglicht: In der Phantasie üben wir erst einmal, wie es sich anfühlt, sich bei den Kindern zu entschuldigen, können abschätzen, wie sie vermutlich darauf reagieren werden und ob sie die Entschuldigung annehmen, das eigene Verhalten also erfolgreich ist.

Wenn wir in Gegenwart eines anderen Menschen Ekelgefühle bekommen, dann kann dies für uns ein wichtiger Hinweis sein, dass wir die Nähe dieses Menschen nicht mehr ertragen können. Sofern es sich dabei um einen geliebten Menschen handelt, haben wir ein ernstes Problem. Das Hinterfragen des Gefühls kann uns dabei helfen, den Ekel genauer zu verstehen: Wann tritt er besonders auf? Worauf bezieht er sich? Wohin führt uns diese Ekelphantasie, wenn wir sie zu Ende denken? Und vielleicht hat der Ekel sogar mehr mit unseren eigenen früheren Erlebnissen zu tun als mit der aktuellen Beziehung (siehe unten: Ian MacEwan, Am Strand).

Besonders Ängste werden häufig von Phantasien begleitet, die einen Schlüssel zu ihrem Verständnis darstellen. Diese Angstphantasien sind meist sehr symbolisch und können daher sehr einfach entschlüsselt werden. Sie sind nicht nur bedeutsam für das Verständnis der Ängste, sondern auch für jede Veränderung und Hilfe. Wer eine große Angst vor dem Alleinsein hat, kann mithilfe der Phantasie diese Angst kennenlernen, verschiedene Erlebnisvarianten in der Phantasie durchspielen, Wege und Mittel entdecken, wann und wie die Angst beherrschbar sein könnte oder gar nicht mehr auftritt, welche anderen Personen in den Angstphantasien noch eine Rolle spielen und was die Angst verstärken oder hemmen könnte. Verlustängste basieren häufig auf der Erfahrung, im Leben allein gelassen oder gar plötzlich verlassen worden zu sein. In der Phantasien kann man diesen Gedanken nachgehen. Ängste ohne Phantasien sind viel schwieriger zugänglich. Man kann die Ängste in der Phantasie auch verschwinden lassen und dabei ihre Ursachen verstehen, aber auch die Möglichkeiten zur Veränderung erproben.

Alle menschlichen Gefühle können von Phantasien begleitet werden, sie können sie unterstützen, verstärken, ausschmücken, verstehen lassen, bebildern, ersatzweise befriedigen und vieles mehr. Die Verliebtheit ist ohne begleitende Phantasien nahezu undenkbar. Die Liebe erfasst uns als ganze Person und unsere Phantasie kann sich dem nicht entziehen, es wäre schon erstaunlich, wenn dem nicht so wäre. Verlieben ist aus psychologischer Sicht die Idealisierung eines Sexualpartners. Hier werden Ideale auf den Partner projiziert, die diesen zu einem wunderbaren, einzigartigen und idealen Menschen machen. Wenn das Gleiche auch vom anderen gemacht wird, dann ist man nicht nur mit dem idealen Partner zusammen, sondern man erscheint dem anderen auch ideal und daraus entsteht in der Phantasie die einzige, wahre, große Liebe des Lebens. Gegenseitige Idealisierungen sind also nah am Himmel, aber ihre Basis ist noch rein psychologisch, denn es sind erst einmal nicht viel mehr als gegenseitige Projektionen am Werke. Dieses psychologische Startkapital müssen die Verliebten nutzen, um den Weg in die reife Liebe und Intimität zu finden.

Die schönsten Beispiele für die unendlich kreativen Auswirkungen der Gefühle der Verliebtheit in der Phantasie sind immer noch Liebesgedichte. Eines der ältesten, schönsten und berühmtesten Exemplare der Lyrik ist das *Hohelied Salomons*. Es ist datiert auf ca. 300 v. Chr. und gilt als älteste Liebesdichtung des Alten Testaments. Hier spricht die Liebe in der Sprache der Phantasie.

Mein Freund ist weiß und rot, auserkoren unter vielen Tausenden. Sein Haupt ist das feinste Gold. Seine Locken sind kraus, schwarz wie ein Rabe. Seine Augen sind wie Augen der Tauben an den Wasserbächen mit Milch gewaschen und stehen in Fülle. Seine Backen sind wie Wurzgärtlein, da Balsamkräuter wachsen. Seine Lippen sind wie Rosen, die von fließender Myrrhe triefen. Seine Hände sind wie goldene Ringe, voll Türkise. Sein Leib ist wie reines Elfenbein, mit Saphiren geschmückt. Seine Beine sind wie Marmelsäulen, gegründet auf goldenen Füßen. Seine Gestalt ist wie Libanon, auserwählt wie Zedern. Seine Kehle ist süß, und er ist ganz lieblich. Ein solcher ist mein Freund; mein Freund ist ein solcher, ihr Töchter Jerusalems![2]

Gefühle und Phantasien beflügeln sich gegenseitig. Je mehr die Liebesgefühle erwidert werden, desto produktiver wirken sie sich auf die Phantasie aus. Ja, die Phantasieproduktion wird durch die Liebe auf geradezu berauschende Weise angeregt. Beide Partner können sich durch die Stimulation ihrer Phantasie gegenseitig zu wahren Höhenflügen der Liebe herausfordern. Was aber passiert mit den Gefühlen und Phantasien, wenn die Antwort des Geliebten ausbleibt? Wenn die Liebe eine einseitige ist? Oder wenn der andere nicht antworten kann, weil er gar nichts davon weiß? Wie lange und wie stark kann eine Phantasie in einer Person bestehen bleiben, ohne beantwortet zu werden? Wird dann die Sehnsucht ins Unendliche gesteigert oder gibt sie irgendwann auf?

Stellen Sie sich einmal vor, Ihr Partner würde im Gefängnis sitzen und wäre zu zwei Mal lebenslänglich verurteilt. Sie könnten Briefe schreiben, die alle zensiert und daher zum Teil nicht durchgelassen würden, und sie würden aus dem gleichen Grund nur sehr selten eine Antwort bekommen. Wie lange würden Sie diese Liebe erhalten können? Wie lange würden Sie dennoch Briefe schreiben? Wie lange würden Sie den Menschen im Gefängnis als Ihren Partner ansehen? Als den einzig wahren? Ist es eine Frage, wie stark die Liebe ist? Reicht das Gefühl der Liebe und könnten Sie die fehlende Beziehungswirklichkeit allein durch Ihre Phantasie ersetzen? Es gibt eine Liebesgeschichte in Briefen, die darauf eine Antwort gibt.[3]

Die Macht der Sehnsucht

Xavier ist als politischer Häftling zu zwei Mal lebenslänglich verurteilt worden und seine Geliebte Aida schreibt ihm regelmäßig Briefe ins Gefängnis. Sie schreibt ihn in phantasievoller Weise an: *Mein Erdlöwe, Mi Guapo, Habibi, Mi Soplete, mein Kanadim, Ya Nour, Hayati* oder einfach *mein Schweißer*. Sie berichtet aus ihrem alltäglichen Leben, lässt ihn aber nicht nur an den Belanglosigkeiten, Begegnungen und Problemen teilhaben, sondern vor allem an ihrer Intimität, an ihren Gedanken, Gefühlen, Ängsten und Lebensfragen. Und aus allen Briefzeilen klingt die feste Überzeugung heraus, dass sie sich eines Tages wiedersehen werden. Sie ist sich sicher, dass sie ihre Liebe wieder gemeinsam leben werden, und bis dahin hat sie anscheinend beschlossen, die Zeit mit ihrer Phantasie und den Briefen zu füllen. So schreibt sie:

Mi Guapo,
als kleines Mädchen besaß ich eine Federsammlung. Fast zweihundert Stück von siebenundzwanzig Arten. Für jeden Vogel ein eigener Umschlag. Wir haben nie oft über unsere Kindheit gesprochen, stimmt's? Ich freue mich darauf, dass wir das tun werden, inshallah. Wenn Menschen sich verlieben, sprechen sie immer gern über die Kindheit, aber wir taten das nie. Warum, meinst du? Ich denke, ich weiß es, aber ich finde nicht die richtigen Worte. Doch wenn du entlassen wirst, werde ich sie finden.[4]

Er wird niemals entlassen werden, es sei denn, es geschieht ein Wunder, wie eine Generalamnestie. Insofern hat ihre Phantasie etwas Trotziges und Stolzes. Sie verweigert der Realität die Anerkennung, setzt sie willentlich außer Kraft und an ihre Stelle eine Sehnsucht. Das ist eine starke Haltung, wirft aber die Frage auf, wie sie in den Momenten des Zweifels mit ihrer ausweglosen Lebenssituation umgeht. Was macht der Zweifel mit der trotzigen Phantasie?

Auch er weiß von der Ausweglosigkeit und der Perspektivlosigkeit ihrer Beziehung, aber er ist in einer anderen Situation. Zum einen hat er als Gefangener keine Alternative zu dieser Liebesbeziehung. Zum anderen kann er ihr nicht offen antworten, weil seine Briefe von der Gefängnisleitung nicht nur kontrolliert, sondern im Zweifelsfall auch zurückgehalten werden. Also schreibt er in Bildern, Anekdoten, kleinen Geschichten oder Anspielungen, die nur sie versteht. So benutzt er ihre gemeinsame

Intimität, die in den Jahren vor seinem Gefängnisaufenthalt entstanden ist zur geheimen Verständigung und verstärkt damit zugleich diese Intimität. Intimität bedeutet, dass ein Text symbolisch zu lesen ist. So wird der folgende Text von Aida wahrscheinlich ganz anders gelesen und verstanden als von allen anderen. In dieser Intimität liegt die Stärke ihrer Beziehung und ihrer Sehnsucht.

Traum: Das Universum lag vor mir wie ein offenes Buch. Ich schaute hinein. Die rechte obere Ecke der rechten Seite war eingeschlagen, ein Lesezeichen. Und auf dem schmalen Dreieck des gefalteten Papiers war das Geheimnis der Materie notiert – es war so elegant und bündig wie ein Fraktal. In meinem Traum war ich dadurch so beruhigt, dass ich gar nicht daran dachte, es mir zu notieren.[5]

Sie schreibt ihm nicht nur Briefe, sie versorgt ihn auch mit wichtigen Lebensmitteln. Sie schickt ihm Bücher, Zigarren, Seife, alles für den täglichen Bedarf, und sie steckt immer so viele Exemplare in ein Paket, dass er einige wenige davon auch wirklich bekommt, denn das meiste behalten die Gefängnisaufseher.

Mi Guapo,
hast du das Buch von N. K. erhalten? Ich sitze auf dem Dach, die Sonne geht unter, und ich habe über Handy mit unseren Freunden gesprochen, die in Krokodilopolis unter Granatenbeschuss stehen. Sie erzählen sich Witze, Witze! … Gustavo, der Schuster, ist alt und stirbt. Über der Arbeit an einem Paar Sandalen gibt er in seinem Laden den Geist auf. Ein Engel begleitet ihn gen Himmel. In einem bestimmten Moment sagt der Engel: Wenn du möchtest, kannst du jetzt zurückschauen und die Pfade deines Lebens sehen. Der Alte tut es und erblickt die lange Spur seiner Schritte. Aber etwas erstaunt ihn. Wie kommt es, fragt er, dass meine Fußspuren zwei- oder dreimal abbrechen, für eine längere Strecke, als ob mein Leben vorbei

und ich gestorben sei? Wie ist das möglich? Aber der Engel lacht und erwidert: Da habe ich dich ein Stück getragen.[6]

Und auch Xavier antwortet mit einer Geschichte zu seiner Sehnsucht:

Yakov, ein siebenjähriger Junge, fragt seinen Freund: Wie ist es nur möglich, dass die Menschen mit so kleinen Augen alles sehen können? Sie sehen die ganze Stadt, erkennen den riesigen Boulevard, wie passt das alles nur in so kleine Augen? Na, Yakov, sage ich, denk nur an all die Insassen in diesem Gefängnis, rund tausend Menschen. Und denk dir, wie ihre Augen aus Sehnsucht nach der Welt da draußen groß werden. Wie geht das nur, denkst du dir, Yakov, dass so viele Augen an einem so kleinen Ort zusammengepfercht sind?[7]

Sie bleibt in ihrer Liebe fest, auch wenn sie selten eine Antwort erhält:

Wieso empfinde ich, wenn ich in der Leere der Nacht »Ich liebe dich« sage, etwas Grenzenloses, wie kann das nur sein? Die Stille ist genauso absolut wie zuvor. Ich habe keine Antwort von dir erhalten. Es hat nur meine Liebeserklärung gegeben. Und doch bin ich erfüllt. Wovon? Warum kehrt der Verzicht als Geschenk zu dem zurück, der verzichtet? Wenn wir das verstehen, haben wir keine Furcht mehr, Ya Nour. Ich liebe dich.[8]

Auch er antwortet in seinem letzten Brief mit dem gleichen Optimismus:

Wenn ich daran denke, was wir vor zwanzig Jahren gemacht haben, bin ich immer betroffen von der gefährlichen Ungewissheit, die wir, in unseren Kampf verstrickt, meistens übersahen oder gar nicht in den Blick bekamen. Angesichts dessen, was wir heute zu bestehen haben, ist das eine seltsame Bestätigung, denn es zeigt, dass die Ungewissheit unsere Stärke ist.[9]

Die beiden haben anscheinend nicht »nur« eine Liebesbeziehung, sondern darüber hinaus eine gemeinsame bindende Idee in Form einer politischen Orientierung, die der Beziehung zusätzlich einen besonderen Halt und eine Widerstandskraft gibt. Diese Idee wird durch die Briefe weiterhin genährt, obwohl sie niemals direkt angesprochen wird. Ihre gemeinsame politische Aktivität bestand tatsächlich vor Jahren einmal, insofern ist sie nicht rein fiktiv und sie wird als gemeinsame Sicht der Welt immer wieder aktiviert.

Solche bindenden Ideen finden sich auch jenseits politischer Ambitionen im Alltag von Partnerschaften und zeigen, dass man an einem Strang zieht, ein gemeinsames Lebensziel hat, eine Sehnsucht teilt. Im Kleinen kann dies ein Haus im Grünen sein oder eine große Reise. Meistens sind es aber nicht materielle Dinge, auf die sich die Sehnsucht bezieht, sondern Lebenskonzepte. Wie und wo das Paar einmal leben will, ob es Kinder will oder nicht, wenn ja, wie viele es sein sollen, wie die familiäre Arbeitsteilung gestaltet werden soll, wie jeder seine Interessen oder Hobbies leben kann. Oder es sind einfach nur gemeinsame Träume, die eine Weile im Alltag verborgen schlummern können und sich dann wieder machtvoll melden.

Vor vielen Jahren hatte ich ein Paar in Therapie, das nach wenigen Sitzungen ein akutes Problem gelöst hatte. Sie hatten beide das Gefühl, dass es noch sehr lohnend sein könnte, sich andere Bereiche ihrer Beziehung, auch ihrer individuellen Persönlichkeit, genauer anzusehen. Als sie darüber allein zu Hause sprachen, kam ihnen eine alte Sehnsucht in den Sinn: einmal gemeinsam für mehrere Wochen mit einem Motorrad durch Südfrankreich zu fahren. Es sollte eine nachgeholte Hochzeitsreise sein, die sie nie gemacht hatten. Da für die Paartherapie und die Reise das Geld nicht reichte, mussten sie sich entscheiden: Entweder wir gönnen uns eine richtig vertiefte Paartherapie oder wir erfüllen uns einen alten Traum. Sie haben mir dann berichtet, dass sie sich für die Motorradfahrt durch Südfrankreich entschieden haben. Ich glaube, sie haben sich richtig entschieden, ich habe bis heute nichts mehr von ihnen gehört – und das ist aus therapeutischer Sicht immer ein gutes Zeichen.

Die Ohnmacht der Sehnsucht

Sehnsucht hat eine ohnmächtige Seite, obwohl diese von den Sehnsüchtigen gern ignoriert oder gering geschätzt wird. Denn der Schmerz und die Bitterkeit über die Ausweglosigkeit gehören zur Sehnsucht dazu, sie sind ein elementarer Teil von ihr. Man kann dieser Ausweglosigkeit nachgeben und darauf warten, dass die Sehnsucht langsam und schadlos vorbei geht, oder man kann die Kraft der Sehnsucht nutzen, um das Unmögliche eben doch möglich zu machen.

Allerdings stellt sich eine solche Frage selten als eine bewusste Entscheidung auf der Grundlage einer rationalen Abwägung. Nur bei psychisch gesunden und selbstreflexiven Menschen oder im Rahmen von Therapien geschieht dies vielleicht. In den meisten Fällen des Alltags werden diese Entscheidungen wohl eher aus dem Bauchgefühl heraus getroffen, also in der Regel unbewusst.

Ian MacEwan hat in seinem Buch *Am Strand* die Geschichte eines Paares beschrieben, das mit der Sehnsucht den Kampf gegen die Vergangenheit aufgenommen hat, allerdings ohne dies zu wissen. Anscheinend hatte sich Florence unbewusst vorgenommen, mithilfe ihrer Sehnsucht nach einer Liebesbeziehung, glücklichen Ehe und harmonischen Familie zu beweisen, dass ihre frühen Erfahrungen dies nicht verhindern können. Florence war von ihrem Vater sexuell missbraucht worden und hatte diese Erfahrungen dissoziiert, sozusagen ihrer Erinnerung entzogen. Sie wusste nichts mehr davon, und sie wäre nie darauf gekommen, dass ihre tiefe Abneigung gegen alles Sexuelle damit zusammenhängen könnte. Denn sie liebte ihren Vater.

Florence und Edward hatten geheiratet und sich noch in der

Hochzeitsnacht endgültig getrennt – und danach nie wiedergesehen. Florence hatte den tiefen Ekel vor einem sexuellen Kontakt mit ihrer Sehnsucht nicht überwinden können. Edward wusste von alledem nichts, er war ein verklemmter junger Mann, der es respektiert hatte, dass Florence vor der Ehe keinen Sex wollte. Aber in Edward brodelte es:

Seit mehr als einem Jahr war Edward von dem Gedanken daran wie benommen, dass der empfindlichste Teil seiner selbst an einem bestimmten Tag im Juli für eine gewisse Zeit, und sei sie noch so kurz, in der natürlichen Höhlung dieser fröhlichen, liebenswerten und so außerordentlich intelligenten Frau weilen würde. Die Frage, wie dies ohne Enttäuschungen oder Peinlichkeiten zu bewerkstelligen war, ließ ihm keine Ruhe.[10]

Er war sexuell unerfahren und ging davon aus, dass er der Grund der nahenden Katastrophe in der Hochzeitsnacht sein würde. Aber da wusste er noch nichts von Florence's Ekel und dessen Hintergründen, die nicht erinnert werden konnten.

Florence wurde von ihrer Mutter emotional vernachlässigt, so dass der Vater mit seiner sexualisierten Zuwendung nicht zurückgewiesen werden konnte. Sie beschreibt ihre Mutter als unkörperlich, von ihr kannte sie keine Umarmung, keinen Kuss, nicht einmal eine zärtliche Berührung. Dagegen hatte ihr Vater sie immer auf seine Geschäftsreisen mitgenommen, bei denen sie im selben Hotelzimmer übernachteten.

Als sie mit Edward ihre Hochzeitsnacht in dem Hotel am Strand feiern will passiert es, dass ein Geruch die verdrängten Gefühle aktualisiert:

Und dann drängte sich die Vergangenheit, die so undeutlich erinnerte Vergangenheit, doch noch zu ihr vor. Es war der Meergeruch, der alles heraufbeschwor. Sie war zwölf Jahre alt, lag reglos wie jetzt, wartete nackt und zitternd in einer schmalen Koje aus lackiertem

Mahagoni. Ihr Kopf war leer; sie fühlte, dass sie Schande über sich brachte … Es war spät am Abend, und ihr Vater zog sich im Zwielicht der engen Kabine aus, genau wie Edward es gerade tat.[11]

Sie hatte vielleicht gehofft, dass ihre Sehnsucht, ihre Liebe und ihr eigenes sexuelles Verlangen diese Gefühle abtöten oder zumindest überwinden würden. *Florence musste ihn nah bei sich spüren, sonst ließ sich die dämonische Angst nicht unterdrücken, die sie zu überwältigen drohte. Sie musste wissen, dass er bei ihr war, an ihrer Seite, dass er sie nicht missbrauchte.*[12] Da ist der Missbrauch angesprochen, der ansonsten im Nebel der unklaren Erinnerungsfetzen, der Scham, der Schuld und des Ekels gefangen war. Und was sie dann sagt, ist ihr ganz ernst, nur versteht es Edward nicht: *Vielleicht sollte ich in psychologische Behandlung gehen. Vielleicht sollte ich auch lieber gleich meine Mutter umbringen und meinen Vater heiraten.*[13] Sie war nie wieder so nah an der Wahrheit, hätte es beinahe geschafft, aber die Verletzungen saßen zu tief, auch bei Edward. Danach bekam die Sehnsucht in ihrem Leben keine zweite Chance mehr, gegen die Geister der Vergangenheit zu kämpfen, sie hatte diesen Kampf verloren.

Die verpassten Chancen

Wir haben gesehen, dass der Weg vom Gefühl zur Phantasie normal ist, dass Liebesgefühle sich selbst immer mehr mit Phantasie anreichern und dies wiederum die Gefühle verstärkt. Wie verläuft der umgekehrte Fall? Wie kann aus der bloßen Phantasie ein Gefühl werden? Und wie kann dabei auch noch eine Sehnsucht entstehen, die zuvor gar nicht empfunden wurde? Es ist die Phantasie einer Wirklichkeit, die bislang gar nicht wahrgenommen wurde, weder im Denken noch in den Gefühlen. Und wenn der Verdacht über eine mögliche Wirklichkeit zur Gewissheit wird, dann brauchen die Gefühle manchmal nur Sekunden, um sich machtvoll einzustellen. Kann sich aus der Phantasie auch eine Sehnsucht ergeben? Ja, wenn die Sehnsucht aus bislang unbefriedigten Bedürfnissen besteht!

Zuerst entsteht eine unklare und ungeheure Phantasie, die man immer wieder zurückdrängt, weil man sie einfach nicht wahrhaben will. Aber je konkreter und wahrscheinlicher diese Phantasie wird, desto stärker werden die Gefühle, die dann manchmal kaum noch kontrollierbar erscheinen. Sie entstehen zeitverzögert im Gefolge der Phantasien und drängen dann stark in den Vordergrund des Erlebens. So berichtet eine Klientin aufgebracht:

> Ich hatte anfangs nur so einen Verdacht. Er ging mir aus dem Weg, wir hatten keinen Sex mehr und neuerdings ging er zum Telefonieren immer ins Bad. Das kam mir dann doch komisch vor. Als ich ihn darauf ansprach, tat er so, als würde ich Stimmen hören und spinnen. Dann hatte er eines Tages sein Handy zu Hause vergessen. Ich wusste eigentlich schon, was mich erwartet, bevor ich anfing, die Mitteilungen in seinem Handy zu lesen. Ich wollte nicht spionieren, aber mir auch nicht sagen lassen, dass ich spinne. Danach bin ich gleich an seinen Computer gegangen. Ich kannte sein Passwort und bin in sein E-Mail-Postfach gegangen. Als ich merkte, wie all meine Phantasien, die ich vorher gehabt hatte, bittere Wirklichkeit wurden, holten mich meine Gefühle ein. Ich habe erstmal nur geschrien und dann heulend meine Sachen gepackt. Bevor ich ging, hatte ich mir noch die gesamte E-Mail-Korrespondenz mit dieser Tussi ausgedruckt. Damit hatte ich den Beweis, dass ich nicht spinne. Als er am Abend von der Arbeit kam, war ich weg.

Sie war verletzt und gekränkt, erst viel später hatte sie sich nochmal mit ihrem Ex-Partner getroffen und über ihre gemeinsame Beziehung geredet. Das Vertrauen war für sie verloren gegangen und damit war die Beziehung für sie beendet gewesen. Es wäre alles verständlich, wenn nicht die Sehnsucht sie daran erinnern würde, dass in ihrer Logik irgendetwas nicht stimmen konnte. Sie hatte die Phase seiner Verliebtheit in die andere Frau anscheinend nicht mitbekommen, sie hatte sie schlicht verpasst. Dass er alles dafür getan hatte, sie nichts merken zu lassen, versteht sich von selbst und ist ein Teil der Erklärung, aber nicht die ganze. Es geht auch nicht um die Zeit des konkreten Betruges, sondern um die Zeit davor. Sie hatte anscheinend seine Unzufriedenheit nicht bemerkt, sie hatte einfach nicht mitbekommen, wie er sich von der Beziehung entfernte. Einer Liebesaffäre geht in der Regel eine längere Zeit der partnerschaftlichen, sexuellen und kommunikativen Unzufriedenheit voraus und genau diese Phase hatte sie anscheinend versäumt. Sie war zu sehr mit sich selbst beschäftigt gewesen und zu wenig mit der Partnerschaft. Dies ist der Zeitraum, auf den sich die Sehnsucht bezieht. Was wäre in ihrem Leben anders gelaufen, wenn sie achtsamer gewesen wäre? Was hätte aus ihr und ihrer Partnerschaft werden können?

Und die Sehnsucht wünscht sich diese Zeit zurück und die darin enthaltenen Möglichkeiten. Die Sehnsucht will noch einmal in der Zeit zurück und etwas korrigieren, einige Worte sagen, die nicht gefallen sind, einige Dinge tun, die nicht gemacht wurden, einige Chancen nutzen, die verpasst wurden. Die Sehnsucht nach den schönen Seiten der Beziehung kam erst viel später wieder, als die Klientin schon in der nächste Beziehung war. Sie hatte beim nächsten Mann gemerkt, dass in der letzten nicht alles schrecklich gewesen war und sich gefragt, was sie für ihr Leben vielleicht verpasst und wo sie nicht aufgepasst hatte. Manchmal beginnt eben die Aufarbeitung einer Beziehung erst, wenn sie schon lange vorbei ist.

Kann eine solche Sehnsucht der verpassten Chancen auch entstehen, wenn der Partner, auf den sich die Sehnsucht bezieht, bereits gestorben ist? Natürlich! Und manchmal sogar noch viel heftiger, eben weil der andere nicht mehr lebt und es daher in diesem Leben keine Möglichkeit der Korrektur mehr gibt. Wenn der ehemalige Partner noch lebt, kann man sich noch einmal sehen und miteinander reden, kann bislang nicht gesagte Worte aussprechen, sich austauschen, entschuldigen, bedauern, sich versöhnen. Wenn der Partner gestorben ist, bleibt nur die Möglichkeit des inneren Dialogs, des Gesprächs mit anderen Angehörigen oder des Gesprächs am Grab. Dabei kann die Erinnerung quälen. Es kann durchaus noch einmal eine Eifersucht aufkommen und dahinter kann noch einmal eine schwere Sehnsucht entstehen, die schwermütig den verpassten Chancen nachhängt. Die Gefühle und Phantasien können nach dem Tod des Partners noch einmal so intensiv werden, wie sie vielleicht zu Lebzeiten niemals waren. Es ist wie eine späte Rache der Sehnsucht.

Die späte Rache

Seine Frau ist nur wenige Monate nach seiner Pensionierung gestorben. Er hat sie zu Hause gepflegt, sie hatte Brustkrebs. Nach ihrem Tod hat er sich um die Versicherungen und die anderen Formalitäten gekümmert und ihren letzten Willen ausgeführt, damit die Kinder alles bekamen, so, wie sie es gewollt hatte. Danach trat erst einmal eine tiefe Leere in seinem Leben ein, die er durch ziellose Spaziergänge und zuviel Alkohol zu füllen versuchte. Er fühlte sich wie aus dem Leben gefallen, und fiel immer noch. Seine Trauer war einsam und zurückgezogen.

Eines Tages kam ein Brief für seine Frau, den er öffnete, weil sie nun mal nicht mehr lebte. Er war von ihrem ehemaligen Liebhaber, von dem er bis zu diesem Zeitpunkt nichts wusste.

Er war zuerst nur verwundert, dann fühlte er sich betrogen und bestohlen; seine Frau hatte ihn um etwas betrogen, was ihm gehört hatte und doch gebührt hätte, und der andere Mann hatte es ihm gestohlen. Er wurde eifersüchtig.[14]

Kann man auf eine Beziehung eifersüchtig sein, die längst nicht mehr besteht? Ja, wir kennen dies alle in Bezug auf die früheren Partnerschaften unseres Partners. Wir wollen dabei nicht nur erfahren, dass alle vorherigen Partnerschaften im Vergleich zu der mit uns minderwertig waren, sondern es sind auch kleine Trennungsübungen, damit unsere Verlustängste gemindert werden. So wie Kinder an den Kuscheltieren ihre ersten Trennungserfahrungen machen, um das Trennen zu lernen und zu üben, so üben wir den Umgang mit einem möglichen Verlust unseres Partners mithilfe der früheren Partnerschaften, also anhand relativ sicherer Beispiele, denn die Beziehungen sind vorbei.

Eifersucht kennzeichnet die Angst, einen geliebten Menschen zu verlieren. Aber wenn der Mensch schon tot ist, wie kann man ihn dann noch einmal verlieren? Der reale Verlust durch den Tod ist etwas anderes als ein psychischer Verlust durch eine Liebesaffäre. Auch das wissen wir von Kindern: dass sie mit dem Tod eines Elternteils manchmal besser umgehen können als mit dem Verlust des gleichen Elternteils nach einer Trennung. Leibliche Tode und seelische Tode sind verschieden. Auch für die Sehnsucht? Ja!

Er sollte in den nächsten Monaten die Erfahrung machen, dass sich hinter seiner Eifersucht eine Sehnsucht verbarg, die sich auf seine Frau und die Beziehung zu ihr bezog. Er musste also zunächst der Eifersucht nachgehen, die er zu ihren Lebzeiten niemals empfunden hatte. Dies führte ihn dazu, über die verpasste Zeit mit ihr nachzudenken. Als er das tat, kam eine tiefe Sehnsucht in ihm hoch, diese verpassten Chancen nachholen zu wollen, was aber zugleich aussichtslos war. Erst nachdem er diese Sehnsucht empfinden konnte, er noch einmal in das nicht gelebte Leben eingestiegen war, konnte er sie wirklich, also auch im psychologischen Sinne sterben lassen und damit seinen Trauerprozess beenden.

Und das Kuriose war, dass er dafür den ehemaligen Geliebten seiner Frau brauchte. Er selbst konnte sich ja nicht mehr an die Zeit erinnern, in der er neben seiner Frau hergelebt hatte in dem irrigen Glauben, es sei alles in Ordnung. Zunächst hatte er es bei seiner Tochter versucht und wollte von ihr wissen, wie ihr Leben denn vor elf Jahren war, ob ihre Mutter damals mit ihr gesprochen hatte, ob sie etwa eine Unzufriedenheit erwähnt hatte. Aber die Tochter ließ ihn abblitzen, weil sie noch sehr wütend auf ihren Vater war. Da er die Beziehung zu seiner Tochter nicht so schnell bereinigen konnte und bei seinem Sohn das gleiche Problem befürchtete, redete er mit seinen Kindern nicht mehr über die Zeit und wendete sich an den ehemaligen Liebhaber. Zunächst beantwortete er an Stelle seiner Frau die weiteren Liebesbriefe, dann freundete er sich mit ihm unverfänglich an, besuchte Cafés, spielte Schach, plauderte über das Leben und die vergangenen Zeiten. Als er sich schließlich dem anderen öffnete, ihm erzählte, dass Lisa gestorben und er ihr Ehemann war, erhält er eine erstaunliche Antwort:

Sie tun mir nicht leid. Denn ich will Ihnen noch etwas sagen. Lisa ist bei Ihnen geblieben, weil sie Sie geliebt hat, noch in schlechten Tagen mehr als mich in guten. Fragen Sie mich nicht, warum. Aber mit mir war sie glücklich. Und ich will Ihnen auch sagen, warum. Weil ich ein Aufschneider bin, ein Schwadroneur, ein Versager. Weil ich nicht das Monster an Effizienz, Rechtschaffenheit und Griesgrämigkeit bin, das Sie sind. Weil ich die Welt schön mache. Sie sehen nur, was sich Ihnen darbietet, und nicht, was sich darunter verbirgt.[15]

Es ist die Rede eines Romantikers. Wenn Romantik darin besteht, den Dingen des Alltags den Glanz des Besonderen zu verleihen, dann ist dieser Mann ein Romantiker im besten Sinne des Wortes. Und dann hat Lisa mit diesem anderen ihre romantische Seite ausgelebt, wie sie es mit ihrem Mann anscheinend nicht konnte. Das ist die Antwort auf seine bohrende Frage.

Er war *das Monster an Effizienz, Rechtschaffenheit und Griesgrämigkeit*, während der andere die Romantik, das Leben und die Leichtigkeit darstellte und deshalb für seine Lisa attraktiv wurde. Erst nachdem er dies verstanden hatte, konnte er seine tote Lisa ebenso wie seine sehr lebendige Sehnsucht nach ihr und der verpassten Zeit wirklich sterben lassen. Die Sehnsucht war entstanden, als er seine Frau nachträglich durch die Affäre verlor. Die Erkenntnis, dass er irgendwie auch Täter und nicht allein Opfer war, muss ihn geschmerzt haben. Wahrscheinlich entstand dabei eine neue Sehnsucht, mit seiner Frau über dies alles noch einmal reden zu können. Das war allerdings nicht mehr möglich, aber manchmal ist dies auch zu Lebzeiten schon unmöglich.

Die Unvollendete

Manchmal erlebt man eine Liebe, die unvollendet bleibt, weil einer der beiden Partner eine andere Richtung in seinem Leben einschlägt. Es kann eine Kleinigkeit sein, die beide auseinandertreibt. Beispielsweise ein Umzug, ein Studienplatzwechsel, ein neuer Job an einem anderen Ort, eine neue Liebesbeziehung, die sich dazwischen schiebt, bevor die andere wirklich anfing, ein Auslandsaufenthalt oder einfach nur ein dummer Zufall. Dann bleibt die Liebe in reiner Erinnerung, ungetrübt von möglichen Komplikationen oder hässlichen Szenen. Mit der Zeit wird sie vielleicht glorifiziert und zu einem Mythos von etwas ganz Besonderem. Und das Leben geht weiter, eine andere Liebe kommt, beruflicher Erfolg stellt sich ein, die eigenen Kinder werden geboren – und so verblasst die Erinnerung an diese reine Liebe aus alter Zeit langsam. Es kann sein, dass sie zwischenzeitlich durch kleine Erlebnisse immer wieder aufgefrischt wird, man meint den anderen noch einmal auf der anderen Straßenseite zu sehen, hört eine Neuigkeit über einen früheren Freund, fragt sich angesichts kleiner Erinnerungen, wie es ihm oder ihr heute wohl geht oder stellt sich in einem kleinen Tagtraum vor, wie das Leben wohl weitergegangen wäre, wenn man zusammengeblieben wäre. Dann hört man irgendwo das Lied *The first cut is the deepest* und schon sind wieder alle Erinnerungen präsent, man riecht den Duft der Haut und hört das Lachen. Und dann erwischt einen noch einmal dieses tiefe ziehende Gefühl der Sehnsucht nach der alten Liebe.

Was macht man, wenn man dieser alten, ungetrübten, wunderbaren Liebe mitten im Leben nach vielen Jahren plötzlich noch einmal begegnet? Sagt man *Hallo, wie geht's dir denn heute und was machst du so?*, oder fragt man lieber nicht aus Angst vor der Antwort? Dabei gibt es zwei Ängste: dass der andere glücklich verheiratet ist, Kinder hat und sich nicht mehr erinnert, oder dass er single ist und immer wieder an die schöne Zeit zurückdenkt. Was wünscht man sich mehr? Und wenn es auch für den anderen die große Liebe war, die nicht ausgelebt wurde, dann wird die Sehnsucht vielleicht so stark, dass man den schmerzlichen Wunsch verspürt, dort weiterzumachen, wo man damals aufgehört hat. Das ganze Leben kann ins Wanken geraten, wenn man die erste große Liebe wiedersieht, und danach ist nichts mehr so wie vorher. Verabredet man sich noch einmal? Verschweigt man diese Begegnung gegenüber dem Ehepartner mit dem Hinweis auf einen dienstlichen Termin? Oder spricht man das Ganze offen an und kommt dann in Erklärungsnot? Plötzlich wird das Leben noch einmal kompliziert und man weiß nicht mehr, ob das schön oder schrecklich ist. Aber man wird vorangetrieben von einer tiefen Sehnsucht, die man nicht mehr kontrollieren kann und will.

Haruki Murakami erzählt die Geschichte von Hajime und Shimamoto. Hajime ist verheiratet, Ende 30, hat zwei kleine Töchter und besitzt zwei erfolgreiche Jazzclubs in einem schicken Viertel Tokios. Ihm geht es gut, er ist ohne Sorgen, raucht nicht mehr, geht regelmäßig schwimmen und liebt seine Frau Yukiko. Eines Tages kommt eine wunderschöne Frau in seinen Club, es ist Shimamoto, in die er als zwölfjähriger Junge verliebt war. Es war seine erste große Liebe. Sie haben damals viel Zeit miteinander verbracht und die Schallplatten ihres Vaters gehört. Als sie auf eine andere Schule wechselte, verloren sie sich aus den Augen. Er lernte andere Mädchen kennen, studierte, widmete sich seinem Job und lernte mit 30 Jahren seine spätere Frau kennen. Es regnete gerade, als sie einander begegneten, und da er keinen Schirm hatte, gewährte sie ihm Unterschlupf. Yikiko war für ihn eine schöne Frau, die er nicht lange genug ansehen konnte. Ihr Vater war ein großer Bauunternehmer, der ihm dabei half, einen Jazzclub zu eröffnen. Als Student hatte er in einem solchen Club gearbeitet und seither den Traum gehabt, selbst einen zu besitzen. Seine Ideen führten zu großem Erfolg und bald eröffnete er einen zweiten. Mit 36 Jahren kaufte er ein kleines Ferienhäuschen in Hakone und einen roten Jeep Cherokee für seine Yikiko, damit sie mobil war.

Eines Abends erscheint diese atemberaubend schöne Frau in seiner Bar, es ist Shimamoto. Sie reden miteinander und er ist einfach fasziniert von ihrer Person. Nach dieser Begegnung wartet er jeden Abend darauf, dass sie wiederkommt. Sie erscheint aber lange nicht mehr, bis sie eines Abends wieder lächelnd neben ihm sitzt. Sie kommt eine ganze Weile jeden Abend in die Bar und es entwickelt sich eine tiefe Vertrautheit zwischen ihnen. Dann verschwindet sie jedoch wieder und lässt sich lange Zeit nicht mehr blicken. Seine Sehnsucht nach ihr steigert sich ins Unermessliche. Als sie endlich wiederkommt, gestehen sie sich gegenseitig ihre Liebe, auch wenn diese Liebe ausweglos zu sein scheint. Sie verabreden sich für eine gemeinsame Nacht in seinem Ferienhaus und es wird eine unglaubliche Liebesnacht, in der die Liebenden abwechselnd in berauschenden Sex und tiefe Sehnsucht getränkt sind. (Diese Liebesszene ist eine der intensivsten und schönsten der Weltliteratur.) Danach verlangt sie von ihm eine Entscheidung und er antwortet, er habe sich bereits für sie entschieden.

Aber du hast eine Frau und zwei Kinder, Hajime. Und du liebst sie …

Natürlich liebe ich sie. Sehr sogar. Und ich will für sie sorgen. Aber etwas fehlt. Ich habe eine Familie, einen Beruf, und ich kann über beides nicht klagen. Man könnte mich als glücklich bezeichnen. Und doch weiß ich, seitdem ich dich wiedergetroffen habe, dass etwas fehlt. Die wichtige Frage ist, was fehlt. Etwas, was dasein müsste, ist nicht da. In mir und meinem Leben. Und deshalb ist ein Teil von mir ständig hungrig, ständig durstig. Weder meine Frau noch meine Kinder können diesen Mangel ausfüllen. Es gibt auf der ganzen Welt nur einen Menschen, der das kann. Du. Erst jetzt, da dieser Durst gestillt ist, begreife ich, wie leer ich war. Und wie sehr ich, so viele Jahre lang, gehungert und gedürstet habe.[16]

2. Das Haus der Wonnen am Ende der Welt – Sehnsucht als Lebenskonzept

> *Ich habe dir deine Wege gesucht,*
> *Ich bin dein Glück und ich bin dein Fluch,*
> *Hab dir fast den Verstand geraubt,*
> *Du hast trotzdem an mich geglaubt,*
> *Ich bin die Sehnsucht in dir.*
> Die Toten Hosen

Ich lebe meine Sehnsucht, singe täglich, spiele Saxophon und bin sehr glücklich. Vielen Dank nochmals, dass Sie mir dabei geholfen haben, mich selbst zu finden. Mit freundlichem Gruß, Elena!

Als ich diese E-Mail erhielt, musste ich unwillkürlich an die traurige Elena denken, die vor eineinhalb Jahren mit ihrem Mann in die Paartherapie gekommen war. Sie hatte alt und bedrückt gewirkt und war während der Therapie immer jünger und freier geworden. Es war nicht so sehr der äußere Verjüngungsprozess gewesen. Sie hatte sich zwar die Haare kurz geschnitten, trug andere Kleidung, war bunter und lebendiger angezogen als noch zu Anfang, aber all dies war eher Ausdruck einer inneren Metamorphose gewesen. Zugleich hatte sie sich damit auch immer mehr von ihrem Mann abgesetzt, der in seinem grau verharrte, vor allem seinem inneren Grau. Dreitagebärte sollen ja Männer angeblich männlicher machen, aber manchmal sehen sie damit einfach nur älter und ungepflegt aus. Ein Dreitagebart mit Depressionen passt eher zu Alkohol, Ehekrise und Endzeitstimmung.

Elena und das Saxophon

Elena hatte ihre Liebe zur Musik entdeckt. Das Saxophon, sie nannte es liebevoll »meine Kanne«, und der Gesang hatten es ihr angetan. John Coltraine und Bobby McFerrin hießen ihre großen Vorbilder. Die Konzerte von Bobby McFerrin in Deutschland hat sie drei Mal miterlebt, John Coltraine gab es nur noch auf DVD, aber beide wollte sich ihr Mann nicht ansehen, weil er das unbestimmte Gefühl hatte, dass von diesen Künstlern eine Gefahr für seine Ehe ausging. Die Entdeckung der Musik, der handgemachten Musik in einer echten Band, hatte aus ihr eine andere Frau gemacht. Sie konnte einfach nicht mehr so weiterleben und alles in ihr bisheriges Leben integrieren, wie ihr Mann das immer wieder forderte: *Sing doch soviel du willst, spiel deine Kanne, ich komme sogar zu deinen Auftritten, aber warum musst du denn gleich dein ganzes Leben umkrempeln und dich auch noch von mir trennen? Das verstehe ich nicht!* Elena konnte ihm das nicht erklären und sie verstand es zunächst auch selbst nicht.

Es tat ihr weh, ihn so leiden zu sehen, sie wollte ihn nicht verletzen. Aber sie hatte ihre Sehnsucht entdeckt und war durch nichts mehr aufzuhalten. Sie nahm alle Schuld auf sich, als sie ihm sagte: *Ja, ich habe mich verändert, du bist der alte geblieben, dich trifft keine Schuld. Aber du gehörst zu meinem alten Leben und ich kann dich in das neue nicht mitnehmen. Wir können Freunde bleiben, aber mehr nicht.* Sie war erstaunlich klar in ihren Äußerungen, auch wenn sie sich vielleicht noch ein wenig selbst von ihrer Entscheidung überzeugen musste, um nicht doch einzubrechen und nachzugeben, denn er tat ihr unendlich leid. Die Musik stand dabei symbolisch für die neue Elena. Wussten Sie eigentlich, hatte sie mich gefragt, dass Buster Keatons Mutter Myra Keaton auch schon Saxophon gespielt hat und eine tolle Sängerin mit einem wunderbaren Timbre gewesen war? Nein, das hatte ich nicht gewusst. So erfahre ich von den Klienten mehr über das Leben und die Klienten erfahren in der Therapie mehr über sich selbst. Mehr über sich selbst zu wissen sei bedeutsamer, als mehr über die Welt zu wissen, hatte ich ihr gesagt, und sie hatte mir lächelnd und wissend zugestimmt.

Wir hatten in Einzelsitzungen über die unaufhaltsame Verwirklichung ihrer Sehnsucht gesprochen. Ich wollte in der Therapie versuchen, die gefühlsbetonte und diffuse Sehnsucht in eine konkrete Utopie zu verwandeln, denn die Sehnsucht musste den Realitätstest bestehen. Unsere Aufgabe war es also herauszufinden, woher die Sehnsucht kam und was hinter ihr steckte, warum sie sich gerade jetzt meldete, welche Gefühle sie damit verband, welche Beziehung zwischen dieser Sehnsucht und ihrer Partnerschaft bestand und seit wann sie die Sehnsucht empfand. Sie musste auf diese anstrengende Weise ihre Gefühle mit ihrem Verstand reflektieren, damit aus dem Bauchgefühl eine solide Lebensentscheidung werden konnte. Wenn sie dies nicht getan hätte, wäre sie wahrscheinlich nach drei Wochen mit vielen Schuldgefühlen wieder zu ihrem Mann zurückgegangen und schnell wieder unglücklich geworden, was beiden nicht geholfen hätte. Das Paar hatte keine gemeinsamen Kinder, der Ehemann hatte aus einer früheren Ehe einen Sohn, zu dem er aber nur noch sporadischen Kontakt hatte. Das Paar hatte es sich in ihrer Beziehung, in der Gemeinde, kurzum im Leben gemütlich eingerichtet, es war ein gemütlicher Stillstand ohne Entwicklungen oder gar Herausforderungen.

Musik bedeutete für sie ursprüngliche Lebendigkeit und ihre Partnerschaft erschien ihr demgegenüber wie tot. Sie wollte raus aus dem Betonbunker, in dem sie mit ihrem Mann seit 15 Jahren lebte, dieser »Garage mit Haus« dran, wollte wieder in die Stadt ziehen, am liebsten in das Studentenviertel, dort in Cafés sitzen, vielleicht mit ihrer Schwester einen Blumenladen eröffnen und vor allem Musik machen. Sie wollte nicht mehr Bach im Chor in der Dorfkirche singen, sondern wilde Sachen aus Rock, Jazz oder Pop in einem verrauchten Keller-Club mit guten Musikern spielen. Sie wollte nicht mehr zu Hause sitzen und sehnsüchtig all die

CDs der guten Sängerinnen hören und von einem verpassten Leben träumen, nein, sie hatte beschlossen, selbst so zu singen. *Wollen Sie wissen, wie es mir geht?* hatte sie mich gefragt und dann gleich selbst geantwortet:

Es gibt einen Song von Marianne Faithfull (Ballad of Lucy Jordan), da singt sie: »At the age of 37 she realized she never rode through Paris in a Sportscar with the warm wind in her hair …« Ich bin zwar keine 37 mehr, aber mir ist klar geworden, dass ich das Leben verpasse, wenn ich so weiterlebe wie bisher, ich bin noch richtig lebenshungrig.

Ihr Mann hoffte auf einen vorübergehenden Anfall, wie er ihn schon einige Male bei seiner Frau erlebt hatte. Ich habe ihm ein Buch empfohlen, um ihm die Bedeutung des Singens näherzubringen: *Der Klang der Zeit* von Richard Powers. Er hatte es nicht geschafft, es ganz zu lesen, das Buch sei zu dick, meinte er, aber wir alle wussten, dass diese Begründung nicht stimmte. Denn diesmal hatte seine Frau keine einfache Krise, die Situation war viel ernster, das hatte er sehr schnell gemerkt. Sie hatte eine Band gefunden, in der sie singen und spielen konnte und sie verbrachte dort immer mehr Zeit. Das eigentlich beunruhigende aber waren ihre inneren Wandlungen, die er hilflos miterlebte und die sie täglich attraktiver machten. Er hatte die Angst, auf dem Bahnsteig stehen zu bleiben, während sie im Schnellzug davon fuhr. Sie hatte dieses Angstbild bestätigt, aber in ihrer Phantasie war es ein besonderer Schnellzug mit einem Musikabteil in einer einzigen langen Jamsession, für sie ein richtig toller Zug. Sie hatte immer wieder Zweifel, ob sie ihren Weg gehen und ihrem Mann all dies antun könne. Sie hatte langsame kleine Schritte der Distanzierung versucht, dabei Rückfälle erlitten, sich bei ihm entschuldigt, aber letztlich war sie immer wieder zu ihrem Traum zurückgekehrt. Dann hatte sie geglaubt, es sei dieser Keyborder in der Band, der ihr keine Ruhe mehr ließ. Sie hatte mit ihm geschlafen und danach nüchtern festgestellt, nein, das sei es nicht. Weder dieser Mann, noch der andere Sex seien ihr Ziel, eigentlich sei sie überhaupt nicht auf der Suche nach einem anderen Mann. Dass sie sich trennen wollte bedeutete nicht automatisch, dass sie einen anderen Mann wollte, es gab auch noch andere reizvolle Dinge im Leben und für sie war das nun mal die Musik.

Schließlich war sie in die kleine Zwei-Zimmer-Altbauwohnung gezogen, in der vorher zwei Studenten gewohnt hatten, die ihre Kinder hätten sein können. Später sagte sie einmal, sie habe mit ihrem Mann sehr früh ihren eigenen Vater geheiratet, einen behütenden und väterlichen Mann, der für sie Sicherheit und Verlässlichkeit ausgestrahlt hatte. Damals war das für sie ideal gewesen, weil sie noch so unsicher und unreif war. An seiner Seite sei sie aber reifer und selbstsicherer geworden, während er sich einfach nicht weiterentwickelte. Sie habe schon seit ihrer Kindheit den Traum gehabt, Musik in einer Band zu machen, es sei wie eine Wiederentdeckung gewesen. Das alles sei ihr klar geworden, als sie vor zwei Jahren mit ihrem Mann auf einem Konzert gewesen sei, bei dem die Sängerin so eine Kraft und Lebensfreude ausgestrahlt hatte, so glücklich beim Singen erschien, dass sie den ganzen Abend danach geheult hatte, ohne zu wissen, warum. Ihr Mann hatte versucht, sie zu trösten, aber damit hatte er alles nur noch schlimmer gemacht. Er hatte einfach nicht verstanden, warum sie so traurig war und sie hatte es ihm nicht wirklich sagen können.

Heute wohnt sie die Hälfte des Jahres im südlichen Ausland und die andere Hälfte in Hamburg. Ihr Mann hat den Kontakt zu ihr abgebrochen, weil er es nicht ertragen konnte mitanzusehen, wie glücklich sie ist. Sie hatte noch einmal versucht, ihm zu erklären, wie bedeutsam es für sie sei, ihre Sehnsucht zu leben, aber er hatte sie nicht verstanden. *Siehst du*, hatte sie gesagt, *und deshalb musste ich mich von dir trennen.* Nachdem sie sich innerhalb der Partnerschaft zu einer reifen und selbstsicheren Frau entwickelt hatte, stand ihr derselbe Partner bei der weiteren persönlichen Entwicklung ihrer Sehnsüchte und Ambitionen eher im Wege. Deshalb hatte sie sich gegen ihn entschieden, weil er zu der alten Elena passte, aber nicht mehr zu der neuen.

Heute lebt sie mit einem Musiker zusammen, der jünger ist als sie, während ihr Mann zwölf Jahre älter war. In ihre Wohnung haben sie eine schalldichte Box eingebaut, in der sie zu jeder Tages- und Nachtzeit Saxophon spielen können. *Wenn ich ein Mann wäre,* hat sie mal scherzhaft gesagt, *dann würden mir alle eine Midlifecrisis unterstellen, so ganz typisch mit Trennen und dann jüngerem Partner, aber als Frau bin ich einfach hip und modern und lebe meine Sehnsucht. Ist doch toll, oder?* Ich habe sie gefragt, wie sie sich verhalten hätte, wenn ihr Mann ihre Sehnsucht verstanden hätte und sie hat geantwortet: *Dann hätte er vielleicht selbst noch eigene Sehnsüchte haben müssen.* Dann sagte sie ganz ernsthaft: *Wer keine Sehnsüchte mehr hat, der ist doch irgendwie tot!* und ich habe ihr nicht widersprochen.

Vom Makler zum Maler

Bankenkrisen haben auch ihre Vorteile und manchmal verhelfen sie sogar verborgenen Sehnsüchten zum Durchbruch. Und da Sehnsüchte nicht nur romantische Menschen befallen, sondern durchaus auch hart kalkulierende Börsenmakler von ihnen tief betroffen sein können, gab es einen 35-jährigen Börsenmakler im Paris des Jahres 1883, der ebenso erfolgreich wie sehnsüchtig war und der später einer der größten und berühmtesten Maler seines Landes werden sollte. Mehr als eine Ahnung davon hatte er allerdings noch nicht. Es war das Jahr, in dem Karl Marx in seinem Londoner Exil starb und in dem die Pariser Börse wegen einer kapitalistischen Wirtschaftskrise schließen musste. Aber zumindest dieser erfolgreiche Börsenmakler war über den Verlust seiner Arbeit überhaupt nicht traurig, im Gegenteil. Als sein Chef ihm zerknirscht mitteilte, dass er ihn nicht weiter beschäftigen könne, soll er ihm sogar die Hände geküsst und sich bei ihm bedankt haben mit den Worten *Danke patron. Sie haben soeben einen wahren Künstler aus mir gemacht.*[17] Seine besorgte Frau konnte allerdings tagelang nichts essen, während er auf einer Wolke befreiter Glückseligkeit schwebte.

Der erfolgreiche Börsenmakler lebte mit seiner dänischen Frau Mette, die er immer liebevoll die Wikingerin nannte, im noblen 16. Pariser Arrondissement. Sie hatten bereits vier kleine Kinder (eins sollte noch folgen) und lebten eigentlich über ihre finanziellen Verhältnisse. Seine Frau wollte es aber so. Sie war strebsam, wollte in den feinen Pariser Kreisen weitere Höhen erklimmen und freute sich sehr über seinen beruflichen Erfolg, vor allem den finanziellen Teil, über dessen Verwendung sie dann auch weitgehend bestimmte. Schon damals gab es Bonuszahlungen für erfolgreiche Börsenmakler und auch er hatte solche Boni in seinen bisherigen Berufsjahren stets bekommen. Bereits zehn Jahre zuvor, im Jahre 1873, hatte er 3000 Francs bekommen, eine durchaus ansehnliche Summe für damalige Verhältnisse, die seine Frau sofort in eine neue Wohnungseinrichtung investierte. Erst ein Jahr später sollte ihr erstes Kind, der Sohn Emil, geboren werden, aber schon damals hatte der Börsenmakler mit dem heimlichen Malen angefangen und besuchte abends einen Zeichen- und Malunterricht in der Akademie Colarossi. Überall hinterließ er seine Skizzen, aus dem Makler wurde mehr und mehr ein Maler, der über mehr als zehn Jahre eine Art Doppelleben führte, aber sich dessen anscheinend gar nicht bewusst war. Als er viele Jahre später einmal von Freunden gefragt wurde, wie er dieses Doppelleben über so viele Jahre aufrechterhalten konnte, soll er geantwortet haben:

Ich habe es nicht geschafft … Aber was sollte ich tun. Ich war ein Bourgeois mit Prinzipien. Wie hätte ich alles, was auf meinen Schultern lastete, Frau, Kinder, Sicherheit, Reputation, zum Teufel schicken können? Zum Glück hatte ich die Energie eines Vulkans. Vier Stunden Schlaf genügten mir.[18]

Diese vulkanische Energie war Ausdruck seiner leidenschaftlichen Sehnsucht: der Malerei, Bildhauerei und Kunst. Aus dem Hobby der skizzenhaften Malerei war längst eine Leidenschaft geworden, die er täglich ausleben musste und ohne die er nicht mehr leben konnte. Bis zu seinem 30. Lebensjahr hatte er nicht einmal Strichmännchen gemalt und Künstler waren für ihn Bohemiens und Schwule gewesen. Überhaupt hatte er in seinem bisherigen Leben wenig mit Kunst und Kultur zu tun gehabt, er war bei der Marine gewesen und jahrelang zur See gefahren, dabei hatte er die Bordelle der großen Hafenstädte kennengelernt. Bis zu seinem 35. Lebensjahr führte er ein biederes und bourgoises Familienleben in Paris, bevor aus ihm der große französische Maler Paul Gauguin werden sollte.

Gab es ein auslösendes Ereignis, das zu diesem künstlerischen Comingout führte? Gauguin selbst hat darauf eine klare Antwort gegeben: Es war das Bild *Olympia* von Edouard Manet, das für ihn eine Wende in seinem Leben und eine Hinwendung zu seiner leidenschaftlichen Sehnsucht der Malerei bedeutete. Auf dem Bild liegt eine nackte Frau auf ihrem Bett, das mit vielen Kissen bedeckt ist. Daneben steht eine schwarze Dienerin, die das Bett soeben zurecht macht, vielleicht für männlichen Besuch? Olympia schaut ruhig und dem Betrachter direkt in die Augen. Sie hat eine Blume hinter dem linken Ohr, die Beine leicht übereinandergeschlagen und ihre linke Hand auf dem rechten Oberschenkel, so dass ihre Scham verdeckt ist. Männliche Betrachter des Bildes werden sicher häufig den Blick der Frau mitsamt ihrem wunderbaren Körper als eine ganz persönliche Einladung verstehen und wahrscheinlich würden nur wenige diese Einladung nicht annehmen. Paul Gauguin hatte eine Fotografie dieses Bildes sein Leben lang bei sich, und obwohl er Bilder von Rembrandt, Dürer, Holbein, Degas und natürlich van Gogh in seinem privaten Besitz hatte, war ihm dieses Bild von Manet stets das liebste. Er hatte das Bild gesehen und sich sofort in diese Frau verliebt, die für ihn so etwas wie die geniale Inkarnation aller

Frauen dieser Welt in ihrer schönsten, begehrlichsten und ero-
tischsten Variante repräsentierte. Bei diesem Anblick hatte er
wahrscheinlich beschlossen, auch so malen zu wollen. Er hat es
schließlich geschafft. Seine portraitierten Frauen, die meisten davon nicht viel mehr bekleidet als die Olympia, gehören heute zu
den berühmtesten Bildern der Welt.

Koke

Als er seine künstlerische Sehnsucht entdeckte und sie nicht
mehr verheimlichen konnte, hatte seine Frau Mette ihn zur Rede
gestellt. Sie fühlte sich betrogen und glaubte, er habe diese Sehnsucht schon immer in sich verspürt, sie aber wissentlich vor ihr
verheimlicht. Er hat ihr unschuldig und ehrlich geantwortet, er
habe es ihr nicht sagen können, weil er es selbst nicht gewusst
habe. Sehnsüchte sind nicht immer bewusst, schlummern oft im
Verborgenen des Unbewussten, bis sie durch einen Zufall oder
das Schicksal ans Tageslicht kommen, und von da an begleitet
von überwältigenden Gefühlen, die eigene Bestimmung und das
Glück gefunden zu haben, das weitere Leben beherrschen. Aber
nur in wenigen Fällen ist diese Befreiung auch mit dem er-
wünschten Erfolg verbunden. Nicht selten ist das Glück der er-
kannten Sehnsucht mit dem Schicksal des verkannten Künstlers
verbunden. Aus dem erfolgreichen Börsenmakler Paul Gauguin
wurde der erfolglose und geniale »Koke«. Diesen Namen gab ihm
Jahre später seine zweite, tahitianische Ehefrau, seine Vahine,
wahrscheinlich weil sie den Namen Gauguin nicht aussprechen
konnte, vielleicht aber auch nur als liebevollen Spitznamen.

Nachdem er sich für die Malerei entschieden hatte, verließ
ihn seine Wikingerin mit den mittlerweile fünf Kindern, kehrte
zurück nach Dänemark und meldete sich fortan mit Geldforde-
rungen, denen er nicht nachkommen konnte, weil er selbst nicht
genug zum Leben hatte. Sie hatten in Rouen versucht, einen bil-
ligeren Lebensstil zu leben als in Paris, waren dann aber doch

nach Dänemark gezogen, wo Mette Französisch unterrichtete und damit die Familie mehr schlecht als recht ernährte. Paul Gauguin schmerzte das Zerbrechen seiner Familie, aber innerlich war er glücklich.

Er zog in eine Künstlerkommune in die Bretagne, bevor er nach Arles in die Provence zu dem verrückten Holländer Vincent van Gogh ging. Dieser hatte den Genius in Pauls Malereien erkannt. Er selbst befand sich auf einem ganz schmalen Grat zwischen Genie und Wahnsinn, und am Ende sollte der Wahnsinn den Genius töten. In seinen *Lebenserinnerungen* schreibt Gauguin von einem Abschiedsbrief van Goghs an ihn:

Lieber Meister (er gebrauchte diese Anrede nur dieses eine Mal), *wenn man Sie gekannt und gekränkt hat, ist es würdiger, in gesundem Zustand als in einem erniedrigenden Zustand zu sterben. Er schoss sich eine Revolverkugel in den Bauch, und wenige Stunden später starb er im Bett, seine Pfeife rauchend, bei völliger geistiger Klarheit, voll Liebe für die Kunst, ohne Hass für die anderen.*[19]

Als van Gogh sich tötete, war er gerade mal 37 Jahre alt. Ein dreiviertel Jahr hatte es Paul geschafft, mit ihm in einer Künstlergemeinschaft zu leben, und am Ende war es für ihn im wahrsten Sinne des Wortes zu gefährlich geworden. Paul Gauguin war für Vincent van Gogh nicht nur ein guter Maler, von dem er zu lernen hoffte, sondern auch eine wichtige Person, die er in seine zunehmenden Wahnvorstellungen integriert hatte. Paul beschreibt den Anlass seines Abschieds sehr offen.

Wir gingen an demselben Abend ins Cafe. Er trank einen leichten Absinth. Plötzlich warf er mir Glas und Inhalt an den Kopf. Ich wich dem Wurfe aus, packte ihn unter den Arm, verließ das Cafe, kreuzte den Victor-Hugo-Platz, und wenige Minuten später lag Vincent in seinem Bett, wo er nach wenigen Sekunden einschlief und erst am nächsten Morgen erwachte. Beim Aufwachen sagte er sehr ruhig: »*Lieber Gauguin, ich erinnere mich dunkel, Sie gestern beleidigt zu haben.*« »*Ich verzeihe Ihnen gern und von Herzen, aber die Szene von gestern könnte sich wiederholen, und wenn ich getroffen würde, könnte ich die Herrschaft über mich verlieren und Ihnen an die Kehle gehen.*«[20]

Also reiste Gauguin ab und ließ Vincent allein zurück, das Experiment der Künstlergemeinschaft war offensichtlich gescheitert, aber später schrieb Paul Gauguin wohlwollend: *Lese ich den Satz:* »*Die Zeichnung Gauguins erinnert ein wenig an die van Gogh's*«, *lächle ich.*[21] Nach diesem komplizierten Lebensabschnitt ging er völlig entnervt für kurze Zeit nach Paris zurück, gab zum Abschied ein großes Fest und bestieg in Marseille, seiner zweiten Sehnsucht nach dem Paradies am Ende der Welt folgend, ein Schiff in Richtung Südsee.

Er war zweieinhalb Monate unterwegs, bevor er am Morgen des 9. Juni 1891 in Papeete auf Tahiti das Schiff verließ. Er war 43 Jahre alt und sein Gepäck bestand zum großen Teil aus Leinwand, Farben und Staffelei. Sein Traum von der Südsee hatte mit seinem ersten Traum viel zu tun: Er wollte in einem Haus leben, von dem er direkt ins Meer springen konnte, und in diesem Haus sollten die Lichtverhältnisse so sein, dass er im Rausch des Lichts und der Farben grenzenlos malen konnte. Er nannte es das Haus der Wonnen (La maison du Jouir). Hier entstanden die Bilder, die ihn weltberühmt machen sollten – allerdings weniger zu seinen Lebzeiten.

Die meiste Zeit auf Tahiti verbrachte er in bitterer Armut. Seine wiederkehrenden Erkrankungen und Schmerzen, unter der er all die Jahre im tahitianischen Paradies litt, raubte ihm nicht nur viel Lebensfreude, sondern kostete ihn auch einen erheblichen Teil seines spärlichen Einkommens. Gegen Ende seines Lebens hatte sein Augenlicht immer mehr nachgelassen und um die starken, wiederkehrenden Schmerzen vor allem in den Beinen zu lindern, trank er viel Alkohol und nahm auch zeitweise Opium. Er starb mit 55 Jahren im Paradies am Ende der Welt.

Wie kann man seine Sehnsüchte nach der Kunst und der Ferne verstehen, nach der Malerei und dem Paradies? Die nächstliegende Erklärung ist zugleich die einfachste: Als ein künstlerisch besonders begabter Mensch hatte er den verständlichen Drang, diese Begabung zu leben, weil er beim Malen seinem inneren Kern, seiner Identität oder seiner Bestimmung am nächsten war. Beim Malen hatte er sich selbst vergessen können, aber bei diesem Vergessen war er erst wirklich bei sich. Dieser Gedanke der Selbstvergessenheit, der sich am besten formuliert bei Hegel findet, stimmt wahrscheinlich für alle menschlichen Begabungen ebenso wie für das kindliche Spiel. Aber was beim Kind noch so spielerisch daherkommt ist für den Erwachsenen unabweisbar. Das Malen, Schreiben oder Komponieren ist kein reines Können, kein Konjunktiv, sondern eher ein Müssen, ein Imperativ. Nur wer malen, schreiben oder Musik machen muss, weil es seiner inneren Persönlichkeit, seinem Wesen und seinen Talenten entspricht, nur der ist wahrscheinlich in der Lage, auf viele angenehme Seiten des Lebens zu verzichten und zugleich Großes zu leisten.

Der zweite Aspekt zum Verständnis der künstlerischen Sehnsucht geht auf Freuds Theorie der Sublimierung zurück. Sublimierung bedeutet Verfeinerung, also eine künstlerische Verfeinerung sexueller Impulse. Bis zur großen Wende im Leben des Paul Gauguin scheint auch die Sexualität keine besondere Rolle gespielt zu haben, aber mit der expressiven Malerei kam die wilde Sexualität und umgekehrt. Anscheinend hat der große, verrückte Vincent van Gogh ihn bereits auf diesen Zusammenhang hingewiesen, als er zu seinen Bildern ausrief: *Großartig! Sie wurden nicht mit dem Pinsel, sondern mit dem Phallus gemalt. Bilder, die Kunst und Sünde zugleich sind.*[22] Und er bat Paul ihm beizubringen, wie auch er mit dem Phallus malen kann. Sie haben sich in Arles künstlerisch inspiriert und angeblich hat Vincent seine Besuche bei den Huren aus der gemeinsamen Haushaltskasse bezahlt. Früher war er nur zwei Mal im Monat zu den Huren gegangen, aber nach Pauls eintreffen verspürte er den Drang, fortan zwei mal in der Woche zu ihnen zu gehen. Wenn diese erwachte Sexualität bei Vincent letztlich auf Paul zurückzuführen war, dann war es auch nur recht und billig, dass er die Hurenbesuche aus der Haushaltskasse mitbezahlte. Sie hatten zwei Kassen in zwei Kästen, eine für das Essen und eine für Tabak, Papier, Farben und Hygiene. Vincent verstand seine Hurenbesuche als eine Angelegenheit der persönlichen Hygiene. In Arles hatte Paul noch eine schlafende Sexualität, wirklich zum Durchbruch kam seine wilde Sexualität erst auf Tahiti. Für Paul Gauguin war der Zusammenhang zwischen seiner Malerei und der Sexualität eindeutig: *Um wirklich malen zu können, muss man den zivilisierten Menschen abschütteln, der auf unseren Schultern hockt, und den Wilden herauslassen, den wir in uns tragen.*[23]

Neben der Genialität und der Sexualität gibt es noch eine dritte mögliche Erklärung für die Sehnsüchte des Paul Gauguin und die bezieht sich auf seine Familiengeschichte. Seine Großmutter war Flora Tristan, eine uneheliche Tochter eines peruanischen Offiziers und einer französischen Mutter. Paul selbst hatte auch einige Jahre seiner Kindheit in Peru verbracht, bevor seine Eltern mit ihm nach Frankreich zurückkehrten. Seine Großmutter war 41 Jahre alt, als sie ihre Familie und ihr gesamtes bürgerliches Dasein hinter sich ließ und sich als soziale Revolutionärin für die Rechte der Arbeiter und insbesondere gegen die Unterdrückung der Frauen einsetzte. 50 Jahre später verließ ihr Enkel ebenfalls seine gutbürgerliche Existenz, um sich seiner Passion zu widmen. Es scheint in der Generationenfolge ein Muster zu geben, nach dem die Kinder angepasst reagieren und erst die Enkel den roten Faden der Großeltern wieder aufgreifen. Solche Muster nennen wir in der Familienpsychologie ein Vermächtnis, das im Falle von Paul Gauguin etwa so formuliert werden könnte: Verlasse deine bürgerliche Existenz und folge deiner Berufung!

Wenn man alle drei Aspekte zusammendenkt, dann kommt in der Sehnsucht eine besondere Begabung, eine starke energetische

Aufladung durch sexuelle Impulse und ein intergenerationelles Muster zusammen. Alle drei Aspekte verstärken sich gegenseitig. Diese besondere Mischung ist kaum aufzuhalten, nicht einmal durch beruflichen Erfolg, eine bürgerliche Ehe und fünf Kinder. Sie erscheint wie eine unzivilisierte, urwüchsige Kraft, die sich nicht nur in der Sehnsucht nach der Malerei und nach dem Paradies am Ende der Welt ausdrückt, sondern in den Motiven und Themen der Malerei selbst auch. August Strindberg hat es in einem Brief einmal so formuliert:

Er ist Gauguin, ein Wilder, der die hemmende Zivilisation hasst, irgendwo Titan, der den Schöpfer beneidet und in verlorenen Augenblicken seine eigene Schöpfung macht, ein Kind, das sein Spielzeug auseinandernimmt, um neues zu fertigen, ein Leugner und Gegner, einer, der den Himmel lieber rot sieht, als ihn blau mit der Masse zu sehen.[24]

Eben ein revolutionärer und sehnsüchtiger Mann, auf den seine nicht minder sehnsüchtige und revolutionäre Großmutter stolz gewesen wäre, obwohl sie schon tot war, als er geboren wurde. Aber manchmal werden die Kinder und Enkelkinder zu Delegierten, um Themen weiterzuführen oder Konflikte zu lösen, die im eigenen Leben keinen Platz mehr hatten.

3. Gib meine Jugend mir zurück! – Das Risiko der Lebensbilanzen

Und niemand hat Erwünschtes fest in Armen,
Der sich nicht nach Erwünschterem törig sehnte,
Vom höchsten Glück, woran er sich gewöhnte;
Die Sonne flieht er, will den Frost erwarmen.
Johann Wolfgang von Goethe
Faust, Zweiter Teil

Sie glauben, ein relativ glückliches Leben zu führen? Sie halten sich für einen vollkommen normalen Menschen? Sie sehen sich sogar als einen freundlichen und angenehmen Zeitgenossen? Sie meinen, immer noch Normalgewicht zu haben? Sie fühlen sich begehrt und empfinden ihre Sexualität als leidenschaftlich? Sie halten sich für einen einigermaßen gebildeten Menschen? Sie finden ihre Ansichten in der Kindererziehung richtig? Sie halten Ihren Fernsehkonsum für selbstbestimmt? Sie gönnen sich wirklich nur das Nötigste? Sie stehen politisch immer noch in der Mitte? Sie halten sich angesichts ihres Alkoholkonsums nicht für suchtgefährdet? Und in Ihrer Persönlichkeit sehen Sie weder labile noch depressive Züge? Sie sind also mit sich und ihrem Leben wirklich zufrieden?

Sie täuschen sich!

Wann haben Sie zum letzten Mal eine ehrliche Lebensbilanz gezogen? Wann haben Sie in letzter Zeit tief in den Spiegel ihrer Seele geschaut? Ich meine nicht den ewigen Selbstbetrug und die glänzende Schönfärberei, mit der Sie sich stets selbst beruhigen. Mir geht es um eine schonungslose und wahrhaftige Lebensbilanz, der Sie stets ausweichen. Und warum stellen Sie sich dieser Bilanz nicht? Richtig, weil Sie Angst davor haben! Sie haben die berechtigte Angst, dass Ihre gut gepflegten Überzeugungen nichts anderes als Selbsttäuschungen sind. Ja genau, dass sie sich selbst und anderen etwas vormachen! Und das nicht erst seit gestern, sondern schon solange Sie denken können.

Gut, jetzt verstehen wir uns und können hoffentlich offen weiter miteinander sprechen.

Nun stellen Sie sich einmal vor, Sie könnten Ihr Leben noch einmal ganz von vorne beginnen, Sie bekämen eine zweite Chance. Sagen wir einmal, Sie wären wieder Kind und könnten noch einmal zur Schule gehen und von dort an alles noch einmal erleben. Was würden Sie im Leben anders machen? Welchen Beruf würden Sie ergreifen wollen? Welchen Liebespartner würden Sie suchen? Und würden Sie wirklich noch einmal heiraten, womöglich sogar denselben Partner? Würden Sie Kinder haben wollen oder doch nicht? In welchem Land würden Sie leben wollen, in welcher Kultur? Welche Sprachen würden Sie sprechen wollen? Welche Musikinstrumente würden Sie spielen wollen? An welchen entscheidenden Stellen Ihres Lebenslaufes würden Sie sich diesmal für eine andere Richtung entscheiden?

Nein, fangen Sie nicht wieder mit der Lügerei an, bleiben Sie bitte für den Moment unseres kleinen intimen Gesprächs ehrlich. Sie würden nicht wieder alles genauso machen, das sagen Sie nur, um ihr mittelmäßiges Dasein vor jeglicher Infragestellung zu schützen. Wenn Sie wirklich ehrlich sind, würden Sie fast gar nichts genauso machen. Nun seien Sie nicht gekränkt und beleidigt. Warten Sie, wir sind noch nicht fertig miteinander, denn jetzt kommt erst die eigentlich spannende Frage: Wie wollen Sie mit diesen aufrichtigen und zugleich schmerzlichen Erkenntnissen Ihrer schonungslosen Lebensbilanz in Zukunft weiterleben? Ist es nicht Zeit für eine wirkliche Umkehr? Was wollen Sie sofort ändern, was morgen und was spätestens in der nächsten Woche?

Was sagen Sie, Sie sind verwirrt? Sie meinen nicht mehr denken zu können, weil zu viele Gefühle dies verhindern? Und welche Gefühle sind das? Ist es Angst, Ärger, Wut, Zorn, Trauer oder Verzweiflung? Sind es Scham und Schuldgefühle oder gar Rachegelüste oder Wiedergutmachungsphantasien? Was sagen Sie? Sie empfinden plötzlich eine tiefe Sehnsucht? Das ist gut, Sie sind auf dem richtigen Weg. Ihre Sehnsucht sagt Ihnen, dass Sie vieles anders machen würden, wenn Sie noch einmal die Chance hätten, Ihr Leben zu leben und zugleich wissen Sie, dass dies nicht geht. Das ist das bitter-süße Gefühl der Sehnsucht. Und jetzt wissen Sie, warum Sie bislang zu einer ehrlichen Lebensbilanz nicht in der Lage waren. Weil Sie diese Sehnsucht nicht ertragen können!

Sie fühlen sich von mir betrogen und in die Irre geführt? Sie halten es für ein diabolisches Spiel, für wahrhaft teuflische Gedanken? Richtig, Ihr Gefühl trügt Sie nicht. Aber warten Sie, wir sind noch nicht fertig, ich habe noch eine letzte kleine Frage: Was würden Sie dafür geben, wenn Sie doch noch einmal jung sein könnten? Würden Sie sich für dieses Ziel auch mit dem Teufel einlassen? Würden Sie ihm sogar Ihre Seele verkaufen, weil Sie sich so sicher fühlen, dass Ihnen nichts passieren kann, dass Sie gegen alle Versuchungen gewappnet sind? Wenn Sie ein ordentlicher Deutscher sind, dann würden Sie es tun! Ich kenne Sie, mich können Sie nicht täuschen.

Wer ich bin, wollen Sie wissen? Mein Name ist Mephisto, man nennt mich auch den Teufel. Ich bin *ein Teil von jener Kraft, die stets das Böse will und stets das Gute schafft.*[25] Denn was die Menschen das Gute nennen, gibt es nur, weil es mich gibt, das Böse. Ich bin erfahren und habe schon mit ganz anderen Menschen einen solchen Pakt geschlossen. Dieser Dr. Faust zum Beispiel war nicht der erste und nicht der letzte, aber er wurde berühmt durch seinen Pakt mit mir. Ich habe seine Sehnsucht am Ende seines Lebens erkannt und ihm ein faires Angebot gemacht: Er könne noch einmal jung sein und von vorne beginnen, das Leben in vollen Zügen genießen, alles mit meiner teuflisch-magischen Unterstützung. Er hat mein Angebot angenommen. Sie wollen wissen, wie dieses kleine Experiment gelaufen ist? Hier ist die Geschichte, wie der Dichter sie erzählt hat.

Ein Pakt mit dem Teufel

Es war einmal ein angesehener Forscher, Wissenschaftler und Lehrer, der am Ende seines Lebens angelangt eine ernüchternde Bilanz ziehen musste: Er hat das Leben in seiner Fülle nicht genießen können und in der Liebe ebenso versagt wie als Forscher in der Wissenschaft. Er wird nach dieser schonungslosen Lebensbilanz von einer tiefen Sehnsucht geplagt, die sein Herz und seinen Verstand betreffen. Sein Herz ist voller Sehnsucht, weil er in den Dingen der Liebe versagt hat, und sein Verstand sagt ihm, dass er nichts wirklich von der Welt verstanden hat.

Er hat Philosophie, Jura, Medizin und auch Theologie studiert, hat versucht zu erkennen, *was die Welt im Innersten zusammenhält.* Aber er ist mit diesem großen Anspruch gescheitert. Seine Bilanz: *Da steh' ich nun ich armer Tor, und bin so klug als wie zuvor!* Es bleibt ihm nur die Hoffnung, dass es der Wissenschaft irgendwann gelingen möge, die Welt in ihrem inneren Zusammenhang verstehen und erklären zu können. *O glücklich, wer noch hoffen kann, aus diesem Meer des Irrtums aufzutauchen!* Denn das so genannte Wissen ist für ihn trügerisch und unbrauchbar: *Was man nicht weiß, das eben brauchte man, und was man weiß, kann man nicht brauchen.*[26] Da ist auch des Teufels Hinweis: *Grau, teurer Freund, ist alle Theorie, und grün des Lebens goldner Baum*[27], nicht wirklich tröstlich.

So wünscht er sich eine zweite Chance und seine Jugendzeit zurück. Nein, er will nicht noch einmal jung sein, um seinen Lebenshunger oder seinen Liebesdurst zu stillen, ihm geht es nicht um sexuelle Begierde oder lustvolle Abenteuer. Es geht um seine

Sehnsucht nach Erkenntnis über sich und die Welt, denn die ist unbefriedigt geblieben. Und weil er weder in den Wissenschaften, noch in der Religion bislang Antworten gefunden hat, verschreibt er seine Seele demjenigen, der ihm diese Erkenntnisse und alle damit verbundenen Antworten auf seine offenen Fragen verspricht: Mephisto, dem Teufel.

Er möchte sein Leben noch einmal als junger Mann beginnen, als noch alle Möglichkeiten der Welterkenntnis offen vor ihm lagen. Als er nichts hatte und doch genug, als alles noch voller Musik ertönte, als die Welt für ihn noch in einem Nebel verhüllt war, und er nicht ahnte, was hinter dem Nebel zum Vorschein kommen würde, als sich in den Knospen noch Wunder verbargen, als alles noch voller Blumen war, als er noch vom Drang nach Wahrheit getrieben wurde, zugleich erfüllt von schmerzvollem Glück, der Kraft des Hasses und der Macht der Liebe. Es war eine Zeit, als er noch hoffen konnte, mit Herz und Verstand nichts weniger als den Schlüssel zum Verständnis des Lebens zu finden.

Also willigt er ein. Und dieses Leben mit dem Teufel im Bunde fühlt sich zunächst auch recht angenehm an. Seine Kräfte sind wieder da, nun fließt der Wein in Strömen sogar aus dem Tisch (in Auerbachs Keller in Leipzig), nun werden alle Mädchen wieder wunderschön und begehrlich, nun werden alle Abenteuer gesucht und mit teuflischen und magischen Kräften glücklich überstanden. Das schöne Fräulein Gretchen hat es ihm angetan und sofort verlangt er vom Teufel es so einzurichten, dass sie noch in derselben Nacht in seinen Armen liege. Einerseits genießt er das Leben in vollen Zügen, andererseits merkt er aber auch, dass er den Pakt mit dem Teufel gemacht hat, denn am Ende wird alles immer schlimmer als er es wollte. Am Ende versteht es Mephisto immer, Fausts Absichten böse enden zu lassen. So will Faust der Mutter seines geliebten Gretchens einen Schlaftrunk geben, um endlich einmal ungestört mit ihr allein sein zu können, doch Mephisto verabreicht ihr stattdessen ein tödliches Gift. Dann gerät Faust mit ihrem Bruder Valentin in einen Streit, worauf Mephisto Valentin sofort sterben lässt. Später will Faust Handel treiben, und Mephisto macht ihn gleich zum brandschatzenden und mordenden Seeräuber. Als Faust einem alten bescheidenen Paar ein neues Haus geben will, verbrennt Mephisto deren altes Haus mitsamt den Bewohnern. Aber auch Faust versteht es, mit seinem beharrlichen Erkenntnisdrang und seiner Suche nach Liebe die Wirkungen des Teufels einzuschränken. Was bei Mephisto die reine Sinnenfreude und das sexuelle Vergnügen sein soll, wendet sich bei Faust immer in die Suche nach Liebe. Anstatt sich in der Walpurgisnacht hemmungslos zu vergnügen, denkt Faust nur an sein geliebtes Gretchen. Auch bei der schönen Helena soll die Erotik triumphieren, stattdessen erlebt Faust die Begegnung und die körperliche Liebe mit ihr als ein tiefes geistiges Erlebnis. Und schließlich will der Teufel aus Faust einen tyrannischen Herrscher machen, der aber denkt über ein menschliches Staatswesen nach. Mephisto will Hass, Eifersucht und Gemeinheit verbreiten, er will morden und zerstören, Faust jedoch sucht weiter nach Erkenntnis und Liebe. Es ist ein titanischer Kampf zwischen den beiden, zwischen Zerstörung und Moral, Hass und Liebe, Befriedigung und Sehnsucht.

Faust bekommt langsam das Gefühl, dass diese Abmachung mit dem Teufel auf einem Missverständnis oder gar einem Betrug beruht: Der Teufel will ihn mit Sinnesfreuden betören und ihn damit von seinen Sinnfragen abbringen. Mephisto hat eine andere Vorstellung vom Leben, wenn er Faust fragt: *Man tanzt, man schwatzt, man kocht, man trinkt, man liebt; nun sage mir, wo es was Bessers gibt?*[28] Faust genießt diese leiblichen Freuden, aber sein Wunsch nach Erkenntnis bleibt unbefriedigt. Die Hektik der Sinnesfreuden bleibt seltsam oberflächlich und ist für den nach Erkenntnis suchenden Gelehrten wenig befriedigend. Also beschließt Faust noch weiter in der Menschheitsgeschichte zurückzugehen, noch einmal die Helden der griechischen Tragödien lebendig werden zu lassen und bei ihnen Antworten zu finden. Doch auch hier versucht Mephisto, ihn auf die Wege der irdischen Genüsse zu leiten und mit der schönen Helena gelingt ihm das sogar, zumindest für eine Weile. Aber Faust bleibt ein Suchender, ein Ruheloser und Rastloser, der erst am Ende seiner ganz persönlichen Odyssee weise wird. Dazu muss er erblinden, die Welt mit seinen Augen gar nicht mehr sehen können, um mit seiner Seele sehen zu lernen. Erkenntnis, Wahrheit und Liebe und all die anderen geistigen Sehnsüchte hat man nicht, man sucht sie beständig bis an sein Lebensende: *Das ist der Wahrheit letzter Schluß; Nur der verdient sich Freiheit wie das Leben, der täglich sie erobern muss.*[29]

Haben und Sein

Jede am Haben orientierte Lebensbilanz führt unweigerlich zu neuem Hunger und Durst, zu nicht gelebtem Leben, zu offenen Rechnungen, zu verpassten Chancen. Solche Bilanzen hinterlassen immer ungestillte Sehnsüchte, denn man hätte immer mehr haben können: Geld, Sexualpartner, Bedeutung, Reichtum, Einfluss oder Macht.

Faust hätte in seinem Sehnsuchtsdilemma auch ein ganz moderner Bürger eines westlichen Industriestaates sein können. Je mehr leibliche Wünsche er erfüllt bekommt und je mehr irdische Bedürfnisse befriedigt werden, desto tiefer und ungestillter wird seine innere Sehnsucht. Hatte er vielleicht jemals geglaubt, durch ein längeres oder intensiveres Leben würde auch ein Mehr an Befriedigung entstehen, so kommt er im Verlauf seiner turbulenten zweiten Chance mit des Teufels Hilfe immer mehr zu der Erkenntnis, dass die wahre Erfüllung nicht in einem materiellen Mehr, sondern in etwas ganz anderem, vielleicht etwas Geistigem liegen muss. Zwar spürt er, dass es auch einen Lebenshunger und einen Liebesdurst gibt, dass wir Menschen natürliche Wesen aus Fleisch und Blut sind mit körperlichen Gelüsten, aber dass es da noch etwas Übernatürliches, Spirituelles, Geistiges oder Religiöses gibt, das uns als Menschen auszeichnet. Faust erkennt, dass es zwei Sehnsüchte gibt oder gar zwei Triebe: Die eine Sehnsucht orientiert sich an der sinnlichen Liebeslust (das Gretchen-Thema), die andere besteht aus geistigen, seelischen, moralischen Ansprüchen und Werten (das Gelehrten-Thema). Daher bleibt für Faust nur die verwirrende Erkenntnis:

Zwei Seelen wohnen, ach, in meiner Brust, die eine will sich von der andern trennen; Die eine hält, in derber Liebeslust, Sich an die Welt mit klammernden Organen; Die andere hebt gewaltsam sich vom Dust, Zu den Gefilden hoher Ahnen.[30]

Lebenshunger und Liebesdurst gehören zum menschlichen Leben und erst der Tod befreit uns von aller leiblichen Bedürftigkeit. Die materielle Maßlosigkeit findet niemals wirkliche Befriedigung, Irdisches findet niemals das Göttliche, Grenzenlosigkeit nie eine Grenze, Äußerliches niemals die Innerlichkeit, Sexuelles niemals die Liebe, Materielles niemals das Wesentliche. Diese unstillbare Sehnsucht, die sich stets nur am leiblichen Genuss orientiert, bleibt immer unbefriedigt: *So taum'l ich von Begierde zu Genuß, Und im Genuß verschmacht' ich nach Begierde.*[31] Es ist das alte und ewig neue Missverständnis zwischen Haben und Sein.

Schlafende Sehnsucht

Lebensbilanzen entstehen nicht erst am Ende eines Lebens, wenn man rückblickend das eigene Leben noch einmal Revue passieren lässt und sich fragt, an welcher Weggabelung man sich hätte anders entscheiden sollen. Solche Bilanzen verstecken sich an jeder Ecke des Lebenslaufes und häufig wird man von ihnen eingeholt, wenn man am wenigsten mit ihnen rechnet. Manchmal ergeben sie sich im Halbschlaf, beim Einschlafen oder Aufwachen. Oder sie treffen einen schlagartig als beinahe brutale Erkenntnis, wenn man gerade beim Bäcker steht, auf die Brötchen wartet und sich beim Anblick des Nachbarn in der Schlange bewusst wird, dass man dieses Leben nicht mehr so wunderbar findet wie noch vor einem Jahr.

Sehnsüchte als Folge von Lebensbilanzen sind auch nicht an Geburtstage, Feiertage, Ferienzeiten oder den Jahreswechsel gebunden, obwohl sie wiederkehrend dadurch ausgelöst werden können. Dann werden diese Ereignisse von einem tiefen Seufzer und einer unbefriedigten Sehnsucht begleitet: *Wieder ist ein Jahr vergangen und ich bin meinem Ziel nicht nähergekommen. Was hatte ich mir nicht alles für das zurückliegende Jahr vorgenommen und was habe ich nun erreicht? Eigentlich wollte ich mit dieser Arbeit schon lange fertig sein? Wo ist der Lebenspartner, mit dem ich meine neue große Liebe beginnen wollte? Gerne hätte ich jetzt schon meinen eigenen Laden, stattdessen arbeite ich immer noch in dieser Firma. Was mache ich eigentlich noch hier? Wenn ich keine Familie hätte, wäre ich eigentlich schon in …*

Es scheint, als ob die Sehnsüchte schlafen und erst durch besondere Lebensereignisse geweckt werden. Zumindest lassen sie uns ruhig weiterleben, solange sie sich halbwegs im Einklang mit dem Leben befinden. Wenn der Mensch das Gefühl hat, sich in seinem Leben auf dem richtigen Weg zu befinden und sich schrittweise der Verwirklichung seiner Sehnsüchte zu nähern, dann entsteht ein stimmiges und gutes Lebensgefühl, das sich auch auf die Mitmenschen auswirkt. Wenn er aber von Gedanken der Unzufriedenheit gequält wird, wenn er das Gefühl hat, das Leben plätschere so dahin, werde gar nicht von ihm selbstbestimmt beeinflusst oder entwickele sich sogar in eine Richtung, die er gar nicht will, dann melden sich seine Sehnsüchte unmissverständlich deutlich.

Papa will nach Costa Rica

Anlass für die plötzlichen Sehnsüchte bei Ingo Münzer war eine kleine Feier zu seinem zehnten Dienstjubiläum. Er stand mitten auf der Feier mit einem Glas Sekt in der Hand und hatte auf einmal die konkrete Phantasie, das Gleiche werde sich in weiteren zehn Jahren zu seinem 20. Dienstjubiläum wieder ereignen. Ein Kollege und eine Kollegin wären vielleicht auch noch da, er selbst wäre dann der Dienstälteste und ginge so langsam auf die Rente zu. Seine Kinder wären bereits aus dem Haus, aber das Haus wäre immerhin abbezahlt, die Goldfische wären noch im Teich und aus dem Hobby wäre sein wichtigster Zeitvertreib geworden. Im Garten hätte er für die Enkelkinder ein Spielgerät aufgestellt, denn die Kinder würden sonntags mit den Enkelkindern kommen. Und der Papagei, den er vor drei Jahren seiner Frau geschenkt hatte, wäre gerade in der Pubertät seines Lebens. Die Urlaubsbilder von Mittelamerika, die ihm sehr viel bedeuteten, würde er sich zum 100. Mal ansehen, obwohl er sie alle vor seinem inneren Auge erscheinen lassen konnte. Und Ingo Münzer fühlte sich plötzlich alt, sehr alt.

Als er von der Feier nach Hause kam, war er sehr still und in sich gekehrt. Seine Frau merkte seine grüblerische Stimmung, fragte ihn, was los sei, aber er murmelte nur vor sich hin, es sei nichts Besonderes gewesen und ging früh ins Bett. Nachts träumte er von seinem Dienstjubiläum, nur dass ihm alle zum 20. gratulierten und bemerkten, dass das heute sehr selten geworden sei. Es war ein endloser Alptraum, von dem er sich losriss und viel zu früh aufstand, um nicht weiterträumen zu müssen. Am anderen Morgen war er schon wieder bei der Arbeit, als seine Frau und die 11-jährige Tochter am Frühstückstisch saßen und die Mutter zur Tochter sagte, Papa wäre so abwesend und nachdenklich, sie mache sich Sorgen. Die Tochter sah ihre Mutter an und sagte zu ihr: *Papa will nach Costa Rica.* Daraufhin hatte die Mutter nichts mehr gesagt, weil sie wusste, dass es stimmte. Am Abend hat sie ihren Mann dann direkt darauf angesprochen; sie hat ihm nur gesagt, was die Tochter Miriam gesagt hatte, mehr nicht. Ingo Münzer hatte seine Frau etwas konsterniert angesehen und einfach nur *Stimmt!* gesagt. Und dann ging es in der Familie erst richtig los, die nächsten Wochen waren sehr turbulent.

Der 15-jährige Sohn Niklas hatte nur den Kopf geschüttelt und gemeint, die Familie könne ja alleine auswandern, er würde auf jeden Fall hier bleiben, nicht wegen seiner zickigen Freundin, sondern wegen seiner coolen Freunde, dem Fußballverein, dem Abi und überhaupt. Sein Vater sei nun mal durchgeknallt, das mache er nicht mit. Frau Münzer hatte die nächsten zwei Wochen das Gefühl der Unwirklichkeit, als ob sie in einem Wattebausch lebe. Vor fünf Jahren hatten sie einen gemeinsamen Urlaub in Costa Rica verbracht, sie waren von San José nach Limon im Nordosten an die Küste gefahren, waren in Garza und Tambor auf der Halbinsel Nicoya gewesen und hatten sich auf der Rückreise noch Monteverde angesehen. Ingo hatte seiner Familie zeigen wollen, wo er als junger Mann nach seinem Abi mit seinen beiden Freunden herumgereist war. Drei Monate hatte Ingo Münzer damals eine kleine Reise durch die Mittelamerikanischen Staaten mit seinen Freunden gemacht, bevor er mit dem Elektrotechnik-Studium begonnen hatte. Sein Vater hatte ihm damals als Belohnung für das gute Abi den Flug geschenkt, weil er selbst auch gern dort gewesen wäre. Ingo war mit seinen Kumpels von Mexiko bis Panama immer auf der Panamericana mit Bussen von einem Land ins andere gereist: Mexiko, Guatemala, Honduras, Nicaragua, Costa Rica, Panama. Dabei hatte gerade Costa Rica einen unglaublich intensiven und bleibenden Eindruck bei ihm hinterlassen. Sie waren an die Nord- und die Südküste gefahren und hatten überall nur in billigen Unterkünften übernachtet, hatten sich von Reis mit Bohnen und frisch gepressten Fruchtsäften ernährt, die an kleinen Fruchtständen verkauft wurden, die an den Straßen standen. Bevor er Costa Rica kennenlernte hatte er nie geahnt, dass es so viele verschiedene Schattierungen von Grün geben kann. Damals hatte er sich vorgenommen, irgendwann zurückzukommen, denn das Leben dort erschien ihm wie das Paradies: Die Menschen sind sehr freundlich und aufgeschlossen, es gibt keine großen politischen Konflikte, die medizinische Versorgung ist ausgezeichnet und eine der besten Südamerikas, das Klima ist tropisch mit einer üppigen Vegetation, das Leben relativ sicher und die Kriminalitätsrate niedrig. Alles das wusste er schon, aber dass er einmal dort leben wollte, war ihm bis zu seiner Jubiläumsfeier nicht klar gewesen. Seine kleine Tochter, die schon immer sehr nah an den Gefühlen ihres Vaters gewesen war, hatte es gemerkt. Als er die Fotos zeigte, habe sie es an seinen Augen gesehen, hat sie später einmal gesagt.

Und dann ging alles sehr schnell. Erst haben sie in der Familie viel miteinander geredet, und dabei haben alle gemerkt, wie begeistert Ingo war, wie viel jünger, lebendiger und lebensfroher er mit jedem Tag der Planungen wurde. Als sein Arbeitgeber ihm mitteilte, dass er es bedauern würde ihn zu verlieren, aber dass er jederzeit zurückkommen und seinen alten Arbeitsplatz wieder einnehmen könne, hatte auch seine Frau zugestimmt. Das Risiko war dadurch einfach geringer geworden, was hatten sie denn schon zu verlieren. Das Haus konnte leicht vermietet werden und die Miete würde die Hypothekenzahlungen sichern. Das Leben hier kannten sie alle und es ließ sich organisieren, viel schwerer war es, eine konkrete Vorstellung vom Leben dort zu bekommen. Sie überlegte die ganze Zeit, wie sie ihre durchaus positiven Urlaubsgefühle aus Costa Rica in ein Lebensgefühl verwandeln konnte, aber es gelang ihr nicht wirklich. Sie hatten nicht versucht, den Sohn Marcel zum Mitkommen zu überreden, eine befreundete Familie hatte schon frühzeitig gesagt, dass sie ihn bei sich aufnehmen würden, denn Marcel und ihr Sohn waren beste Freunde und im Haus war Platz genug. Aber als es dann soweit war und es nur noch wenige Wochen bis zur Abreise waren, da hatte er es sich plötzlich doch überlegt. Er bekam auch noch einen günstigen Flug über Miami und überraschte seine Familie mit einigem Insiderwissen über Costa Rica, das er sich aus dem Internet gezogen hatte. Die einzige Sorge der Tochter Miriam waren die Kaimane und Schlangen, während sie sich auf die Blumen freute. Insbesondere die Passionsblume mit ihren lila Schattierungen hatte es ihr angetan. Sie bringt die Maracuja- oder

Granadilla-Frucht hervor, die übrigens angenehm süß-sauer schmeckt.

Im nächsten Jahr zur selben Zeit war Ingo Münzer schon nicht mehr in seiner Firma, er hatte in der Hauptstadt San Jose einen neuen Job bei einer Firma zur Chipherstellung gefunden. Elektroingenieure wurden auch hier gesucht und er war Spezialist auf seinem Fachgebiet. Die Kinder gingen zur Schule und seine Frau gab privat Deutschunterricht. Später hat Ingo einmal gesagt, dass er nur bereue, es nicht schon früher gemacht zu haben. Seine Sehnsucht hatte tief in ihm geschlummert, seine kleine Tochter hatte sie eher bemerkt als er selbst, und sie war plötzlich bei einer kleinen Feier hervorgebrochen.

Durch diese schlummernde Sehnsucht war die Familie in eine Krise geraten, die auch anders hätte ausgehen können. In diesem Fall hatten alle mitgezogen und gemeinsam das Beste daraus gemacht, obwohl sich das Leben für alle tiefgreifend geändert hat. Marcel ist mittlerweile zum Studium nach Deutschland zurückgekommen, aber der Rest der Familie lebt immer noch in Costa Rica.

Lebensbilanzen sind besonders riskant, wenn sie große und persönlich bedeutsame Sehnsüchte auslösen und diese sich einfach nicht mehr realisieren lassen, weil die Zeit, die Mittel, die Möglichkeiten, das Geld oder die Unterstützung fehlen. Meistens gibt es sowieso stets mehr Gründe, dass eine Sehnsucht nicht befriedigt wird, als den umgekehrten Fall. Deshalb empfehlen sich regelmäßige Lebensbilanzen für den einzelnen Menschen, wie für eine Partnerschaft oder Familie, damit man nicht irgendwann zu sehr überrascht wird. Aber selbst wenn dies dennoch geschieht, vielleicht erst im 90. Lebensjahr, und alle Mittel und Wege erschöpft scheinen, findet die Sehnsucht manchmal ungeahnte Möglichkeiten, doch noch erfüllt zu werden.

Der 90. Geburtstag

Manchmal können Lebensbilanzen dazu führen, dass beinahe alle Sehnsüchte des Lebens auf einmal hochkommen und zu einer emotionalen Überschwemmung führen, obwohl man in dem Alter gar nicht mehr daran denken würde. Wenn das Leben aus der Verdrängung oder einfach Verhinderung der Sehnsüchte bestand, man sich halt in seinem Leben eingerichtet hatte und die Sehnsüchte gar nicht mehr spürte, dann brechen eher irgendwann diese Dämme. Und wenn es sich dann nicht nur um eine Sehnsucht handelt, sondern um viele, die auch noch besonders bedeutsam sind, dann sind solche Überschwemmungen unausweichlich.

Wie sieht die Lebensbilanz eines Menschen aus, der seinen 90. Geburtstag feiern möchte? Wir können eine grandiose Feier im Kreise einer großen Familie erwarten. Kinder, Enkelkinder und Urenkelkinder sollten alle daran teilnehmen und die Feier sollte so gestaltet werden, dass der Großvater auch seinen Mittagsschlaf halten kann, weil er sonst abends während der großen Feier einschlafen könnte. Er wird bestimmt nicht mehr so viel essen und wenn seine Frau auch noch lebt, dann werden sie gemeinsam gütig lächelnd den Tag des Jubiliars genießen. Wir denken bei dem Paar vielleicht auch an Philemon und Baucis, das bescheidene alte Paar aus den *Metamorphosen* des Ovid, das sich nichts sehnlicher wünschte, als gemeinsam zu sterben, nachdem sie so viele Jahrzehnte Seite an Seite verbracht hatten. Als der Gott Jupiter die Erde besuchte und die Gastfreundschaft der Menschen überprüfen wollte, wurde er überall abgewiesen, nur Philemon und Baucis baten den unerkannten und verkleideten Gott herein und gaben ihm noch von ihrer mageren Kost etwas ab. Als er sie daraufhin nach ihren Wünschen fragte, antworteten sie, dass sie nur einen Wunsch hätten: gemeinsam zu sterben und nach ihrem Tod als Bäume nebeneinander zu stehen, so dass die Zweige ineinander wachsen konnten und sie auf diese Weise weiterhin im Kontakt bleiben würden. Faust ist ihnen auf seinen Reisen ja auch begegnet, aber Mephisto sorgte dafür, dass ihr Haus abbrannte. Solche freundlichen Gedanken haben die Menschen, wenn sie an einen 90. Geburtstag denken: Die ganze Familie ist noch einmal zusammengekommen, es gibt keinen Streit, das alte Paar genießt den Tag in altersmilder Freundlichkeit und es werden viele schöne Geschichten erzählt.

Wer denkt bei einem 90. Geburtstag schon an Sex? Da kann es sich nur um einen widerlichen alten Bock, einen ganz schrägen Film oder um die niemals endenden sexistischen Gedanken eines typischen Latino handeln. Gabriel Garcia Marquez hat die Geschichte eines ganz anderen 90. Geburtstages erzählt, die Geschichte von einem Mann, der sich selbst zu seinem 90. Geburtstag *eine liebestolle Nacht mit einem unschuldigen Mädchen schenken wollte.*[32] Der alte Mann weiß, dass er immer noch die Liebe sucht, im Grunde seit seiner Jugend nie damit aufgehört hat, aber in den späten Jahren ganz realistisch erkennt, dass Sexualität eben ein Trost ist, wenn die Liebe nicht reicht. Zeit seines Lebens war er einsam gewesen, hatte immer als Junggeselle gelebt und als mittelmäßiger Journalist gearbeitet, und war wegen seiner ausgesprochenen Hässlichkeit immer ein Liebling der Karikaturisten gewesen.

In seiner ganz persönlichen Lebensbilanz kam er zu dem Ergebnis, dass sein Leben hätte anders verlaufen sollen. Auf ihrem Totenbett hatte er seiner Mutter versprochen, eine weiße Frau zu heiraten, mit ihr drei Kinder zu bekommen und seiner Tochter den Vornamen seiner Mutter und seiner Großmutter zu geben. Aber er hatte in seinem einsamen Leben sowohl die Ehefrau als auch die Heirat und die Kinder schlicht verpasst. Vielleicht hatte es an seiner besonderen Hässlichkeit gelegen, denn die war stets so deutlich gewesen, dass seine Chancen bei den Frauen gleich Null gewesen waren und so hatte er sich die Zuneigung der Frauen in Form von Sex kaufen müssen. Natürlich hatte er sich das als stolzer Latino niemals eingestehen können. Schon immer hatte er mit seinen erotischen Eroberungen geprahlt und bereits im zarten Alter von 20 Jahren ein Verzeichnis aller eroberten Frauen angelegt, in dem nicht nur der Name, das Alter und der Ort angegeben waren, sondern auch eventuelle erotische Vorlieben. Mehr als 500 Frauen sollen in dem Verzeichnis enthalten gewesen sein, als er seinen 50. Geburtstag feierte. Danach führte er die Liste nicht weiter, weil sein Körper nicht mehr so mitmachte und er auch nichts Schriftliches mehr brauchte, um für sich den Überblick zu behalten. Er hatte es also vorgezogen, sich und anderen in seinem Leben etwas vorzumachen. Nicht mal seine Hässlichkeit hatte er sich eingestehen können. Aber lag es nur daran, dass er keine Frau und Familie hatte haben können? Soweit kommt er in seiner Lebensbilanz gar nicht. Also bleibt er in seinem gewohnten Denken und Handeln: Eine neue Frau muss her, eine Jungfrau zum Geburtstag.

Seine alte Freundin Rosa, mit der er in früheren Jahren so manche bezahlte Stunde verbracht hatte, betreibt seit Jahrzehnten ein heimliches Bordell. Er ruft sie an, äußert seinen auch für sie ungewöhnlichen Geburtstagswunsch, und sie antwortet nach einem spontanen Aufstöhnen, er verlange schlicht Unmögliches. Aber er insistiert, es müsse eine Jungfrau sein und genau in dieser Nacht. Rosa macht das Unmögliche möglich und bestellt ihn um zehn Uhr abends zu sich. In dem Zimmer trifft er das Mädchen schlafend an und wagt nicht, sie zu wecken. Und dann macht er eine Entdeckung, die ihn als einen sehr alten, aber zugleich moralischen Mann ehrt. *In jener Nacht entdeckte ich das unglaubliche Vergnügen, den Körper einer schlafenden Frau zu betrachten, ohne vom Begehren gedrängt oder von der Scham behindert zu werden.*[33] Er nennt sie Delgadina, ihren wirklichen Namen kennt er nicht und will ihn auch nicht wissen. Er bestellt sie immer wieder und stets lässt er sie schlafen, ohne sie zu berühren. Nur den Schweiß tupft er ihr leicht vom Körper, wenn sie nachts unter der unerträglichen Hitze leidet. Er spricht nicht mit ihr, sie sieht ihn nie, nur auf den Spiegel im Bad schreiben sie sich manchmal eine Nachricht. Er fühlt sich mit ihr allein auf der Welt. Er beginnt sie auf eine tiefe Weise zu lieben, in seiner Phantasie wird sie zur Frau, zum Kind, zur Unschuld, zur Jugend und zum Synonym für die Liebe schlechthin. Er bringt ihr Geschenke mit, den Schmuck seiner Mutter ebenso wie ein Fahrrad zum Geburtstag, denn sie muss täglich durch die halbe Stadt mit dem Fahrrad fahren, um in die Fabrik zu gelangen, in der sie stundenlang am Tag Knöpfe annäht.

Diese stille und einseitige Liebe verändert sein gesamtes Leben und mit ihr brechen alle bisher nicht gelebten Sehnsüchte auf: nach einer romantischen Liebesbeziehung, grenzenlosen Verliebtheit, glücklichen Partnerschaft mit Kindern, oder auch einem anderem Lebenskonzept und Lebensgefühl. Er beginnt die Klassiker der Weltliteratur zu lesen und interessiert sich zum ersten Mal in seinem Leben auch für die romantische Literatur. Seine wöchentliche Kolumne in der Zeitung, die er auch in seinem hohen Alter noch schreibt, gerät ihm zu einer einzigen Hymne an die Liebe und das Leben. Sein Chefredakteur bittet ihn, sich in seinen Liebeserklärungen zu mäßigen, weil sie in der Redaktion noch nicht wüssten, wie sie mit den vielen Leserbriefen umgehen sollten. Er wird zum »Meister der Liebe«, schreibt ergreifend sehnsuchtsvoll von seiner romantischen Liebe und denkt dabei immer an seine kleine Delgadina. Als Rosa ihm empfiehlt, ihr zum Geburtstag ein Fahrrad zu kaufen, probiert er es im Fahrradladen vor lauter verliebtem Übermut gleich selbst aus und schreibt am Wochenende darauf einen Zeitungsbeitrag zum Thema, wie man mit 90 auf dem Fahrrad glücklich wird.

Es ist, als ob alle niemals gelebten Sehnsüchte aus diesem Mann herausbrechen. Sehnsüchte können schmerzen, je stärker ihre unerfüllte Seite bewusst wird. Als ein junger Mann wäre die Lebensbilanz vielleicht besonders schmerzlich gewesen. Er hätte sich eingestehen müssen, dass er es bislang nicht geschafft hatte, die Liebe zu leben, eine romantische Liebesbeziehung zu einer

Frau aufzubauen, und er hätte weiterhin mit diesem Schmerz leben müssen. Diese Sehnsucht hätte viel stärkere Auswirkungen auf ihn und seine zumindest potentiellen Partnerinnen gehabt. Aber an seinem 90. Geburtstag kann er mit dieser Lebensbilanz anders und viel leichter und lockerer umgehen, weil er nicht mehr von seinen sexuellen Begierden getrieben wird und weil er sein Leben nicht mehr vor sich, sondern hinter sich hat.

Die Sehnsucht am Ende des Lebens macht ihm keinen Druck mehr, auch weil er in die schlafende Delgadina alle Wünsche hineinprojizieren kann. Sie ist ein Traumbild, eine reine Projektionsfläche all seiner romantischen Gefühle, ein Produkt seiner späten Verliebtheit. Aber in dieser Verliebtheit gibt es kein Gegenüber, seine Liebe wird nicht durch eine andere Person beantwortet. Alle seine romantischen Liebesgefühle sind Ausdruck seiner grenzenlosen Phantasien, derer sich seine Sehnsüchte bemächtigt haben. Ihm ging es nicht mehr darum, dieses Mädchen haben, sie besitzen, oder mit ihr Sex haben zu wollen, weil sie schlafend viel mehr bedeutete: die Sehnsucht eines ganzen Lebens.

4. Glück ist die Sehnsucht, die nicht altert – Der Wunsch nach einem glücklichen Leben

> *Solang du nach dem Glück jagst,*
> *bist du nicht reif zum Glücklichsein.*
> Herrmann Hesse

> *Dachte er wieder, er müsse glücklich sein,*
> *weil alles stimmte?*
> *War das Glück, das er empfand,*
> *wieder nur das Zutaten-Glück?*
> Bernhard Schlink

Aristoteles, der griechische Gelehrte und Lehrer Alexanders des Großen, schreibt in seinem Werk *Nikomachische Ethik: Glück ist die Sehnsucht, die nicht altert.* Dies kann so verstanden werden, dass unsere Sehnsüchte uns ein Leben lang begleiten und nicht nur ein Privileg der Jugend sind, in der das Schwärmen, Hoffen und Sehnen Ausdruck natürlich-romantischer Entwicklungen sind. Der Altersforscher und verstorbene Direktor des Max-Planck-Instituts für Bildungsforschung Paul Baltes hat sich in seinen letzten Lebensjahren sehr dem Thema Sehnsucht aus einer entwicklungspsychologischen Perspektive zugewandt (siehe Kap. 9) und mit seinen Forschungen Aristoteles mehr als bestätigt. Die Suche nach einem glücklichen Leben erfährt im Lebenslauf jeweils altersbedingt verschiedene Inhalte, Formen und Ausprägungen, aber sie begleitet uns bis zum Tode und als paradiesische Sehnsucht noch darüber hinaus.

Als Jugendliche haben wir bestimmte Fähigkeiten noch nicht, im Alter haben wir sie vielleicht nicht mehr, aber wir passen uns den Umständen des Lebens und Alterns an, um die Sehnsucht nach Glück verwirklichen zu können. Paul Baltes hat diese Anpassungen am Beispiel des Pianisten Arthur Rubinstein verdeutlicht. Dieser hat auf die wiederholte Frage, wie er es schaffe, noch in hohem Alter so perfekt Klavier zu spielen, mit dem Hinweis auf drei Anpassungsstrategien geantwortet: Erstens optimiere er durch vermehrtes Üben beständig sein Spiel, zweitens spiele er vor schnellen Passagen bewusst langsamer und drittens würde er die Stücke je nach Fähigkeiten und Publikum sorgsamer aussuchen als früher. Diese Strategien zur Anpassung im Alter sind mittlerweile bekannt als Optimierung, Kompensation und Selektion (s. u.). Der Mensch ist eben erfinderisch, wenn es darum geht, Glück unter allen Umständen erreichen zu wollen. Dabei wird das Glück leicht zu einem gejagten Phantom, das sich wieder verflüchtigt, sobald man es zu haben glaubt.

Besonders in den letzten Jahren hat eine wahre Jagd auf das Glück stattgefunden, das Glück wurde entdeckt und als scheinbar machbar erkannt. Eine richtige Glücksindustrie entstand rund um dieses neu entdeckte Bedürfnis herum und es wurden Dutzende von Büchern über das Glück inklusive praktischer Handlungsanleitungen veröffentlicht herausgebracht. Alle haben sie das schnelle Glück oder den einzigen Weg zum wahren Glück versprochen, dabei ist aber bis heute nicht klar, was Glück überhaupt ist.

Dumm sein und Arbeit haben, das ist Glück

Man ist gewohnt, sich bei komplizierten oder grundsätzlichen Fragen an intelligente Menschen zu wenden, doch Intelligenz ist nicht immer vorteilhaft. Wer über mehr Wissen verfügt, der kennt auch mehr Gefahren, und wer dieses Wissen nicht hat, kann beruhigter schlafen. Sind intelligente Menschen vielleicht glücklicher als dumme? Auch dies scheint ein Trugschluss zu sein. Intelligente Menschen sind im Zeitalter der verdummenden Massenmedien und der schlechten Berufsaussichten wahrscheinlich auf eine besondere Weise unglücklich. Deshalb meint ein deutscher Entertainer: *Dumm sein und Arbeit haben, das ist das Glück.*

Sind durchschnittlich begabte, anspruchslose oder bescheidene Menschen also glücklicher, führen Intelligenz, Ansprüche und Erwartungen eher ins Unglück? Für die meisten normalen Bürger ist es schon das größte Glück, wenn ein lang gehegter Traum endlich in Erfüllung geht. Wenn eine Frau nach so vielen geküssten Fröschen doch noch den Märchenprinzen trifft – oder zumindest ernsthaft daran glaubt, sie habe ihn gefunden! Oder wenn seine Lebensversicherung wider Erwarten nicht vollends an den Finanzmärkten verzockt wurde und er immerhin noch die Hälfte der eingezahlten Summe zurückgezahlt bekommt. Besonders bewegend erscheinen die großen Glücksmomente: Wenn ein Sportler nach unendlichen Trainingsmühen endlich in die Nationalmannschaft berufen wird oder gar eine Goldmedaille bei den Olympischen Spielen gewinnt! Ja, das Glück bei der Erfüllung einer langen Sehnsucht scheint das größte zu sein.

Oder ist das plötzliche Glück noch erfüllender, wollen wir doch lieber vom Glück überrascht werden, wie bei der unverhofften Mitteilung, dass etwas Wunderbares passiert ist? Dass sich doch noch eine Schwangerschaft eingestellt hat, obwohl man schon nicht mehr daran geglaubt hat? Oder dass der langjährige Partner endlich einen Heiratsantrag macht? Ist es die lange Zeit, die wir sehnsüchtig auf das Glück gewartet haben, ist es die Botschaft, die uns glücklich macht, oder ist es vielmehr der Zeitpunkt, an dem uns das Glück ereilt, weil wir vorher gar nichts damit hätten anfangen können? Bekommen wir durch das Glück etwas dazu, was wir uns immer gewünscht haben, wie ein

Kind, ein Erbe oder eine große Liebe, oder verlieren wir etwas, was wir nie haben wollten, wie eine unheilbare Krankheit, eine hoffnungslose Verschuldung oder ein nerviges Beziehungsproblem? Wann fühlen wir uns glücklich? Nach der erfolgreichen Arbeit, einem guten Film, leidenschaftlichem Sex, einer Tasse heißen Kaffee, bei Mozarts Klavierkonzerten, einem persönlichen Gespräch, einer körperlichen Erschöpfung nach Sport, bei der Geburt der Kinder oder wenn sie endlich aus dem Haus sind, wenn wir uns verlieben oder wenn wir feststellen, dass daraus Liebe geworden ist, in der Einsamkeit oder der Zweisamkeit? Das Glück erscheint auf ganz individuelle Weise sehr kompliziert und variantenreich.

Glücksgefühle haben ihre Zeiten und Maße und können leicht ins Gegenteil umschlagen. Zu viel des Weines oder des guten Essens verursachen Übelkeit und es nützt das schmackhafteste Mehrgangmenü nichts, wenn man es mit der falschen Person an der Seite genießen soll. Vielleicht ist Glück eher ein Zustand des Seins und nicht des Habens. Ab einem monatlichen Einkommen von 50 000 sind materielle Dinge anscheinend nicht mehr bedeutsam. Glücklich ist ein Mensch, wenn er in Frieden mit seinen Mitmenschen und der Natur lebt, entsprechend seinen persönlichen Idealen oder einfach im Einklang mit sich selbst. Das Glück hat man nicht, man sucht es, man sehnt sich nach ihm und man hat es immer nur in kurzen Augenblicken. Dieses Streben nach dem Glück erscheint wichtiger als das Haben und hat daher sogar Eingang in die amerikanische Unabhängigkeitserklärung von 1776 (the pursuit of happiness) gefunden. Nur Friedrich Nietzsche hat bislang gewagt, der These von einem natürlichen menschlichen Streben nach Glück zu widersprechen: *Der Mensch strebt nicht nach Glück, nur der Engländer tut das.*[34]

Glück ist für die meisten Menschen anscheinend das Wichtigste im Leben und rangiert noch knapp vor Gesundheit und Liebe und sogar weit vor Reichtum. Wahrscheinlich geht man davon aus, dass ein Mensch mit Glück auch Gesundheit und Liebe

erfährt und dass mehr Geld nicht automatisch zu mehr Glückseligkeit führt, wenn die materiellen Grundbedürfnisse der Menschen erst einmal befriedigt sind. Der römische Philosoph Seneca
fand dagegen diejenigen am glücklichsten, die nichts haben, weil
ihnen dann auch nichts geraubt werden könne. Heute schätzen
sich beispielsweise Argentinier und Brasilianer glücklicher ein
als Japaner, die über ein viel höheres Pro-Kopf-Einkommen verfügen. Ja, man kann sogar sagen, dass die Gier nach Reichtum
die Glücksgefühle mindert. Und obwohl die materiellen Lebensbedingungen seit 1960 in Europa stetig angestiegen sind, hat es
die Menschen anscheinend nicht glücklicher gemacht: Heute
grübeln etwa zehn Mal so viele Menschen selbstquälerisch vor
sich hin als vor 50 Jahren – und dies nicht nur in Deutschland.

Die Psychologie hat sich bislang kaum mit dem Glück beschäftigt, zu Depressionen gibt es jedoch mehr als 20 Mal so viele
Forschungen. Gleichzeitig wissen wir mittlerweile durch empirische Daten: Glücksgefühle sind wirksam gegen Depressionen
und Stress, da sie das Stresshormon Kortisol reduzieren. Glückliche Menschen sind optimistischer, dankbarer und flexibler im
Denken. Sie sind aktiver, hilfsbereiter und kooperativer im Alltag, effizienter und erfolgreicher im Beruf, energievoller und zu-
friedener in ihren privaten Beziehungen. Simone de Beauvoir
hielt allerdings solche Frauen für unglücklich, die Männer so
sehr lieben, dass sie sie heiraten. Demgegenüber ist empirisch er-
wiesen, dass sich Männer und Frauen in stabilen Liebesbeziehungen glücklicher einschätzen als Singles, Geschiedene oder
Verwitwete. Aber das kann auch nur eine Selbsttäuschung sein.
Wogegen man allerdings nichts einwenden kann, wenn sie denn
wirkt. Für die meisten Menschen sind weiterhin Freude, Lust
und Glück eng mit der persönlichen Weiterentwicklung und
einer Intensivierung der persönlichen Beziehungen verbunden.
Deshalb gilt nach wie vor der erste Satz aus Leo Tolstois Anna
Karenina: *Alle glücklichen Familien ähneln einander; jede un-
glückliche aber ist auf ihre eigene Art unglücklich*[35].

84

Wonach sehnen wir uns also, wenn wir nach Glück streben? Kann es sein, dass uns manchmal gar nicht bewusst ist, was wir uns am meisten wünschen? Dass unsere tiefsten Sehnsüchte uns selbst verborgen sind, sie aber zugleich auf besondere Weise unser Leben beeinflussen oder gar steuern? Dann merken wir vielleicht an einer gewissen Unzufriedenheit, dass in unserem Leben etwas fehlt, aber wir haben gar keine genaue Vorstellung davon und verfolgen zugleich Ziele, die eigentlich gar nicht zu uns passen. Dann surfen wir vielleicht im Internet, sind irgendwie unruhig und meinen zu wissen, was wir suchen, aber eigentlich ist es etwas ganz anderes. Wie kann man diese tiefen Sehnsüchte erkennen und sicher sein, was zum Glück noch fehlt?

Zwei ungeliebte Kinder

Es war am Anfang einfach Neugier, ich wollte nur mal aus Neugier in diese Partnerschaftsbörse. Dann hab ich die Fragen beantwortet, mich angemeldet und schon bekam ich die ersten Antworten auf meinen Computer.

Sie meinen das nur aus Neugier gemacht zu haben?

Ja, vielleicht findet man doch noch was Besseres, man weiß ja nie …

Etwas Besseres als Ihren Mann, Ihre Paarbeziehung? Was ist denn so schlecht daran?

Gar nichts, nicht wirklich … Aber Sie wissen doch, wie das ist, wenn so eine Beziehung im Alltag landet und in die Jahre kommt. Man kennt sich, die Aufmerksamkeit lässt nach, der Sex ist nicht mehr so leidenschaftlich, bei den Gesprächen weiß man schon vorher, was der andere sagt …

Ihre Sehnsucht wurde im Alltag nicht mehr befriedigt, meinen Sie das?

Genau. Im Internet kann man mal wieder träumen, da bemüht sich jemand um mich, neulich hat mir sogar jemand ein Gedicht geschrieben, das hat man doch alles im Alltag nicht mehr.

Wonach sehnen Sie sich denn, was sind denn Ihre Tagträume?

Nachmittags, wenn ich allein bin, beim Staubsaugen zum Beispiel, bekomme ich manchmal ganz romantische Anfälle. Ich bekomme immer nur Sehnsucht nach meinem Mann, wenn er nicht da ist.

Das ist meistens so mit der Sehnsucht, man sehnt sich immer nur nach dem, was man nicht hat. Und was machen Sie dann?

Wenn ich dann meinen Mann anrufe, ist der ganz genervt, weil er gerade in einer Sitzung ist und vielleicht sprechen wir noch kurz darüber, was wir abends essen.

Erzählen Sie mir doch bitte von Ihren romantischen Anfällen in Ihren Tagträumen, worum geht es da?

Es geht um Aufmerksamkeit, Zärtlichkeit, Nähe, Austausch und vor allem Wertschätzung. Ich empfinde keine wirkliche Wertschätzung mehr durch meinen Mann.

Und bekommen Sie die im Internet?

Na ja, die kennen mich ja nicht wirklich. Ich ziehe mir dann das raus, was mir passt und wenn nicht, dann klicke ich einfach weg.

Sie gehen also mit Ihrer Sehnsucht ins Internet, ziehen sich das raus, was Sie gerne hören wollen und wenn es nicht passt, klicken Sie weg? Klingt ganz schön kontrollierend, da haben Sie die Macht und können entscheiden.

Das hört sich jetzt aber hart an, wie Sie das sagen.

Im Internet würden Sie mich jetzt wegklicken?

Wahrscheinlich (lacht).

Und wie ist es mit der Macht und Kontrolle und der Sehnsucht in Ihrer Partnerschaft?

Tja, das ist eine lange Geschichte.

Manchmal bleiben nach einem Gespräch nur bestimmte Stichworte im Kopf hängen, hier waren es die Begriffe: Macht und Kontrolle, Wertschätzung und Sehnsucht. Wir haben diese Themen in der Paartherapie vertieft und auch ihrem Mann fiel einiges dazu ein.

Die Paarbeziehung war in der Entwicklung blockiert, beide verteidigten seit einiger Zeit in einer Art Stellungskrieg ihre Machtpositionen – das Geld bei ihm und der Sex bei ihr. Wir haben darüber gesprochen, wie es in der Beziehung weitergehen soll, was jeder für sich und was die Paarbeziehung braucht. Die Frau hatte die Sehnsucht nach einem Kind, sie war 36 Jahre alt, und zugleich war sie unzufrieden mit ihrem Leben als Hausfrau. Wenn sie kein Kind bekomme, dann wolle sie wieder arbeiten gehen, sagte sie. Der Mann hatte beides bislang verhindern können und war in seinem Kinderwunsch sehr ambivalent. So kamen wir auf das Thema Kinderwunsch zu sprechen, was offensichtlich mit einer tiefen und sehr komplizierten Sehnsucht beider Partner verbunden war.

Ein Kinderwunsch hat in der Regel viel mit den eigenen Kindheits- und Familienerfahrungen zu tun. Er war der Sohn einer alleinerziehenden Mutter gewesen, die *das uneheliche Kind* immer sehr behütete, weil sie zuvor schon einmal ein Kind verloren hatte und nach ihm auch kein weiteres mehr bekam. Deshalb hatte sie während seiner ganzen Kindheit hinter ihm gestanden und auf ihn aufgepasst. Er hatte eine tiefe Sehnsucht nach seinem Vater gehabt, den er aber nie kennenlernte. Seine Mutter empfand er einerseits als sehr umsorgend, andererseits habe sie beständig Macht über ihn ausgeübt, ihn bevormundet, kleingehalten und sehr symbiotisch mit ihm gelebt. Noch im Alter von 15 Jahren habe sie ihm als Junge in der Badewanne die Fußnägel geschnitten. Als er dies erzählte, spürte er noch die Scham und die Wut über diese Art der Behandlung. Er fand seine Mutter übergriffig und meinte, er sei in einer Dunstglocke groß geworden. Ja, er habe sich immer einen Vater gewünscht, der ihn daraus befreit. Wenn so Kindheit sei, dann wolle er das seinem eigenen Kind lieber ersparen. Seine Frau war daraufhin sehr wütend geworden, weil er ihr doch damit unterstellte, dass sie auch eine solche Übermutter wäre, wie es seine Mutter war. Ehrlich gesagt, meinte er, habe er schon einige deutliche Anzeichen dafür bei ihr festgestellt, und er bleibe dabei, das wolle er seinem Kind ersparen. Nach dieser Sitzung haben sie zwei Wochen lang bis zur nächsten kaum miteinander geredet.

Sie dagegen stammte aus einer kinderreichen Familie mit sechs Kindern, in der sie das fünfte war. Ihre großen Schwestern haben sie großgezogen, ihre Eltern habe sie kaum gesehen, weil beide voll arbeiteten. Sie wurde wie eine Puppe von den großen Geschwistern überallhin mitgeschleppt. Auch für sie war die Kindheit nichts Angenehmes gewesen und sie hatte sich immer wieder gefragt, warum ihre Eltern sie überhaupt bekommen hatten. Ein Jahr nach ihr war ihre kleine Schwester geboren worden, die dann all die Aufmerksamkeit bekam, die sie sich immer gewünscht hatte, und sie war abgemeldet. Während ihr Mann nach eigenem Erleben als Kind zuviel Fürsorglichkeit kennengelernt hatte, war es ihr umgekehrt ergangen, sie hatte von allem viel zu wenig bekommen. Das gehe ihr heute noch so, daher ihr ganz besonderes Bedürfnis nach Nähe, Zuwendung, Aufmerksamkeit, Wertschätzung und Liebe. Ja, bekannte sie offen, bei ihr bestehe die berechtigte Gefahr, dass sie sich sehr um ihr eigenes Kind sorgen würde, und es könne durchaus sein, dass ihr Mann dies gespürt habe. Sie wolle ihrem Kind aber nur das geben, was sie selbst in ihrer Kindheit vermisst hatte.

Nur scheinbar hatten sie zwei verschiedene Kindheiten gehabt, in der er zuviel und sie zuwenig Aufmerksamkeit bekommen hatte. Im Grunde waren dies nur zwei verschiedene Seiten der gleichen Medaille gewesen, denn beide waren nicht als die Kinder geliebt worden, die sie waren. Seine Mutter hatte ihn emotional benutzt und an sich gebunden, um ihre eigenen Bedürfnisse nach Nähe zu befriedigen, und sie hatte niemals das Gefühl gehabt, erwünscht und geliebt zu sein, so wie sie war. Insofern hatten sie beide das gleiche Schicksal gehabt, nur in unterschiedlichen Erscheinungsformen.

Wir haben viel über ihre Kindheiten gesprochen, was sie zuviel und zu wenig bekommen haben, welche Ängste sie heute bei einem eigenen Kind hätten und wie sie mit ihrem Kind umgehen würden. Beide kannten ihre Kindheitsgeschichten aus ihren Erzählungen, aber den Zusammenhang zwischen ihren aktuellen

Problemen, ihrem ambivalenten Kinderwunsch, ihren Macht-konflikten und ihren Sehnsüchten hatten sie so noch nie gese-hen. Als sie sich dann gegen ein Kind entschieden hatten und die Frau eine neue Anstellung fand, die sie schon immer haben wollte, wurde sie unerwartet schwanger. Sie hatten darüber ge-lacht und sich auf das Kind gefreut.

Kinderwunsch als Sehnsucht nach Unsterblichkeit

Ein Kind ist der Ausdruck der Liebe zwischen zwei Menschen und ihrer tiefen Sehnsucht nach Unsterblichkeit. In einem Kind lebt ein Mensch weiter und verewigt sich auf die schönste nur denkbare Weise. Im Kind lebt aber nicht nur der einzelne Mensch weiter, sondern auch eine Liebesbeziehung, eine Part-nerschaft und eine Familie. Wer sich gegen ein Kind entscheidet, tut dies meist aus einer inneren Not heraus, es ist weniger eine freie Entscheidung des Willens, so wie es immer wieder darge-stellt wird. Die vermeintlichen Gründe gegen ein Kind sind in der Regel im psychologischen Sinne Rationalisierungen, d.h. nachträglich erfundene Scheinbegründungen, um sich nicht mit den Ängsten der eigenen Seele konfrontieren zu müssen. Diese innere Not will nicht, dass die eigene Person, Partnerschaft, Familie und Geschichte weitergeführt wird. Die gewollte Kinder-losigkeit ist auch eine aktive Absage an die Zukunft aufgrund der eigenen Geschichte und der Adressat sind die Eltern. Die Aussage heißt: *Meine Kindheit war nicht schön, vielleicht sogar schrecklich und ihr, meine Eltern, wart keine guten Eltern. Und weil ich nicht solch eine Mutter oder solch ein Vater für mein Kind sein will, wie ihr es für mich gewesen seid, beende ich hiermit die Gene-rationenfolge.*

Das ist die wahre Begründung für die gewollte Kinderlosig-keit, aber selten ist dies bewusst und kann sich selbst ehrlich ein-gestanden werden. Besonders schwierig wird dies gegenüber dem Partner, der nicht so empfindet, und sich nichts sehnlicher wünscht als ein Kind. Und gleichzeitig ist da die tiefe Sehnsucht, genau dieses intergenerationelle Wiederholungsmuster durchbrechen zu können, also doch ein besserer Vater oder eine bessere Mutter als die eigene sein zu können. Das ist die andere Seite der Sehnsucht, die eine Ambivalenz, wie sie immer mit dem Kinderwunsch verknüpft ist, noch komplizierter macht, als sie sowieso schon ist. Daher tobt in den Seelen der kinderlosen Menschen, ob gewollt oder ungewollt, bewusst oder unbewusst, ein langer fürchterlicher Kampf zwischen Angst und Sehnsucht. Diese Angst lässt die Sehnsucht erst entstehen, denn ohne Angst könnten die Menschen sich ihre Wünsche erfüllen. Sehnsucht ist immer der unerfüllte Wunsch, das ungestillte Gefühl, das nicht gelebte Leben.

Eine besondere Variante dieser Sehnsucht aus der Angst heraus entsteht in Liebesbeziehungen, in denen die Partner nicht richtig zusammen, aber auch nicht wirklich getrennt sein können. Dann sind sie vielleicht jahrelang ein Paar und doch wieder nicht, dann leben sie körperlich eine Nähe und empfinden eine innerliche Distanz. Mehr noch: Es entsteht eine Schaukelbeziehung zwischen Nähe und Distanz. Aus der Distanz werden sie durch die Sehnsucht zueinander getrieben, aber sobald diese Nähe zu groß wird, bekommt sie etwas Bedrohliches, dann kommt die Angst vor Verschmelzung oder Autonomieverlust, dann muss die Distanz wiederhergestellt werden. Aber sobald sie wieder entfernt sind, treibt sie die Sehnsucht wieder zueinander, und so geht es in qualvoller Weise immer weiter. So erleben sie die wunderschönsten Momente der Liebe und müssen sie gleichzeitig selbst wieder zerstören, weil sie eine große Angst vor der Liebe haben. Meistens ist es eine alte Angst aus der Kindheit, die sie als Erwachsene immer noch beherrscht. Die Liebe hat das Potential, diese alten Ängste zu überwinden, aber es hängt nicht nur von der Stärke der Liebe, sondern auch von der Kraft der alten Ängste ab, es ist ein Dilemma.

Sehnsucht, die aus Angst entsteht

Das Liebesglück schien diesmal perfekt zu sein: Italien, Sonne, gekühlter Rosé, lauer Sommerwind und eine wiedergefundene Liebe, die längst verloren schien. Das Paar hatte sich nach vielen Kränkungen und Verletzungen mehrfach getrennt, aber sie kamen nicht voneinander los. Also beschlossen sie eine gemeinsame Reise, wie sie es früher immer gern gemacht hatten, als sie sich noch liebten. Und sie fuhren dahin, wo Verliebte mindestens einmal im Leben hinfahren müssen: nach Cinque Terre, den fünf kleinen Dörfern an der ligurischen Küste. Dort gibt es nur eine Bahnverbindung zwischen den Orten, keine Autostraße. Sie liegen malerisch an der Steilküste und als Verbindung gibt es einen Wanderweg, der oben an der Küste entlangführt. Man wandert durch Olivenhaine, immer mit dem Blick auf das Meer, von einem Ort zum anderen, genießt die Natur, vertieft in Gespräche oder gemeinsames Schweigen und ist am Abend zufrieden, wenn man im Hotel ein wunderbares Essen mit Antipasti, frischem Fisch, Oliven, Brot und Wein genießen kann. Diese Wanderungen sollen sich belebend auf jede Liebesbeziehung auswirken.

Das Paar war zwölf Jahre mit wiederkehrenden Konflikten zusammengewesen, bevor sie sich in einem quälenden Prozess über zwei Jahre trennten. Beide hatten es mit neuen Beziehungen versucht, aber mit wenig Erfolg. Irgendeine Macht brachte sie immer wieder zusammen, sie verloren nie den Kontakt und trafen sich auch immer wieder. Aber sobald es wirklich schön wurde und sie wieder kurz davor waren, zusammenzukommen, gab es einen großen Streit über irgendein banales Problem und sie gingen wieder auseinander. Sie konnten nicht zusammenkommen, konnten sich aber auch nicht trennen. Dann erinnerten sie sich wehmütig an die wunderbaren gemeinsamen Reisen und fuhren aus reinem Übermut nach Cinque Terre, so wie sie es sich schon oft vorgenommen hatten. Sie hatten eine wunderbare Zeit dort, zwei erstaunlich unkomplizierte Wochen, sie konnten es beide kaum glauben. Und dann passierte etwas Schreckliches, was sie beide nicht verstanden.

In der Paartherapie zwei Monate später sagte die Frau:

Es war zu schön, um wahr zu sein. Also bin ich an sein Handy, weil ich diesen Zweifel in mir hatte und habe diese SMS gefunden. Darin stand: Ich liebe dich für immer! Und er hatte versucht, ein Bild der Bucht, in der wir so glücklich waren, noch anzuhängen, damit seine Geliebte sie sehen konnte. Stellen Sie sich das mal vor: Wir sind total glücklich, wie seit Jahren nicht mehr, haben darüber gesprochen, nun doch wieder zusammenzuziehen und vielleicht noch ein Kind zu bekommen, und dann schreibt er eine SMS an diese Frau mit dieser Liebeserklärung und einem Foto unserer Bucht. Ich fasse es nicht, dieser Mann bringt mich um. Sie weint heftig und der Mann sieht mich hilflos an. Ich weiß auch nicht, warum ich das gemacht habe. Die beiden letzten Jahre hatte ich eine tiefe Sehnsucht, wieder mit ihr zusammenzusein, wir waren total glücklich und dann schreibe ich diese SMS. Vielleicht können Sie uns helfen, das zu verstehen.

Zur Vorgeschichte: Der Mann war groß geworden mit einem abwesenden Vater und einer unerreichbaren Mutter, die er als kalt und abweisend beschrieb. Er habe sich seine ganze Kindheit über immer nach der Liebe seiner Mutter gesehnt, aber diese nie erhalten. Deshalb habe er gelernt, sich damit abzufinden und sich in seiner Sehnsucht häuslich eingerichtet. Er war zu der festen Überzeugung gekommen, dass er die Liebe dieser Frau sowieso niemals bekommen werde, obwohl er die Sehnsucht danach niemals aufgegeben hat. Und immer dann, wenn er ihr besonders nah war, hatte sie ihn wieder zurückgewiesen. Als ich ihn frage, wie er sich dann davor geschützt habe, antwortet er: *mit einem inneren Sicherheitsabstand. Ich habe mich innerlich nie ganz auf sie eingelassen, denn so konnte ich auch nicht enttäuscht werden.*

Seine spätere Frau hatte als Kind einen Vater, der zu ihr zwar liebevoll sein konnte, aber in seiner Liebe unberechenbar war.

Wenn sie sich ihm näherte, konnte es sein, dass er sie liebevoll in den Arm nahm oder aber einen cholerischen Anfall bekam und sie abwies oder gar schlug. Sie wusste nie, woran sie bei ihm war, konnte seine Stimmungen nicht lesen. Auch sie hatte also eine bedrohliche Form der Nähe erlebt, anders als ihr Mann, eher überhitzt als unterkühlt, und insofern hatten sie beide das gleiche Thema, nur in verschiedenen Varianten. Beide hatten als Kinder den tiefen Wunsch nach bedingungsloser Liebe ohne Zurückweisung gehegt. Und wahrscheinlich verspürten beide auch den inneren Wunsch zu beweisen, dass sie mit ihrer Liebe die Eltern verändern konnten: Er wollte seine Mutter auftauen und aufwärmen, sie wollte aus dem zurückweisenden Vater einen liebevollen machen. Was sie bei den Eltern angefangen hatten, das versuchten sie später mit den Partnern fortzusetzen, es ging also um späte Lösungen für frühe Probleme.

Als sie sich als Erwachsene trafen und ineinander verliebten, hatten sie beide das Gefühl der tiefen Vertrautheit, als ob sie sich schon lange kennen würden. Aus psychologischer Sicht war ihre Liebesbeziehung eine Übertragungsliebe, denn sie haben alte Gefühle mit Mutter und Vater auf den neuen Partner übertragen. Dies erklärt die Vertrautheit, macht die Beziehung aber auch kompliziert. Und nach einigen Jahren stellte sich das Gefühl ein: Mein Mann ist genau so unberechenbar wie mein Vater und meine Frau ist genauso kalt und abweisend wie meine Mutter. So entstand eine Schaukelbeziehung zwischen Nähe und Distanz: Sie suchten jeweils Liebe und Annäherung, aber sobald sie die Liebe in der Nähe spürten, kam die Angst vor Abweisung wieder hoch und sie zogen sich schnell zurück, um nicht neuerlich verletzt zu werden. Der Kompromiss, den beide mit sich selbst und dem Partner eingingen, war das Festhalten an der Sehnsucht. Sie waren immer nah an der Liebe, aber je näher sie ihr waren, desto größer wurde auch die Angst vor Abweisung und dann kam der Rückzug, um sich selbst zu schützen. Beide waren sehr verzweifelt, nachdem sie dies verstanden hatten und mussten mühsam lernen, alte und neue Konflikte, Frauen und Mütter, Männer und Väter auseinanderzuhalten. Rational gelang dies, aber wie immer war es mit den Gefühlen schwierig.

Das Glück in der Phantasie

Sehnsucht ist das Sehnen und Suchen nach einem vollkommenen und glücklichen Leben. Und wenn wir dieses nicht erreichen können, wären wir mit der Aufhebung einer Unvollkommenheit auch schon ganz zufrieden, sei sie nun wirklich oder nur eingebildet, geistig oder körperlich. So lässt Platon in seinem *Symposion* den Dichter Aristophanes eine Geschichte von der Unvollkommenheit erzählen, die zu einer heftigen Sehnsucht führte.

Es war einmal eine Zeit, da lebten die Menschen als Kugeln mit vier Armen und vier Beinen daran. Diese Menschen waren sehr stark und wurden daher zu einer Bedrohung, deshalb beschloss Gott Zeus, sie in zwei Hälften zu teilen. Sie wurden in der Mitte durchtrennt und am Bauchnabel wieder zusammengenäht. Seit dieser Trennung haben die Menschen nicht nur zwei Arme, zwei Beine und einen Kopf, sondern auch eine tiefe Sehnsucht nach der Wiedervereinigung mit der anderen, verlorenen Hälfte. Nur wenn sie diese eine andere Hälfte ihrer selbst wiederfinden, können sie wirklich glücklich sein. Offen lässt der Dichter die für viele Menschen so wichtige Frage, ob es jeweils nur eine einzige passende Hälfte im Leben gibt, oder ob nicht auch viele andere Hälften passend sein könnten. Für die Sehnsucht ist diese Frage allerdings schon lange und eindeutig geklärt: Es gibt nur eine einzige passende Hälfte und die gilt es zu finden. Erst dann wird der Mensch wieder ruhig sein können, weil dies dann die eine wahre und große Liebe des Lebens sein wird. Und was macht man, wenn sich diese Liebe trotz aller Suche nicht finden lässt? Kann man mithilfe der Phantasie die Qualen unerfüllter Sehnsucht überwinden oder zumindest mildern? Unserer Seele erscheint beinahe nichts unmöglich, wenn es für sie darum geht, sich selbst zu retten.

Solche Phantasien werden in der Psychologie als kompensatorisch bezeichnet, weil sie etwas kompensieren, was unerwünscht ist oder schlicht fehlt, weil sie einen Makel oder eine Scham bedecken. Dann wird eine tiefe Sehnsucht durch eine Phantasie beantwortet und damit ersatzweise zumindest für eine Weile gestillt. Dieser Ersatz hält immer nur zeitlich und inhaltlich begrenzt, ist nur ein Pflaster auf der Seele, schützt aber halbwegs vor neuerlichen Verletzungen. Bei Kindern kann man dies häufig erleben, weil sie ihre kompensatorischen Phantasien noch nicht so schlüssig und glaubwürdig darstellen und ausschmücken können, wie das bei Erwachsenen der Fall ist. Dann berichten Kinder eines suchtkranken Vaters beispielsweise, dass der Vater immer mit ihnen spielt, viel Zeit mit ihnen verbringt, Fahrradtouren macht, in den Zoo geht oder ihnen vorliest, während sie ihren Vater seit langer Zeit nicht mehr nüchtern, sondern nur noch betrunken vor dem Fernseher erlebt haben. Dann erfüllen sie sich in ihrer Phantasie alle Wünsche, die sie haben: Sie haben einen Hund zum Geburtstag bekommen, ein neues Fahrrad oder planen eine schöne Urlaubsreise mit den Eltern. Wenn man diesen Kindern vorwirft, dass sie lügen, dann ist dies objektiv so richtig wie psychologisch falsch.

Diese Kinder haben tiefe Ängste, ihre Lebenswirklichkeit so wahrzunehmen, wie sie ist und weil sie mit ihr nicht umgehen können flüchten sie sich daher in Phantasien, um sich ihr Leben erträglicher zu machen. Nichts anderes machen Erwachsene auch, wenn sie immer wieder phantasierte Geschichten erzählen. Es sind Geschichten der Sehnsucht, die aus einer frustrierenden Realität entstehen. Über diese Sehnsüchte kann man einen verstehenden Zugang zu Kindern wie Erwachsenen bekommen und langsam versuchen, Möglichkeiten und Wege zu finden, damit sie anders als durch erfundene Geschichten mit ihrem Leben umzugehen lernen, sich also letztlich mit der Wirklichkeit abfinden und sie so akzeptieren, wie sie nun mal ist. So entstehen Phantasien aus Sehnsüchten, die wiederum aus Lebenswirklichkeiten resultieren, die als bedrohlich, unvollkommen oder angstauslösend empfunden werden. Die Phantasien oder Sehnsüchte sind dann nicht das Problem – obwohl sie es auch werden können –, sondern die Lebenswirklichkeiten, aus denen sie entstanden sind.

Solange diese kompensatorischen Phantasien begrenzt sind und im Wesentlichen noch ein solider Realitätskontakt der Person existiert, so lange besteht kein ernsthafter Grund zur Beunruhigung. Man kann sich aber auch in diesen Phantasien restlos verstricken, so dass man aus diesem Netz gar nicht mehr herauskommt und am Ende Phantasie und Wirklichkeit, Erfindung und Realität nicht mehr unterscheiden kann. Phillip Roth hat in seinem Roman *Der menschliche Makel* einen solchen Fall eines Mannes beschrieben, der als Schwarzer geboren wird und diesen Makel abzulegen versucht, indem er sich später als Weißer ausgibt. Bei der Geburt seiner vier Töchter leidet Coleman Silk jedes Mal Höllenqualen aus Angst, dass seine Kinder eine schwarze Hautfarbe haben könnten, und er dann seiner Frau Iris nach so vielen Jahren gestehen müsste, dass er eigentlich ein Schwarzer ist. Er musste rund um die Lebenslüge ein ganzes Phantasiegebäude aufbauen, das jederzeit einzustürzen drohte. Coleman Silk wusste immer von seiner Lebenslüge, er hatte sich aus seiner Sehnsucht eine zweite Identität geschaffen, die seine wirkliche verbergen sollte. Es gibt aber auch Fälle, in denen die Betroffenen an ihre kompensatorischen Phantasien glauben, die zu einer psychischen Realität geworden sind und die kein Mensch der Welt ihnen wieder ausreden kann.

Liebesdurst

Ihre Schwestern bezeichneten ihre Krankheit als Liebestollheit. Wenn sie einen Mann sah, der ihr gefiel, und es gefielen ihr in ihrer Jugendzeit recht viele, dann machte sie ihm schöne Augen, versuchte seine Aufmerksamkeit zu bekommen und schrieb ihm Liebesbriefe voller erotischer Anzüglichkeiten. Daraufhin kamen die Männer nicht mehr. Und ihre Schwestern hatten die Angst, dass auch zu ihnen kein Mann kommen würde, weil ihre Schwester nun mal nicht ganz richtig im Kopf war. Sie galt als verrückt und ihre Eltern hatten sie letztendlich in eine psychiatrische Anstalt bringen wollen, weil sie sich nicht anders zu helfen wussten, als die Tochter im Getreidespeicher einzusperren. Dort hatte sie sich dann ihre Haare abgeschnitten und sich die Arme aufgeschnitten, weil sie sich selbst bestrafen wollte. Sie hatte auch mehrmals versucht sich umzubringen und hatte sich in den Brunnen gestürzt. Sie war aber gerettet worden und musste weiterleben. Immer wieder bekam sie Anfälle, warf sich auf den Boden und versuchte, alles zu zerstören, was ihr gehörte: ihre Handarbeiten, ihre Kleidung, ihr Leben. Und in all den Jahren in ihrem Dorf hatte sie immer die große Sehnsucht nach wirklicher und tiefer Liebe eines Mannes gehabt, der irgendwann kommen würde. Und daran sei überhaupt nichts Schlechtes, fand sie.

Die Liebe sei doch die herrlichste Sache der Welt, die einzige, die es wert sei, ein Leben zu führen, bei dem man früh um vier Uhr aufsteht, um die Hausarbeit zu verrichten, dann aufs Feld geht und später in die Stickschule – die langweiligste Sache der Welt –, und dann mit dem Krug auf dem Kopf am Brunnen Trinkwasser holt, und bei dem man alle zehn Tage die ganze Nacht aufbleibt und Brot backt, um am Morgen wieder den Wassereimer aus dem Brunnen zu ziehen und die Hühner zu füttern. Wenn Gott nicht bereit sei, sie mit der Liebe bekannt zu machen, solle er sie eben sterben lassen, auf welche Weise auch immer.[36]

Und als dieser Mann nicht kam, hatte sie ihn schließlich erfunden. Sie nannte ihn den Reduce, den Heimkehrer. Und sie erfand eine großartige Liebesgeschichte um ihn herum, die man sich noch heute in dem kleinen Dorf auf Sardinien erzählt.

Nichts liebte sie so sehr wie den Reduce. Er gefiel ihr mehr als alles andere. Wenn sie mit ihm zusammen war fühlte sie keinerlei Scham … Ihr ganzes Leben lang hatte man ihr gesagt, dass sie wirke, als stamme sie von einem Dorf im Mond. Jetzt hatte sie das Gefühl, endlich jemanden getroffen zu haben, der aus derselben Gegend kam, und als sei das die Hauptsache im Leben, etwas, das ihr bisher gefehlt hatte. [37]

Sie hatte ihrer Sehnsucht nach Liebe einfach einen Namen und eine Geschichte gegeben und wahrscheinlich hatte sie selbst irgendwann daran geglaubt.

Den Mann gab es wirklich, aber nicht die Liebesgeschichte mit ihm. Sie hatte einen Mann auf einer Kur kennengelernt, den sie dann den Reduce nannte, weil er ein Kriegsheimkehrer war. Sie hatten sich viele Male unterhalten und einige Zeit bei Spaziergängen miteinander verbracht. Von ihm fühlte sie sich als ganze Person und als Frau wahrgenommen und ganz ohne Makel, beinahe vollkommen. Danach hat sie immer erzählt, dass sich ihr Leben in zwei Teile geteilt habe: in das Leben vor der Kur und das Leben danach. Für sie war er der schönste Mann der Welt und in ihrer Phantasie haben sie sich lange und intensiv geliebt. Durch Reduce hatte sie eine Würde gefunden, die sie ihre Verrücktheit vergessen ließ. Er sagte ihr: *Nein, sie sei nicht verrückt, sondern ein Mensch, den der liebe Gott in einem Moment erschaffen habe, da er es leid war, noch eine weitere gewöhnliche Frau von der Stange entstehen zu lassen.* [38] Viele Jahre später hatte ihre Enkeltochter einen Brief von Reduce gefunden, den ihre Großmutter in einer alten Mauer versteckt hatte, darin hieß es: *Die Liebe, die Sie zwischen uns erfunden haben, hat mich zutiefst berührt, und während ich die Szenen las, habe ich fast bedauert – entschuldigen Sie bitte meine Anzüglichkeit –, dass es jene Liebe nicht in Wirklichkeit gegeben hat.* [39] Die Sehnsucht hatte eine Phantasie erschaffen, die ihr zu einem vollkommeneren und glücklicheren Leben verhalf.

Die Suche nach der eigenen Identität

Menschen haben häufig gar keine Wahl und können sich dem Diktat ihrer Sehnsucht gar nicht entziehen. Dann müssen sie ihrer Sehnsucht folgen, ob sie wollen oder nicht, ob es vernünftig ist oder nicht, auch wenn es sie Schmerzen, Zeit, Energie oder gar den Verlust von Beziehungen kostet. Dann geht es um nicht mehr und nicht weniger als ihre eigene Identität und damit Fragen wie: Wer bin ich? Woher komme ich? Wer sind meine Eltern und was sind meine Wurzeln? Wer ist mein Vater und warum hat er mich verlassen? Und um diese Fragen zu beantworten verbringen sie viele endlose Stunden vor dem Radio oder auch ganze Jahre in irgendwelchen Kneipen mit unendlich vielen Drinks.

Einen solchen Mann auf der Suche nach seinem Vater beschreibt J. R. Moehringer in seinem autobiografischen Roman *Tender Bar*[40]. Die Begründungen dafür, dass er schon immer am liebsten in die Bar Dickens ging, waren Ausdruck dieser Vatersuche und ebenso einsichtig wie endlos.

Wir gingen hin, weil wir dort alles bekamen. Wir gingen hin, wenn wir Durst hatten, versteht sich, aber auch wenn wir hungrig waren oder hundemüde. Wenn wir glücklich waren gingen wir hin, um zu feiern, wenn wir traurig waren, um Trübsal zu blasen. Nach Hochzeiten oder Begräbnissen gingen wir hin, um unsere Nerven zu beruhigen, und vorher, um uns schnell Mut anzutrinken. Wir gingen hin, wenn wir nicht wussten, was wir brauchten, in der Hoffnung, jemand könnte es uns sagen. Wir gingen hin, wenn wir Liebe suchten oder Sex oder Ärger oder wenn jemand verschwunden war, denn früher oder später tauchte dort jeder auf. Vor allem aber gingen wir hin, um uns finden zu lassen.[41]

Falls noch jemals eine Frau oder Mutter wissen will, warum Männer oder Söhne gerne in Kneipen gehen, dann enthält diese

Auflistung eine erschöpfende Antwort. Aber für J. R. Moehringer gibt es noch eine andere und viel kürzere Begründung.

Als vom Vater verlassenes Einzelkind brauchte ich eine Familie, ein Zuhause und Männer. Vor allem Männer. Ich brauchte Männer als Mentoren, Helden, Vorbildfiguren und als Gegengewicht zu meiner Mutter, Großmutter, Tante und fünf Cousinen, mit denen ich zusammenlebte.[42]

Sein Vater hatte seine Mutter verlassen (oder seine Mutter hatte sich von seinem Vater getrennt, das war nicht ganz klar), aber er hatte es als Junge so erlebt, als habe sein Vater ihn verlassen. Das konnte nur bedeuten, dass dieser Vater ihn nicht wirklich liebte, weil er irgendetwas falsch gemacht hatte. Aber was? Darauf konnte er sich in seinem kindlichen Denken keinen Reim machen. Und seitdem war er auf der Suche nach diesem Mann, um durch ihn Antworten auf seine bohrenden Fragen nach seiner Identität zu bekommen. Wie das genau aussehen sollte, wusste er auch nicht genau, dazu war es viel zu unwahrscheinlich, dass er ihn jemals finden würde, und wenn doch, hatte er immer noch genug Zeit, sich Fragen zu überlegen. Bis dahin begnügte er sich mit all den Männern in der Bar, mit ihren Antworten auf seine Fragen, die alle um das gleiche Thema kreisten: Wie werde ich ein Mann und was mache ich dann?

Über seinen Vater wusste er wenig und das auch nur durch den Filter seiner alleinerziehenden Mutter. *Mein Vater war ein vielseitig begabter Mann, doch sein wahres Genie lag im Verschwinden.*[43] Da er immer wieder als Radiosprecher arbeitete, konnte es passieren, dass der Junge plötzlich im Radio die Stimme seines Vaters hörte, deshalb nannte er ihn die Stimme und hörte immerzu Radio, seiner Mutter zuliebe aber sehr leise. Dann rief sein Vater eines Tages an und fragte ihn, ob sie zusammen Baseball spielen gehen wollten. Er verabredete sich mit ihm für den nächsten Tag – und er kam nicht. Der Junge wartete stundenlang bis in den späten Abend an der Straße, aber der Vater kam nicht. Immer wieder weiß er nicht wohin mit seiner Wut. Der Psychologe, zu dem ihn seine Mutter schleppt, kommt schnell zu einer klaren Diagnose: *Der Junge leidet offenbar an einer Identitätskrise. Er hat keine Identität, und das verursacht Wut.*[44] Also nimmt er sich erst einmal seinen Opa als Identitätsersatz und vergräbt seine Sehnsucht nach seinem Vater tief in sich. Dann taucht sein Vater plötzlich doch wieder auf, geht mit ihm zum Poker anstatt zum Baseball, verliert und setzt als letztes Pfand seinen eigenen Sohn – und verliert wieder.

Ich erinnere mich an nichts mehr, nachdem mein Vater mich als Pfand eingesetzt hatte, was ich noch schlimmer fand als eine Tracht Prügel. Ich erinnere mich nicht mehr, wann er wieder nüchtern wurde, sich wieder anzog und mich nach Hause fuhr, und ich erinnere mich auch nicht mehr, was ich meiner Mutter über den Besuch erzählte. Ich weiß nur, die Wahrheit war es nicht.[45]

Danach orientiert er sich auf seiner Suche nach männlicher Identität lieber an Onkel Charlie oder den anderen Jungs in der Bar, allen voran Fuckembabe. Warum der Mann überall so genannt wurde war klar, sobald man mehr als drei Sätze mit ihm gesprochen hatte, denn das Wort Fuckembabe kam in jedem dieser Sätze vor. J. R. Moehringer verbringt seine Kindheit und Jugend mehr oder weniger in der Bar, schafft sein Abitur erstaunlich gut, was man heute sicher bewundernd als Resilienz bezeichnen würde, und wird anschließend zum Jura-Studium in Yale zugelassen, was natürlich ausgiebig mit vielen besonderen Drinks gefeiert werden musste. Irgendwann glaubt er ernsthaft, durch eine Änderung seines Namens den Fluch seines Vaters loszuwerden, sich mit einem neuen Namen auch eine neue Identität geben und sich selbst auf diese juristische Weise neu erfinden zu können. Seine Mutter ist begeistert und dem Staat Connecticut ist das egal, Hauptsache er bezahlt die 75$ Gebühr. Seine Mutter schickt

ihm das Geld und er geht auf die Namensänderung einen trinken, um am anderen Morgen mit brummendem Schädel wieder
aufzuwachen. Das Geld ist versoffen, der Name bleibt und die
Identität damit auch. Eine Lösung des Identitätsproblems also,
die ganz seinem Vater entsprach, geradezu eine Liebeserklärung
an ihn. Als er ihn endlich wiedersieht, ist sein Vater seit Jahren
trocken – fast trocken, bis auf ein paar doppelte Wodka-Martini
ohne Eis mit zwei Oliven.

*Eine Woche hing ich in der Wohnung meines Vaters herum, las
seine Bücher, rauchte seine Zigaretten, hörte mir seine Sendung an.
Für mich war es die Verwirklichung eines Kindheitstraumes, seine
Stimme zu hören und zu wissen, wann Schluss war und er nach
Hause kommen würde.*[46]

Sie lebten zusammen und er genoss seinen wiedergefundenen
Vater, auch wenn alles irgendwie ein Trugschluss war, denn *die
Basis unserer neugefundenen Nähe waren natürlich Cocktails*[47]. Sie
besuchen seine Freundin und trinken auf dem Weg schon mal
ein paar Cocktails. Dann kommt es zum Streit, der Vater rastet
aus und geht mit einem Messer auf den Sohn los. *In einem entle-
genen Winkel meines Gehirns ahnte ich, dass meine Mutter sich damals genau dem gleichen Schreckgespenst gegenüber gesehen hatte –
meinem durchgedrehten Vater mit dem Messer in der Hand.*[48] Kurz
bevor es zum Kampf zwischen Vater und Sohn kommt, lässt der
Vater das Messer fallen und stürzt davon. Dieses Erlebnis verändert alles in ihm und befreit ihn von allen Idealisierungen, Illusionen und Sehnsüchten. Denn *an jenem Morgen, befreit von den
lebenslangen Illusionen über meinen Vater und über ein paar andere Männer und über Männer allgemein, klopfte ich mir pfeifend
Rasiercreme auf die Wangen, denn ohne Illusionen zu sein hieß, ich
war auf mich allein gestellt.*[49] Als er sich von der Freundin seines
Vaters verabschiedet, sagt diese den entscheidenden Satz zu ihm:
Dein Vater ist kein guter Mann, aber du bist nicht dein Vater.[50] Das

änderte schlagartig alles für ihn, es war die ernüchternde Wirkung der Realität auf die ewig bohrende Sehnsucht. Er hatte sich seit seiner Kindheit ein idealisiertes Bild seines Vaters gemacht, hatte ihn jahrelang bei Hunderten von Cocktails imitiert und dabei sein eigenes Leben und sein Potential immer wieder vernachlässigt, war in den entscheidenden Momenten seines Lebens immer wieder in Bars gelandet, weil er dort die symbolische Vaternähe spürte, die ihm so gut tat und das schmerzliche Vermissen nicht mehr spüren ließ. Nach diesem Ereignis beschließt er, keinen Alkohol mehr zu trinken und damit nicht mehr im Alkohol die Nähe zu ihm zu suchen. Als der Vater Jahre später stirbt, geht er nicht zur Beerdigung, aber später allein zum Grab. Danach besucht er ein letztes Mal die Bar und verabschiedet sich auch von all den Männern, die er so geliebt und deren Nähe er immer gesucht hatte.

Seine Sehnsucht war gestillt. Er hatte nicht nur seinen Vater bekommen und mit ihm gelebt, er hatte damit auch den inneren idealisierten Vater wie ein Gespenst aus der Vergangenheit vertrieben. Das Ideal des Vaters ließ sich im Angesicht der Realität nicht mehr aufrechterhalten. Seit er von seinem Vater getrennt gewesen war, hatte er sich nach ihm gesehnt und in seiner Phantasie einen wunderbaren, eben fantastischen Vater aufgebaut. Dieses Bild konnte nur durch das eigene reale Erleben bestätigt oder korrigiert werden. Als dies geschehen war, hatte die Sehnsucht keine Chance mehr und er war da, wo er immer hin wollte: Er war ein Mann geworden. Aber es hatte ihn viele Schmerzen und Umwege gekostet – und viele Drinks.

5. Weltumsegler und andere Wunderkinder – Von Stellvertretern und Delegierten

Eure Kinder sind nicht eure Kinder!
Sie sind die Söhne und Töchter
der Sehnsucht des Lebens nach Erfüllung.
Khalil Gibran

Wir sind doch alle
darauf getrimmt zu glauben,
unsere Kinder seien wichtiger als wir,
und wie aus zweiter Hand
durch sie zu leben.
Jonathan Franzen

Dreidimensional – 3D – ist in den Medien modern, weil man dann einen Film nicht mehr nur von außen betrachtet, sondern von innen, so als ob man dabei ist. Die Erlebnisqualität ist um ein Vielfaches größer, man ist nicht mehr nur Betrachter, sondern fühlt sich zugleich als Akteur. Man sieht nicht nur, wie einer fliegt, man fliegt selbst mit. Auf diese Weise bekommt man einen unmittelbaren, lebendigen Einblick vom Geschehen. Diese drei-dimensionale Perspektive ist auch in der Psychologie modern, manchmal sogar notwendig, weil man sonst nur von außen be-trachtet, ohne von innen her zu verstehen. Alle psychologischen Schulen behaupten zwar, den einzig richtigen, wissenschaftlichen Blick auf den Menschen zu haben, aber das ist meist nur ein durchsichtiges Eigenlob in Zeiten knapper Finanzen. Erst wenn man mehrere Perspektiven zusammendenkt kommt man der komplexen Wirklichkeit der Menschen nahe. Diesen dreidimensionalen Ansatz nennt man in der Psychologie integrativ, man spricht von integrativer Psychologie oder Psychotherapie.

Will man einen Menschen und seine Sehnsüchte verstehen, dann sollte man auch dreidimensional sehen lernen. Die drei Dimensionen, mit denen man dann sieht, sind die individuelle, die historische und die systemische Perspektive. Individuelle Sicht bedeutet, den Menschen in seinen Fähigkeiten, Interessen, Bedürfnissen, Denkmustern, Motiven usw. als individuell zu betrachten. Dies ist die Sicht der traditionellen Psychologie. Die historische Perspektive bedeutet, ihn als Produkt und Akteur seiner Biografie, aber auch im Kontext seiner Familiengeschichte zu sehen. Diese Mehrgenerationenperspektive ist besonders in der Familienpsychologie bedeutsam, weil sie Muster des Verhaltens und Denkens beschreibt und untersucht, die über Generationen wirksam sind. Und systemisch bedeutet, ihn auf dem Hintergrund seiner wichtigsten persönlichen Beziehungen zu verstehen, also der Familie, Partnerschaft, Freundschaft oder auch der Gemeinde. Aus systemischer Sicht ist dann die Auffälligkeit eines Kindes kein individuelles Fehlverhalten, sondern eine verständliche Reaktion auf eine Störung im Familiensystem und folglich ist der Adressat der Hilfen nicht allein das Kind, sondern vor allem die Familie.

Wenn man diese 3D-Brille aufsetzt, dann bekommt man ein umfassendes, wirklichkeitsgetreues und mehrdimensionales Bild einer Person. Dann sind die Sehnsüchte eines Menschen nicht nur Ausdruck individueller Erfahrungen, Bedürfnisse und Wünsche, sondern verweisen zugleich auf seine Geschichte, seine Familie und seine wichtigsten sozialen Beziehungen. Dann kann es sein, dass seine Sehnsucht eigentlich die eines anderen ist, dass er sie als Stellvertreter oder Delegierter für einen anderen Menschen in seiner Familie auslebt, und zwar ohne dass irgendeinem

Beteiligten dies bewusst ist. Dann verfolgt ein Mensch sehnsüchtig einen Lebenstraum, aber der Ursprung dieser Sehnsucht steckt in der Beziehung zu einem anderen aus der Familie.

Weltumsegler

Als sie gefragt wurde, warum sie als 14-jähriges Mädchen allein die Welt umsegeln wolle, antwortete sie: *Das habe ich schon immer gewollt, ich habe so eine Sehnsucht in mir!* Sie wird zwei Jahre unterwegs sein, wenig und unregelmäßig schlafen, dehydriertes Essen zu sich nehmen, keinen Menschen sehen, ihre Bedürfnisse nach menschlicher Nähe und Zärtlichkeit zurückstellen, keine Zwischenstopps einlegen, harte körperliche Arbeiten verrichten und dabei keine Hilfe haben, ihre Hausaufgaben für die Schule online machen, die Geburtstage und Weihnachten allein feiern und endlose Einsamkeit ertragen müssen.

Woher kommt diese Sehnsucht, allein die Welt zu umsegeln? Von welcher Kraft wird sie angetrieben, um dies alles zu ertragen? Ist es allein die Sehnsucht nach Meer und Wind? Aber warum muss es dann gleich eine Weltumsegelung sein, die sie zudem noch alleine machen will? Oder hat sie die Sehnsucht, sich selbst etwas zu beweisen und wenn ja, warum geht dies nicht auch anders? Oder ist es eine Sehnsucht nach Bedeutung und weltweiter Aufmerksamkeit? Aber wie kommt diese tiefe Sehnsucht in ein Kind? Ist es eigentlich ihre eigene Sehnsucht oder vielleicht die Ihrer Eltern, über ihre Tochter Bedeutung zu erlangen oder gar ihrem Leben einen Sinn zu geben, den sie für sich selbst bislang nicht bekommen konnten? Oder sind es alle diese Faktoren zusammen und wenn ja, in welcher Gewichtung? Kinder, die früh in ihrem Leben Leistungen vollbringen, die für ihr Alter außergewöhnlich sind, nennt man Wunderkinder. Am Beispiel dieser Kinder kann man sehr gut verstehen, wie sich die unerfüllten Sehnsüchte der Eltern auf das Leben ihrer Kinder auswirken können.

Geborene und gemachte Wunderkinder

Es gibt Wunderkinder, die als solche geboren werden und es gibt solche, die erst dazu gemacht werden. Pablo Picasso hat immer wieder von seiner tiefen Sehnsucht gesprochen, so einfach, offen und unbefangen wie ein Kind malen zu können. Seine Sehnsucht hat sich zur Freude der Menschen mehr als erfüllt und seine Genialität rührt vielleicht genau daher, mit wenigen Strichen wie ein Kind malen zu können und dabei zugleich das Wesentliche zu verdeutlichen, wie es nur ein Erwachsener sehen kann.

Heute wird ein achtjähriger englischer Junge namens Kieron Williamson als neuer Picasso gefeiert. Seine dritte Galerieausstellung war nach 27 Minuten ausverkauft, der Erlös: 150 000 Pfund. Heute kann man kein Bild mehr von ihm kaufen, seine Werke gelten als ausverkauft. Wäre Kieron nicht acht Jahre alt, sondern 38, dann wären seine Bilder nicht wirklich etwas Besonderes. Er malt vorwiegend Natur- und Landschaftsbilder. Seine Eltern kaufen ihm Bildbände anderer Maler, die ihn dann zu eigenen Bildern inspirieren. Dabei zeigt er sich auf eine erstaunliche Weise wissbegierig und kreativ. Sein Elternhaus in Holt an der englischen Ostküste wird von Fans aus der ganzen Welt besucht, viele Zeitungs- und Fernsehreporter versuchen den Jungen beim Malen zu beobachten und daraus Sensationsberichte anzufertigen, die den Mythos des jungen Genies nähren. Man hofft beim Lesen solcher Berichte immer, dass Kieron von seinen Eltern liebevoll gefördert und nicht von deren Interessen angetrieben wird.

Geborene Wunderkinder sind eher selten und vollbringen ihre Wunder mit einer besonderen Leichtigkeit auch bis ins hohe Erwachsenenalter. Sicher ist Johann Sebastian Bach solch ein Wunderkind gewesen, allerdings galt seine Kindheit bislang als weitgehend unerforscht. Noch vor seinem zehnten Lebensjahr war er Vollwaise. Er hat in seinem Leben mehr als tausend Werke komponiert, ein geübter Notenschreiber würde sein ganzes Berufsleben darauf verwenden müssen, diese Werke allein nur abzuschreiben. Aber Bach hat sie komponiert, darunter mit nicht einmal 18 Jahren die berühmte Toccata in d-Moll. Vor wenigen Jahren hat man in der Anna-Amalia-Bibliothek in Leipzig Schriften und Kompositionen des jungen Bach gefunden, die den lang gehegten Verdacht untermauern, dass Bach ein ebenso begnadetes Wunderkind wie Mozart gewesen sein musste, man wusste es nur nicht. Anscheinend war er nicht der hilflose Vollwaise, als der er bislang gesehen wurde, sondern wurde in seinen Talenten schon früh erkannt und auch gefördert. Bach hat später seinen Söhnen Geschichten über seine Kindheit erzählt, die sich heute aufgrund neuer Befunde und Handschriftanalysen bestätigen lassen. Er war eines der geborenen Wunderkinder, die ihr Schicksal anscheinend selbst in die Hand genommen haben.

Geborene und gemachte Wunderkinder verfügen alle über besondere Begabungen und Potentiale, aber gemachten Wunderkindern fehlt dabei irgendwie die Leichtigkeit. Man merkt ihnen die ungeheure Energie an, die sie täglich dafür aufbringen müssen, ihren Status als Wunderkind sich selbst und anderen immer wieder neu zu beweisen. Häufig quälen sie sich über viele Jahre in der Angst, dass das nächste Wunderkind jederzeit entdeckt werden und den eigenen Platz streitig machen könnte. Wer oder was sitzt diesen gemachten Wunderkindern im Nacken, was treibt sie an, warum nehmen sie solche Qualen auf sich? Weil sie wie alle Kinder von ihren Eltern geliebt werden wollen, aber stets mehr oder weniger offen zu Höchstleistungen angetrieben werden, um die Sehnsüchte ihrer Eltern zu erfüllen.

Michael Jackson und die Kinderband *Jackson Five* sind dafür nur ein besonders tragisches Beispiel. Heute ist der Drill bei zweijährigen Kindern aus meist wohlhabenden Familien in vielen Elitekindertagesstätten alltäglich. Schon die Aufnahme in diese Kindertagesstätten gleicht einem Genietest. Da werden Sprachkompetenzen durch das Erzählen von Geschichten überprüft, komplizierte mehrteilige Puzzles gelegt oder mathematische Frühkompetenzen getestet. Und nach bestandener Aufnahmeprüfung geht es mit der gezielten Förderung entsprechend weiter: Buchstaben und Zahlenreihen müssen bereits mit zwei Jahren geübt werden, mit drei Jahren sollte eine zweite Fremdsprache erlernt werden, musikalische Früherziehung und sportliche Förderung verlaufen natürlich parallel. Hier werden Kinder zu Wunderkindern erzogen und die Voraussetzungen sind nicht immer besondere Begabungen, sondern in erster Linie die Finanzen und Ambitionen der Eltern. Die Logik erscheint einfach: Der Elitekindergarten ist die Voraussetzung für die Eliteschule und diese wiederum muss erfolgreich absolviert sein, um anschließend eine Eliteuniversität besuchen zu können. Wer nicht früh genug anfängt, den bestraft das Leben. Und solche privaten Förderungen erwünschter Wunderkinder kosten nicht selten ein paar Tausend Euro im Monat, aber was tut man nicht alles für sein Kind.

Das Bildungsziel in Japan beispielsweise besteht darin, auf eine der fünf Eliteuniversitäten gehen zu können, die *Big Five*, die allesamt in Tokio sind. Fast 80 % aller japanischen Topmanager und Politiker haben an einer dieser *Big Five* ihren Universitätsabschluss gemacht. Aber der Weg dorthin wird nicht nur teuer mit viel Geld, Zeit und Energie und dem weitgehenden Verlust einer unbeschwerten Kindheit bezahlt, er führt auch über private Nachhilfeschulen, die *Juku* genannt werden. Hier werden Fakten auswendig gelernt, Zahlen, Daten und Vokabeln gepaukt. Es ist bestenfalls eine einseitige Förderung der sachlichen Bildung, die eine emotionale Bildung weitgehend vernachlässigt. Die Kinder besuchen Sprachleistungskurse, sind danach aber nicht in der Lage, in der jeweiligen Sprache einen Film zu verstehen oder eine einfache Konversation zu führen. So verlassen die Studierten die Eliteuniversitäten mit viel angehäuftem und gespeichertem Fachwissen, haben aber weder von der Welt noch von sich selbst wirklich etwas verstanden. Früher nannte man sie Fachidioten, heute sprechen die Studierenden selbst vom sogenannten Bulimie-Lernen, womit sie das Fressen und Auskotzen von Lehrstoff meinen. Häufig sind es junge Menschen, die zwar Disziplin und Leistung gelernt haben, aber nach dem Abschluss in ein Leistungsloch und eine Perspektivlosigkeit fallen und nichts mit ihrem Leben anzufangen wissen. Sie haben anscheinend das elterliche Programm erfüllt und könnten nun mit ihrem eigenen Leben beginnen, aber sie wissen oft nicht, wie das geht. Sie wurden zu Opfern und Erfüllungsgehilfen der Sehnsüchte ihrer Eltern, haben deren Stolz stets als Liebe interpretiert und darin einen Ansporn für ihre permanenten Höchstleistungen gesehen.

Im positiven Fall entstehen daraus starke Erfahrungen der Selbstwirksamkeit. Diese Kinder erleben sich als leistungsstark und kraftvoll, sie strotzen vor Selbstvertrauen, aber sie bleiben an die Leistungsspirale gekettet. Wenn es gut läuft, dann entdecken sie eigene Fähigkeiten jenseits ihrer Begabungen. Das Wunderkind Hilary Hahn hat dies selbstbewusst einmal so formuliert: *Ich war gerade mal 16, als ich meine erste Platte mit Bach-Sonaten einspielte. Wenige trauten mir damals zu, diese Sonaten mit Gefühl und Verstand zu füllen. Aber nichts hatte ich häufiger gespielt als Bach, warum also hätte ich davor zurückschrecken sollen? Manche haben mich damals als Wunderkind bezeichnet, aber niemand ist ein Wunderkind. Dahinter steckt immer harte Arbeit.*[51]

Früh bekannt wurden vor allem die Wunderkinder im Damentennis, die alle von ihren Vätern betreut, trainiert und gemanagt wurden. Die ersten Beispiele waren die Väter von Steffi Graf, Gabriela Sabatini oder Jennifer Capriati. Steffi Grafs Vater war zuvor Autohändler gewesen, Sabatinis Vater war ebenfalls in der Autobranche tätig gewesen und Capriatis Vater arbeitete zuvor als Stuntman und Grundstücksmakler. Danach kam der Vater der Williams Schwestern Venus und Serena, der vor allem dadurch auffiel, dass er während der Turniere von der Tribüne aus Fotos seiner Töchter machte und mit ihrer Mutter nichts zu tun haben wollte. Stefano Capriati ließ seine Tochter bereits mit vier Jahren an einer Ballmaschine trainieren und Bauchübungen machen. Martina Navratilowa, neben Steffi Graf wahrscheinlich die beste Tennisspielerin bislang, sprach davon, dass diese jungen Mädchen mit 20 Jahren an Leib und Seele geschädigt seien.

Väter sollten ihren Kindern den Ausweg aus der engen Mutterbindung zeigen, allerdings ohne sie umso stärker emotional an sich selbst zu binden. Aber bei den Vätern und ihren wundersamen Töchtern wird anscheinend nur eine emotionale Bindung durch eine andere ausgetauscht. Eine besonders unsichtbare und zugleich besonders wirksame emotionale Bindung nennt man auch eine Delegation. Dann erscheinen diese Kinder selbständig und erwachsen, befinden sich aber an einer langen, unsichtbaren Leine.

Delegationen

Kann man sich vorstellen, dass die Tochter eine Liebesaffäre ihrer Mutter fortführt, ohne dies zu wissen? Kann die Sehnsucht einer Frau nach ihrem Liebhaber, den sie einst verließ, sich so auf ihre Tochter übertragen, dass diese 30 Jahre später sich hoffnungslos in diesen Mann verliebt? Diese Geschichte einer späten Verwirklichung einer Liebessehnsucht beschreibt Zeruya Shalev in ihrem Roman *Liebesleben*[52]. Es ist die Geschichte einer jungen Israelin, die sich zunächst in einer Amour fou verliert, um sich dann in ihr erst wirklich zu finden. Ihre Mutter liebte einen Mann, als sie so alt war wie sie heute. Sie lernte ihn als Krankenschwester kennen, verliebte sich in ihn, blieb aber trotz ihrer Liebe nicht bei ihm, weil sie von seiner Krankheit wusste, durch die er keine Kinder bekommen konnte. Sie wollte einmal Kinder haben, das war die eine Sehnsucht ihres Lebens, aber die konnte sie nicht mit ihm verwirklichen. Deshalb verließ sie ihn, aber da sie ihn dennoch weiterhin liebte, wurde er zu einer zweiten stillen Sehnsucht, die sie selbst niemals befriedigen konnte und die für ihre Tochter das Leben sehr kompliziert machen sollte. Hier wird ein weibliches Dilemma geschildert zwischen der Sehnsucht nach einem Kind und der Sehnsucht nach der großen Liebe des Lebens. Die Frau gibt die Liebe auf, um ihren Kinderwunsch mit einem anderen, weniger geliebten Mann zu befriedigen und Jahrzehnte später nimmt dafür ihre Tochter diese Liebesbeziehung wieder auf.

In der Familienpsychologie sprechen wir von Delegationen, wenn Kinder ihr Leben darauf ausrichten, die unerfüllten Wünsche, Hoffnungen und Sehnsüchte ihrer Eltern zu verwirklichen und dabei gleichzeitig ihr eigenes Leben vernachlässigen. Delegation bedeutet vereinfacht, ein Kind mit einem Auftrag in die Welt zu senden. Dann versucht das Kind, die Sehnsüchte der Eltern zu verwirklichen, kann sich deshalb nicht wirklich ablösen und selbständig werden, und bleibt damit an die Eltern loyal gebunden. Allerdings darf man sich dies nicht als einen ausgesprochenen oder offenen Wunsch oder gar einen liebevollen Befehl vorstellen, sondern eher als ein stilles und subtiles Zusammenspiel verschiedener Gefühle innerhalb der Eltern-Kind-Beziehung. Die Eltern signalisieren manchmal ohne dass sie es selbst merken, welche Wunschträume sie einmal gehabt haben oder heute noch hegen. Dann bekommen sie beim Erzählen leuchtende Augen, werden aufgeregt oder plötzlich munter, sind ganz fasziniert und engagiert.

Kinder nehmen schon in sehr frühem Alter solche intensiven Gefühle der Eltern wahr und stellen ihr eigenes Verhalten darauf ein. Es sind Gefühle ohne Worte, die solche bedeutungsvollen Botschaften in Eltern-Kind-Beziehungen transportieren. Daran erkennt das Kind, was wichtig und unwichtig, faszinierend und langweilig, erstrebenswert und wertlos ist. Das Kind erfühlt die elterlichen Sehnsüchte und integriert sie mit hoher Priorität in das eigene Lebenskonzept. Die elterlichen Reaktionen und Erwartungen sind immer bedeutsam für die Entwicklung der kindlichen Persönlichkeit und die Beurteilung des kindlichen Verhaltens. Sie werden vom Kind verinnerlicht und damit zur Leitschnur ihres eigenen zukünftigen Handelns. So erfährt das

Kind durch die offenen und verdeckten Reaktionen und Erwartungen der Eltern, ob es etwas gut oder schlecht gemacht hat. Folglich wird das Gute stolz wiederholt und herausgestellt, während das Schlechte schamhaft verborgen und zukünftig unterlassen wird.

Stolz und Scham sind zwei Seiten der gleichen Medaille und zugleich besonders wichtig für den Selbstwert eines Kindes. Jedes Kind will von stolzen Eltern geliebt werden und reagiert mit Scham, wenn es den elterlichen Wünschen, Ansprüchen und Sehnsüchten nicht entsprechen kann. Damit entsteht in der frühen Eltern-Kind-Beziehung bereits ein differenziertes System an Gefühlen, das für die Kinder eine Art Leitschnur für die Bewältigung des eigenen Lebens wird. Der englische Kinderpsychiater John Bowlby hat dies das innere Arbeitsmodell – *inner working model* – genannt, das bei den Kindern schon sehr früh aus der emotionalen Beziehung zu den Eltern entsteht. Und dieses innere Arbeitsmodell beinhaltet nicht nur Handlungsstrategien und Gefühle, wie Stolz und Scham oder Gefühle der Selbstwirksamkeit und des Selbstwertes, sondern auch Lebensziele und Wunschträume und damit erste Vorformen kindlicher Sehnsüchte. Wenn sie nah am Kind orientiert entstanden sind, dann gehören sie zu den individuellen Seiten des Kindes, wenn sie ihren Ursprung eher in den nicht befriedigten Sehnsüchten der Eltern haben, dann sprechen wir von Delegationen.

Delegationen sind ebenso vielfältig wie die nicht verwirklichten Sehnsüchte, die in ihnen enthalten sein können. Sie lassen sich in verschiedene Ebenen unterteilen: die der Bedürfnisse und Triebe, die der Identität und der Person, und die der Ideale und Werte. Auf der Ebene der Bedürfnisse und Triebe können dies sexuelle Affären und Abenteuer sein, aber auch ein allgemeiner, ungestillter Hunger nach Leben und Liebe. In Bezug auf die Identität und die Person kann es der elterliche Auftrag an die Kinder sein, auf ganz alltägliche und praktische Weise bei der eigenen Lebensbewältigung Hilfestellung und Unterstützung zu leisten. Eine Delegation auf moralischer Ebene kann darin bestehen, die elterlichen Werte zu leben und zu verteidigen und sich damit stets loyal zu den eigenen Eltern zu verhalten. Und eine Delegation im Dienste der elterlichen Ideale bringt die Kinder auf wundersame Weise dazu, erfolgreiche Sportler, anerkannte Wissenschaftler, begnadete Künstler oder einfach berühmte Menschen zu werden. Die Leistungen dieser delegierten Kinder sind manchmal nur einmalig, ein einziger Weitsprung, ein grandioser Sieg, eine neue Entdeckung oder ein großes Kunstwerk. Und danach versuchen sie durch ungeheure Anstrengungen diesen einmaligen Erfolg zu wiederholen, diesen Kick wieder zu erreichen.

Da die unerfüllten Sehnsüchte der Eltern aber meist nicht zum Leben der Kinder passen, weil es einfach nicht ihre eigenen sind, scheitern viele Kinder an ihrer Verwirklichung. Manchmal erringen sie einen kurzen Ruhm als Wunderkind, der sich aber weder wiederholen noch langfristig halten lässt. Der amerikanische Schriftsteller Truman Capote galt sein ganzes Leben lang als ein solches Wunderkind. Er war ein zutiefst narzisstischer Selbstdarsteller, der sich überall und immer selbst inszenierte, am liebsten mit den Berühmtheiten seiner Zeit. Sein Vater Arch Persons war ein Hochstapler und Krimineller, seine viel zu junge Mutter Lillie Mae eine junge Schönheit mit Karriereambitionen. Beide hatten das große Bedürfnis etwas Besonderes zu sein und ihrem Leben eine Bedeutung zu geben. Truman Capote hieß eigentlich Truman Streckfus Persons, war recht klein, sah aus wie ein Mädchen und hatte die *Stimme eines Robbenbabys*. Beide Eltern wollten mehr sein, als sie jemals sein konnten und trennten sich als ihr Sohn noch klein war. Er wurde dann von einer Ersatzfamilie zur nächsten geschoben. Sein Vater hatte erst wieder Kontakt zu seinem Sohn aufgenommen, als dieser reich und berühmt war, um ihn um Geld anzupumpen. Truman Capote hat niemals eine liebevolle Familie kennengelernt, und vielleicht faszinierte ihn deshalb später die Ermordung einer vierköpfigen Fa-

114

milie in der kleinen Stadt Holcomb in Kansas so sehr, dass er darüber das Buch *Kaltblütig (In cold blood)* schrieb. Er hatte jahrelang für dieses Buch recherchiert und die leitenden Untersuchungsbeamten bestochen, damit er unzählige Gespräche mit den Tätern im Gefängnis führen konnte, bevor sie hingerichtet wurden. Zuvor hatte er 1958 das herrliche, leichte und zugleich melancholische Buch *Frühstück bei Tiffanys* geschrieben, das seinen Ruhm als Wunderkind begründete und deren Protagonistin Holy Golightly eine ebensolche Kunstfigur war wie er selbst. In seinem Fall haben sich nicht nur die Eltern nach Bedeutung gesehnt, auch er selbst hat dies sein Leben lang getan. Als er mit nicht einmal 60 Jahren ohne erkennbare Todesursache starb, galt er als tragisches, alt gewordenes Wunderkind.

Für die betroffenen Kinder ist ihr Leben als Wunderkind häufig ein Dilemma. Sie verlieren die Unschuld ihrer Kindheit, dürfen nicht mehr so sein, wie sie sein möchten, werden einseitig für ihre besonderen Begabungen oder Leistungen gelobt, müssen auf vielfältige andere Interessen verzichten und für die Eltern permanent eine Leistung vollbringen. Aber sie werden auch gefeiert und geehrt und erhalten täglich Tonnen an narzisstischer Extrazufuhr. Wenn das Kind von Anfang an gewohnt ist, immer im Mittelpunkt zu stehen, alle Aufmerksamkeit, vordergründige Liebe und medial fragwürdige Bedeutung zu bekommen, dann kann ein plötzliches Ausbleiben das Kind in ein tiefes Loch an emotionalen Verlusten und Selbstwertproblemen stürzen. Und auch, wenn der Erfolg dauerhaft zu sein scheint, besteht eine tiefe Angst vor dem Absturz in die Bedeutungslosigkeit, sobald ein anderes Kind auftaucht, das diese besondere Begabung noch perfekter beherrscht.

Manchmal haben solche Kinder es leichter, zu einem Wunderkind zu werden, weil sie berühmte Fürsprecher haben. Kit Armstrong ist mit seinen 17 Jahren nicht nur ein begnadeter Pianist, sondern kann auch schon ein abgeschlossenes Studium in Musik und Mathematik vorweisen. Bereits mit sieben Jahren war er der jüngste Student, den es in Kalifornien jemals gegeben hatte. Der große Alfred Brendel nannte ihn ein richtiges Wunderkind und unterstützte seine Karriere. Seine alleinerziehende Mutter hatte jahrelang damit zu tun, ihr hochbegabtes Kind in die verschiedenen Schulen, Seminare und Veranstaltungen zu fahren. Bereits im Kindergarten hatte er Bücher über Musik gelesen und begonnen zu komponieren. Heute gilt er manchen bereits als Mozart des 21. Jahrhunderts.

Überhaupt Mozart!

Was hat sein Vater Leopold nicht alles angestellt, wie viele beschwerliche Reisen hat er unternommen, um dieses Wunderkind Wolfgang Amadeus an allen berühmten und reichen Häusern Europas vorzustellen. Der Stolz des Vaters Leopold ist mehr als nachvollziehbar, welcher Vater wäre nicht unglaublich stolz, Wolfgang Amadeus Mozart als seinen Sohn zu haben? Aber es gibt etwas Getriebenes in der Vater-Sohn-Beziehung, als ob der Vater endlich durch seinen Sohn die späte Möglichkeit erhalten hätte, seinem eigenen Leben eine neue und größere Bedeutung zu geben und sich endlich Sehnsüchte erfüllten, die in seinem Leben bis dahin ungestillt geblieben waren. So schreibt er in einem Brief vom 10. November 1766:

Jeder Augenblick, den ich verliehre, ist auf ewig verlohren, und wenn ich jehmals gewust habe, wie kostbar die Zeit für die Jugend ist, so weis ich es itzt. Sie wissen, dass meine Kinder zur Arbeit gewohnt sind: sollten sie aus Entschuldigung dass eines das andere verhindert sich an müßige Stunden gewöhnen, so würde mein ganzes Gebäude über den Haufen fallen.[53]

Wolfgang Amadeus und seine Schwester Nannerl, die Leopold 1766 mit auf die Reise nach London genommen hatte, *erkrankten gerade auf dieser Tournee so schwer, dass man mit ihrem Sterben rechnete*[54]. Auch Leopold hatte diese Angst und deshalb gleich Medikamente mit auf die Reise genommen. Aber er musste diese Reise antreten, wie so viele andere auch und konnte dabei auf die dauerhafte Krankheit seines genialen Sohnes keine Rücksicht nehmen, er war eben auf einer *gottgegebenen Mission*.

Leopold war der Sohn eines Buchbinders, der sein Studium abbrach, weil er sich mehr für Musik interessierte. Aber er war nicht besonders talentiert oder erfolgreich und kam nicht über einen Vizekapellmeister und vierten Violinisten in der Salzburger Hofkapelle hinaus. Im Jahre 1756, als sein Sohn Wolfgang Amadeus geboren wurde, hatte er sein Büchlein *Versuch einer gründlichen Violinschule* veröffentlicht, wodurch er zum zweiten Violinisten aufstieg. Mit seiner Frau hatte er sieben Kinder, von denen aber nur die beiden Musikgenies Maria Anna und Wolfgang Amadeus das Erwachsenenalter erreichten. Maria Anna, genannt Nannerl, hatte für die Biografieforschung ihres Bruders einen besonderen Beitrag geleistet, sozusagen aus erster Hand. Bereits ein Jahr nach dem frühen Tod ihres Bruders mit nur 35 Jahren wurde sie von dem Historiker Friedrich Schlichtegroll um die Beantwortung einiger Fragen gebeten, die dann als *Data zur Biographie des Verstorbenen Tonn-Künstlers Wolfgang Mozart* bekannt wurden. Dort schreibt sie über ihren Vater und die Anfänge der musikalischen Erziehung seiner Kinder: *Da ihm von 7 Kindern nur eine Tochter, Maria Anna und dieser Sohn Wolfgang Gottlieb bey leben blieben, so gab er sowohl die Unterweisungen auf der Violin als auch das componiren ganz auf, um außer seinem hochfürstlichen Dienste die übrige Zeit auf die Erziehung seiner zwey Kinder zu wenden.*[55] Man kann durchaus sagen, dass der Vater Leopold begann, für seine Kinder und vielleicht auch durch sie zu leben. Als wolle er die toten fünf Kinder und seine eigene Mittelmäßigkeit vergessen lassen, trieb er seinen Sohn Wolfgang Amadeus an. Als Wolfgang dann mit erst 35 Jahren starb, war vollkommene Erschöpfung eine nicht unbedeutende Ursache seines Todes. Allein in Wien ist Mozart mehr als ein Dutzend Mal umgezogen und seine beschwerlichen Reisen führten ihn noch zwei Jahre vor seinem Tode nach Prag, Dresden, Leipzig, Potsdam und Berlin.

Wahrscheinlich hatte Wolfgang schon intrauterin die ersten musikalischen Früherfahrungen gemacht, denn im Hause Mozart wurde immer musiziert. Die Lehre beim Vater begann mit vier Jahren, Nannerl beschreibt es so:

Im vierten Jahr seines Alters, fieng sein Vatter so zu sagen spielend an ihm auf dem Clavier einige Menuet und Stücke zu lehren. Es kostete sowohl seinem Vatter als diesem Kind so wenig Mühe, dass es in einer Stunde ein Stück, und in einer halben Stunde eine Menuet so leicht lernte, dass es solche dann ohne Fehler, mit der vollkomsten Nettigkeit, und auf das genaueste auf dem Tact spielte. Es machte solche Vorschritte, dass es mit fünf Jahren schon kleine Stücke componirte, welche es seinem Vater vorspielte, der es dann zu Papier setzte.[56]

Wolfgang Amadeus Mozart war sicher ein geborenes Wunderkind, ein Genie. Aber die Frage bleibt, ob sein Vater Leopold nicht auch die eigenen ungestillten Sehnsüchte in sein Wunderkind hineinprojiziert hatte. Vielleicht konnte er sein eigenes Scheitern im Studium und seine relative Erfolglosigkeit als Musiker angesichts dieses Sohnes vergessen und damit als Vater eine Bedeutung erlangen, die er als Mensch und Musiker niemals hätte gewinnen können.

Meistens sind die Wunderkinder durch ihre besonderen Begabungen schon früh auffällig – sowohl positiv als auch negativ – und manchmal werden sie erst spät oder gar zu spät erkannt. Dann hinterlassen sie bei der Nachwelt ein schlechtes Gewissen, weil die Menschen ihrer Zeit sie nicht gefördert oder sogar schlecht behandelt haben. Warum bloß hatte sich kein reicher aristokratischer Mäzen gefunden, der dem chronisch ausgelaugten, überarbeiteten und gehetzten Mozart ein erträgliches, regelmäßiges Einkommen gesichert hatte? Vielleicht hätte er noch wie Bach ein langes Leben haben und komponieren können, anstatt mit 35 Jahren elend sterben zu müssen. Allein im Jahr 1790 und damit ein Jahr vor seinem Tod hat Mozart 8 Bettelbriefe geschrieben und musste sein ganzes Mobiliar für eine Schuldverschreibung pfänden. Überall stieß er auf Unverständnis und Gleichgültigkeit. Und in seinem Todesjahr 1791 kamen noch die Sorge um die Gesundheit seiner Frau Constanze Stanzerl hinzu und die alltägliche Sorge um die Lebenshaltungskosten sowie seine Zwangskompositionen für den niedrigsten Lebensunterhalt, zu denen nicht zuletzt das Requiem gehörte. Man kann durchaus sagen, dass Mozart seit seinem siebten Lebensjahr krank war. Hinzu kamen die ewigen strapaziösen Reisen durch Europa, zu denen sein Vater ihn antrieb. Die Ursache seines Todes wurde mit *hietzigem Fieselfieber* angegeben, damals eine ebenso übliche wie nichtssagende Diagnose, heute geht man von einer Nierenerkrankung und einem Herzversagen aus.

Stolze Eltern

Wie kann man sich solche Eltern-Kind-Beziehungen erklären, in der die Sehnsüchte und Ambitionen der Eltern sich derart destruktiv auf die Entwicklungen der Kinder auswirken können? Alle Eltern lieben doch ihre Kinder, zumindest nach eigener Aussage. Zunächst einmal ist ein solcher Vorgang nichts Ungewöhnliches oder gar Pathologisches und wird in der Tiefenpsychologie als narzisstische Projektion bezeichnet.[57] Alle Eltern wollen gerne auf ihre Kinder stolz sein und manche sonnen sich sogar in deren Erfolg. Dann meinen sie, dies sei zu einem großen Teil ihr eigener Verdienst. Sollte das Kind jedoch versagen, kann dies dem Kind selbst oder auch dem schlechten Einfluss des anderen Elternteils zuschrieben werden.

Unter narzisstischer Projektion versteht man ganz allgemein die Projektion narzisstischer Bedürfnisse nach Bewunderung und Bedeutung in ein Kind. Wenn einem Elternteil die Selbst-liebe, die jeder Mensch zum Leben braucht, nicht ausreicht oder abhanden gekommen ist, wenn das Selbstwertgefühl schwach ist und das Elternteil daher immer aufs Neue nach Bedeutung und Bewunderung durch andere sucht, dann kann es auf vielfäl-tige Weise versuchen, seine mangelnde Bedeutung zu kompen-sieren. Solche Menschen werden Vorsitzende in Vereinen, kaufen sich besonders schnelle oder teure Autos, gehen in Talkshows, prahlen gern mit ihren vermeintlichen Errungenschaften oder gar Heldentaten oder erzielen als Väter oder Mütter von Wun-derkindern eine zweifelhafte Bedeutung. Ausgangspunkt dieser narzisstischen Projektion ist also ein emotionales Minderwertig-keitsgefühl, das für den Betroffenen schwer zu ertragen ist und das er daher zu kompensieren versucht. Das eigene Kind bietet sich dazu an, denn es ist ja das eigene Fleisch und Blut. Es wird als ein verlängertes Selbst, als Fortsetzung der eigenen Person und des eigenen Lebens angesehen, so dass die Leistungen und Bedeutungen des Kindes auch als die eigenen erscheinen. Der Narziss sonnt sich im Glanze seines Kindes. Dies geschieht in der Regel unbewusst und wird daher auch auf einer rationalen Ebene stets bestritten. Denn wenn dies offen eingestanden wer-den könnte, dann wäre damit auch das Eingeständnis der eige-nen Minderwertigkeitsgefühle verbunden, die ja gerade nicht mehr gespürt werden können und sollen. So werten die Erfolge des Kindes die Bedeutung der Eltern auf, es steckt in der Bewun-derung des Kindes auch eine Bewunderung dieser einmaligen Eltern. Da die Leistungen des Kindes aber nicht wirklich eine Leistung der Eltern darstellen, müssen sie stets erneuert und wie-derholt werden. So wird das Kind süchtig nach Bewunderung, weil es nur auf diese Weise die Liebe der Eltern erhalten kann und die Eltern werden süchtig nach dem Wunderkind-Status des Kindes, weil ihr eigenes Seelenheil davon abhängt. Beide sind in einer Beziehungsfalle, in einer schicksalhaften Weise aneinander gebunden und dabei zum Erfolg verdammt.

Wie können die Kinder sich gegen solche offenen oder verdeckten Delegationen wehren? Sie können sich verweigern, Partys feiern und Drogen nehmen, oder einfach den Erfolg einstellen, aber dann verlieren sie häufig nicht nur selbst viel Aufmerksamkeit, Bedeutung und Geld, sondern auch die Liebe der Eltern. Sie können den Auftrag an die Eltern zurückgeben, *return to sender*. Aber dazu müssen sie es erst einmal bemerken, es muss ihnen bewusst werden, dass sie nicht ihr eigenes Leben führen und in Delegationen eingebunden sind. Zudem werden sie immer als undankbar bezeichnet und vielleicht verstoßen, wenn sie die nicht gelebten Sehnsüchte oder die Minderwertigkeitsgefühle der Eltern als Ursache ihrer Delegationen thematisieren. Man muss stets bedenken, dass diese narzisstischen Eltern äußerst empfindlich und sehr leicht zu kränken sind. Eine besondere Möglichkeit der Gegenwehr besteht für solche Kinder durch subtile Abgrenzung. Sie verhalten sich dann so, als ob alles in Ordnung wäre und sie das Leben der Eltern gar nicht infrage stellen, eigentlich aber selbst ein gänzlich anderes Leben führen und andere Ziele verfolgen. Dann bleiben sie weiterhin die lieben Kinder, grenzen sich aber auf besondere Weise ab und nehmen damit Korrekturen am elterlichen Lebenskonzept vor.

Die Korrekturen

Kinder versuchen in einem fast natürlich erscheinenden Prozess kultureller Reifungsentwicklung später als Erwachsene alles besser zu machen, als sie es früher bei ihren Eltern erlebt haben. Manchmal sind dies nur kleine Fortschritte, wenn sie dann nur Wein anstatt Schnaps trinken, wenn sie ihre Kinder nur anschreien anstatt sie zu schlagen, oder wenn sie es schaffen, sich vorher von ihren Partnern zu trennen, bevor sie von diesen verlassen werden. Natürlich ist dieser Weg zu größerer kultureller Reife von einer Generation zur nächsten gepflastert mit Rückschritten und Missverständnissen. Vielleicht war die Beziehung gar nicht beendet und der Partner wollte sich gar nicht trennen, vielleicht ändert der Wein nichts an der Suchterkrankung, sondern nur am Suchtmittel und vielleicht erleben die Kinder das Anschreien als fürchterlich und freuen sich nicht im mindesten darüber, dass sie anstatt dessen nicht geschlagen werden. Aber für die betroffenen Eltern liegt in der Regel der kulturelle Fortschritt darin, auf jeden Fall nicht so wie die eigenen Eltern zu sein.

Wer als Kind geschlagen wurde, der hat schmerzlich erleben müssen, was Kontrollverluste für Kinder bedeuten können. Diese Kinder nehmen sich dann für ihr späteres Erwachsenenleben vor, jeden Kontrollverlust zu vermeiden, indem sie alles unter Kontrolle behalten. Je besser ihnen dies gelingt, desto besser ist ihr Lebensgefühl, denn sie beweisen täglich, dass sie das Leben besser meistern als ihre Eltern. Dann kontrollieren sie all ihre Lebensbedingungen, ihre Partner und ihre Kinder, sie wollen das Leben in seiner ganzen Breite immer im Griff haben. Für die Kinder dieser Kinder besteht das Leben aus einer umfassenden Kontrolle und sie entwickeln die tiefe Sehnsucht, sich dieser Kontrolle entziehen und vollkommen selbständig und selbstbestimmt leben zu können. Vielleicht nehmen diese Kinder sich dann vor, später als Erwachsene diesen Fehler nicht auch zu begehen und ihre Kinder nicht dauernd zu kontrollieren, sondern ihnen die Freiheiten zu lassen, die sie selbst vermisst haben. So wird der kulturelle Fortschritt von einer Generation zur nächsten etwas sehr Relatives, deshalb sollte man vielleicht besser von versuchten Korrekturen sprechen.

Einer der bedeutsamsten Familienromane der vergangenen Jahrzehnte beschreibt den Versuch einer neuen modernen Generation, die Lebensentwürfe und die darin enthaltenen Probleme, Ungereimtheiten und Doppelbödigkeiten der Eltern in ihrem Leben zu korrigieren.[58] Solche Korrekturen leiden meist an einem zentralen Problem: Das Gegenteil von falsch ist nicht immer richtig, das Gegenteil von sexuell verklemmt ist nicht sexuell ausschweifend, das Gegenteil von zwanghaft ist nicht hemmungslos und das Gegenteil von kleinstädtisch angepasst ist nicht großstädtisch rebellisch. Wenn Kinder einen bloßen Gegenentwurf zum elterlichen Leben entwickeln, dann beweist dies nicht ihre Unabhängigkeit, sondern im Gegenteil ihre weiterhin bestehende Bindung an die Eltern, von denen sie sich noch nicht gelöst haben. Die Selbständigkeit, Unabhängigkeit oder Autonomie der Kinder bleibt so lange eine reine Sehnsucht, wie sie sich nicht innerlich von den Eltern gelöst haben. Und woran erkannt man eine solche gelungene Ablösung der Kinder? Indem sie manche Dinge genauso machen wie ihre Eltern, einfach weil sie es gut finden, manche Dinge aber ganz anders, weil es besser zu ihrem Leben passt und wiederum andere Dinge vollkommen neu, ohne dass es ihnen oder den Eltern auffällt. Aber Ablösung und Unabhängigkeit sind keine Einbahnstraße, die nur die Kinder betrifft, auch die Eltern müssen sich von ihnen lösen. Und das fällt immer dann besonders schwer, wenn mal wieder Weihnachten vor der Tür steht. Denn Weihnachten ist das Fest der Liebe und der Familie. Dabei wird stillschweigend davon ausgegangen, dass Liebe und Familie auf natürliche Weise zusammengehören, dass sich in der Familie immer alle lieben und daher nichts schöner sein kann als ein Weihnachtsfest im Kreis der lieben Familie. Hier spricht die Sehnsucht absichtsvoll in Verkennung der familiären Realitäten; wie so oft lügt die Sehnsucht. Aber jeder verzeiht ihr dies, denn ihr werden immer nur gute Absichten unterstellt.

Enids größter Wunsch ist es, noch einmal ein Weihnachtsfest in ihrem Hause im Kreis ihrer Kinder und Enkelkinder feiern zu können. Und sie setzt dazu alle manipulativen Hebel in Bewegung, zu denen eine sorgende Mutter in der Lage ist. Sie macht ein schlechtes Gewissen, setzt sanft unter Druck, maskiert ihre eigenen Interessen mit mütterlicher Sorge und beherrscht die familiäre Intrige nahezu perfekt. Sie hat sich dieses harmonische

Weihnachtsfest nun mal in den Kopf gesetzt und versucht über ihr Enkelkind Jonah auch die gesamte Familie ihres ältesten Sohnes zum gemeinsamen Weihnachtsfest zu bewegen. Ihre Schwiegertochter hat jedoch ihrem Mann nach einem katastrophalen Weihnachtsfest vor acht Jahren das heilige Versprechen abgenommen, nie wieder bei seinen Eltern Weihnachten feiern zu müssen, daher mussten die Großeltern seitdem zu ihnen reisen, wenn sie gemeinsam feiern wollten. Dieses Jahr will Enid noch einmal in ihrem Haus Weihnachten feiern, weil sie fürchtet, es könne das letzte Mal sein. Denn ihr Mann Alfred verfällt immer mehr in einen Geisteszustand, der eine Mischung aus Demenz und seinen unangenehmen persönlichen Seiten darstellt.

Enid und Alfred sind seit Jahrzehnten ein Paar, genau seit 48 Jahren. Alfred ist ein Mensch, der immer alles unter Kontrolle haben will, vor allem sich selbst, sein Leben, seine Familie und seine Triebe. Sein Leitmotiv lautet: *Die Zivilisation steht und fällt mit der Beherrschung der Triebe.* Diese Überzeugung hat ihn sein Leben lang begleitet, und was in frühen Jahren als Stärke und Durchsetzungsfähigkeit erschien, entwickelte sich im Alter zum Starrsinn. Selbst mit Parkinson und Demenz lässt er sich nicht davon abhalten, in der Badewanne zu baden anstatt die Dusche zu benutzen. So sitzt er dann in der Wanne, das Wasser wird kalt und er schafft es nicht mehr, allein aus der Wanne herauszukommen. Gleichzeitig weiß er gar nicht mehr, was er eigentlich wollte. Seine Frau ist zu alt, um ihn dort herausheben zu können und sein ältester Sohn weigert sich, den Vater immer wieder aus Situationen zu befreien, in die er sich mit seinem Starrsinn hineinmanövriert hatte. Damit verleugnet er auch, dass sein Vater dies im Alter nicht mit der gleichen starrsinnigen Absicht früherer Jahre macht, sondern aufgrund seiner Demenz.

Enid und Alfred haben drei Kinder, auf die sie alle gerne stolz sein möchten. Dieser Wunsch nach Stolz geht bis zur massiven Realitätsverleugnung. Der älteste Sohn Gary ist 44 Jahre alt, Abteilungsleiter einer Bank und seit mittlerweile 20 Jahren mit Caroline verheiratet, mit der er drei Kinder hat. Er wird von seiner Frau manipuliert, leidet an starken Stimmungsschwankungen und ist nicht nur in seiner Familie auf Harmonie bedacht, sondern auch in seiner Ehe, in der er seit einer großen Erbschaft seiner Frau immer weniger zu sagen hat. Zum Weihnachtsfest fährt er allein zu seinen Eltern, obwohl er fünf Flugtickets für die ganze Familie gekauft hatte und belügt gleich bei der Ankunft seine Mutter Enid damit, dass sein Sohn Jonah sehr hohes Fieber habe und deshalb nicht mitgekommen sei. Dieses Mutter-Sohn-Verhältnis ist auf eine liebevolle Weise genauso verstrickt, wie die gesamten Familienbeziehungen. Jeder lebt scheinbar selbständig sein eigenes Leben, befindet sich aber immer noch in doppelbödigen Verstrickungen mit allen anderen und auch der eigenen Lebensgeschichte. So fordert Gary mehrfach von seiner Mutter die $5 zurück, die er für sie ausgegeben hat und seine Mutter bemerkt wie beiläufig, wie schön seine neue Rolex sei, die müsse ja ein Vermögen gekostet haben.

Die jüngere Schwester Denise trifft wenige Tage nach ihm im Elternhaus ein und bringt erst einmal einiges durcheinander. *Sie liebte ihre Eltern mehr als alles andere auf der Welt; und kaum lagen die beiden im Bett, zog sie sich um und floh aus dem Haus.*[59] Am anderen Morgen wird sie wütend wach und beginnt, Lebensmittel aus der Küche ihrer Mutter wegzuwerfen. Ihre Eltern haben keine Ahnung von ihrem bisherigen und derzeitigen Leben und wollen davon auch eigentlich gar nichts wissen. Ihre ersten sexuellen Erfahrungen machte sie mit einem älteren Angestellten in der Abteilung ihres Vaters, danach heiratete sie einen doppelt so alten Mann, der ihr seine Kochkünste beibrachte. Als sie alles von ihm gelernt hatte, verließ sie ihn. Danach entdeckte sie die Vorzüge der lesbischen Liebe. Zuvor war sie *an der Orgasmusfront hauptsächlich mit Schuldgefühlen, Stress und Widerwillen* beteiligt gewesen. Ein Freund namens Brian eröffnet sein Restaurant *Der Generator*, das später sehr erfolgreich wird, und heuert sie dort als Köchin an. Vorher schickt er sie aber noch zur Erweiterung ihres professionellen Horizonts nach Europa, trifft sich dort mit ihr in Paris und will mit ihr hemmungslosen Sex haben, wird aber von ihr im letzten Moment zurückgewiesen. Stattdessen entdeckt Denise ihre Vorliebe für seine Frau Robin, aber ihre Beziehung stellt sich für beide als zu kompliziert heraus. Als sie dann doch mit Brian schläft, erfährt Robin davon, und so lässt Brian Denise gehen, um seine Ehe mit Robin zu retten.

Das klingt alles nicht nach einem *zivilisatorischen Fortschritt durch die Beherrschung der Triebe,* aber ihr kleiner Bruder wurde in seinem bisherigen Erwachsenenleben noch viel stärker in den Strudel dieser Triebe hineingezogen. Chip war mit Anfang 30 auf dem Weg zu einer College-Professur, als er von der Studentin Melissa verführt wurde, ihr dafür eine Seminararbeit schrieb und danach seine Karriereambitionen vergessen konnte. Ihm wurde die Kündigung nahegelegt, und zur Verarbeitung dieser Erfahrungen schrieb er ein Drehbuch, das er in den folgenden Jahren mehrfach umschrieb, lieh sich Geld von seiner Schwester Denise und verbrachte eine Zeit lang in einem sogenannten Karriereloch. Dies alles verschweigt er seinen Eltern aus Rücksicht. Aber der Ehemann seiner Geliebten macht ihm das lukrative Angebot, bei einem Internetunternehmen in Litauen mitzuarbeiten. Er nimmt das Angebot an. Aufgrund eines Regierungssturzes kommt er an Heilig Abend nicht aus Litauen raus, sitzt dort auf dem Flughafen fest und trifft erst wenige Stunden vor der Abreise seines Bruders Gary zur Weihnachtsfeier im Elternhaus ein. Anfang des Jahres wird Alfred mit einer starken Verschlechterung seines dementen Zustandes in ein Heim eingeliefert, in dem er gepflegt werden muss. Chip kümmert sich sechs Wochen lang liebevoll um seinen Vater und besucht ihn täglich im Heim. Fast nebenbei verliebt er sich in die jüdische Chefärztin und zieht mit ihr nach Chicago. Blieb er nun sechs Wochen, um seinen Vater zu pflegen oder weil er sich in Caroline verliebt hatte? Sie heiraten, als sie im siebten Monat mit Zwillingen schwanger ist. Wie gut, denkt Enid, dass Alfred diese Hochzeit nicht mehr bewusst erleben musste, er hätte dies alles nicht mehr verstanden und rechtens empfunden.

Was bleibt von der weihnachtlichen Harmonie und Liebe in dieser Familie? Ängste, Enttäuschungen, dosierte Unehrlichkeit, unterschwellige Konflikte, unausgesprochene Ansprüche, sanfte Manipulationen, trotzige Verweigerungen, sexuelle Eskapaden, menschliche Haltlosigkeit, Orientierungslosigkeit, Wirtschaftskriminalität, Medikamenten- und Drogenkonsum, falsche Erwartungen – also alles in allem eine ganz normale Familie. Das letzte gemeinsame Weihnachtsfest sollte der Sehnsucht noch einmal richtigen Auftrieb geben, den trügerischen Schein einer heilen Familie ein letztes Mal erleuchten, die Vergangenheit vergessen lassen, die Gegenwart aufwerten und eine Illusion von Zukunft erschaffen. Am Ende versteht Enid gar nicht, *warum Garys Materialismus, Chips Versagen und Denise' Kinderlosigkeit, die sie über die Jahre ungezählte nächtliche Stunden des Grübelns und Richtens gekostet hatten, ihr so viel weniger zu schaffen machten, seit Alfred aus dem Haus war.* Erst am Ausbleiben dieser jahrelangen nächtlichen Sorgen merkt sie, dass sie sich nun wirklich von ihren Kindern losgelöst hatte. Und ihre Sehnsucht nach Familienharmonie am Weihnachtsfest gehört der Vergangenheit an. So kann sie endlich loslassen, was sie viel zu lange festgehalten hatte. Manchmal ist eben das Alter die letzte Chance, sich von ungestillten Sehnsüchten zu trennen. Oder man hat Freunde, wahre Freunde, die auch dann noch für späte Freuden sorgen!

Die Sehnsucht des Mannes und die Freundschaft

Die eigenen Sehnsüchte können ihren Ursprung in den unerfüllten Sehnsüchten anderer Menschen haben. Dies gilt besonders für partnerschaftliche und familiäre Beziehungen, Liebesbeziehungen und Eltern-Kind-Beziehungen. Aber sie können auch von anderen beantwortet werden, ohne dass man darüber gemeinsam gesprochen hat oder sie einem selbst überhaupt bewusst waren. Dann versetzen sich die anderen sorgenden Menschen aus der Familie oder gar der gesamten Gemeinde in die Gefühlslage des einzelnen Menschen und arrangieren eine Lösung für ein Problem, das der Betroffene vielleicht noch nicht einmal als solches erkannt hat. So etwas nennt man dann empathische Fürsorge oder einfach nur Freundschaft.

Alle aus dem Dorf trauerten mit, als seine Frau nach langer Krebserkrankung starb. Sie hatte in den letzten Monaten ihres Lebens sehr gelitten und nur noch im Bett gelegen. Sie war zu schwach gewesen, um noch aufstehen zu können. Der Mann und die große Tochter hatten sie gepflegt, so gut sie konnten. Am Morgen standen alle in der Familie schon früh auf und die drei Kinder machten sich für die Schule fertig. Den Vormittag war die Frau allein und schlief, für den Notfall standen die Nachbarin und ein Pflegedienst bereit, mittags kamen die Kinder aus der Schule und kümmerten sich um die Mutter, machten ihr etwas zu Essen und gaben ihr in kleinen Schlucken zu trinken. Sie aß nur noch wie ein Spatz, war sehr schwach und konnte kaum noch sprechen. Als sie endlich sterben konnte, waren alle froh und erleichtert, aber sie konnten es nicht offen zeigen. Für die Kinder und den Mann war der Tod doch anders, als sie vorher immer geglaubt hatten. Die täglichen trauernden Gedanken rund um das schier endlose Leiden und Sterben waren letztlich doch nur eine schlechte Vorbereitung gewesen, der Tod traf alle mit voller Wucht. Sie war tot, endgültig, das war der Unterschied. Die Beerdigung brachte viel Anteilnahme und Aufregung und als alles vorbei war, kehrte der Alltag wieder ein, der für alle so nicht mehr stimmte. Der Mann lebte über ein Jahr mit seinen drei Kindern allein in dem Haus, ging arbeiten und bemerkte den Wechsel der Jahreszeiten nicht.

Eines Tages beschloss er, sich nicht mehr schwarz zu kleiden und zog seinen hoffnungsvollen grünen Pullover an. Außerdem passte er zum Frühling, den er diesmal deutlich spürte. Die Menschen im Dorf sahen die Wandlungen und freuten sich, sie waren ein gutes Zeichen. Und einige von ihnen redeten über ihn und seine Kinder, wenn sie zusammensaßen, besprachen sich und heckten Pläne aus. Dann zeigte sich die Freundschaft in den fürsorglichen Gedanken. Und so beschlossen sie, ihn in den verschiedenen Familien alle paar Wochen zum Essen einzuladen, damit er wieder unter Menschen komme und neuen Mut für das weitere Leben fasse. Und sie beschlossen auch, zu diesen Essen jeweils eine alleinstehende Frau einzuladen, ganz zufällig. Wozu brauchte man das Internet, den Umweg über irgendwelche Onlinebörsen oder teure Partnerschaftsagenturen, wenn es auch einfach und menschlich ging. Bei den ersten beiden Treffen hatte er gar nicht gemerkt, dass außer den Paaren immer noch eine alleinstehende Frau eingeladen war. Er hatte sich über die Treffen im privaten Freundeskreis gefreut und war danach beschwingt nach Hause gegangen. Aber beim dritten Treffen saß eine Frau neben ihm am Tisch, die er noch nie in der Gegend gesehen hatte und die er immerzu ansehen musste. Obwohl noch drei weitere Paare am Tisch waren, hatte er das Gefühl, mit ihr allein zu sein und alle anderen hatten es gemerkt und sich lächelnd gefreut.

Er war so ein guter Mann und Vater, erst Mitte 40, bescheiden und freundlich. Er konnte doch nicht mit den drei Kindern allein bleiben, da mussten die Freunde aus dem Dorf etwas tun. Nach diesem Abend traf er sich wieder mit der Frau, die aus einem 15 km entfernten Dorf kam, in das er manchmal zum Einkaufen fuhr. Er traf sich nach der Arbeit mit ihr und eines Tages rief er seine große Tochter an und sagte ihr, er käme heute sehr spät nach Hause und sie solle sich um die Geschwister kümmern. Er blieb sonst nie über Nacht weg, sondern war immer vor Mitternacht zu Hause. Alle merkten an seiner Ausstrahlung, dass er mehr als glücklich war. Seine große Tochter reagierte böse, weil sie ahnte, was der Grund für sein Glück war. Er redete mit ihr, besprach sich mit seiner Freundin und fuhr eines Tages mit der Tochter zu ihr und stellte beide vor. Sympathie stellt sich in nur wenigen Sekundenbruchteilen ein und in diesem Fall war klar, dass beide sich mochten. Sie waren gut miteinander auf eine ganz ruhige Weise. Danach brachte er sie zu sich nach Hause, stellte sie seinen kleinen Kindern vor und nach einem Jahr zogen sie zusammen. Sie hatten lange darüber gesprochen, wo und wie sie wohnen wollten und ob es gut sei, wenn die neue Frau in sein Haus einziehen würde, aber dann hatte seine große Tochter gesagt, Mama hätte bestimmt nichts dagegen gehabt. Sie haben das Haus umgeräumt, die Zimmer renoviert und sind innerhalb des Hauses umgezogen.

Und dann haben die beiden beschlossen zu heiraten und alle Freunde zu dem Fest einzuladen. Später hat er sie einmal gefragt, wie sie damals zu dem Essen gekommen war, bei dem sie sich kennenlernten. Ihre Freundin habe sie eingeladen, sagte sie, weil sie immer so allein gewesen war. Ihr Mann habe sie wegen einer anderen schon vor drei Jahren verlassen und seitdem habe sie allein gelebt, sie hatte einfach keine Lust mehr auf Männer und Beziehungen gehabt, ihre Enttäuschung sei zu tief gewesen. Aber dann habe sie ihn beim Essen mit den Freunden kennengelernt und sich wieder getraut. Sie hatte immer eine große Sehnsucht nach Kindern gehabt und deshalb habe es in ihrer ehemaligen Beziehung immer Streit gegeben, denn ihr Mann habe keine Kinder gewollt. Jetzt habe sie nicht nur einen wunderbaren Mann, sondern auch noch drei tolle Kinder, das mache sie sehr glücklich.

6. Jenseits von Raum und Zeit – Das beschleunigte Leben und der vergessliche Tod

*Wenn man mit einem netten Mädchen
zwei Stunden zusammen ist,
hat man das Gefühl, es seien zwei Minuten;
wenn man zwei Minuten auf einem heißen Ofen sitzt,
hat man das Gefühl, es seien zwei Stunden.
Das ist Relativität.*
Albert Einstein

*Leben jedoch,
müde der weltlichen Beschränkungen,
besitzt immer die Macht,
sich selbst zu entlassen.*
Shakespeare, Julius Cäsar

Es ist eine uralte Sehnsucht des Menschen, jenseits von Raum und Zeit zu leben, die Zeit nach Belieben vorwärts oder auch rückwärts drehen und in besonderen Momenten auch anhalten zu können. So sehr unsere Körper uns daran erinnern, dass wir biologische Wesen sind, die leben, um irgendwann zu sterben, so sehr versucht unser Geist diese natürlichen Beschränkungen sehnsüchtig zu überwinden. Wie wäre eigentlich unser Leben, wenn wir jenseits von Raum und Zeit leben könnten und wenn es keinen Tod mehr gäbe? Dann wären wir endlich unsterblich wie die Götter, aber das Leben würde dadurch ganz schön kompliziert.

131

Eine Zeit ohne Tod

Am darauffolgenden Tag starb niemand. Mit diesem lapidaren Satz beginnt eines der erstaunlichsten Werke der modernen Literatur über den Tod, an dem Franz Kafka sicher seine große Freude gehabt hätte. Jose Saramago hat ein Buch geschrieben über *Eine Zeit ohne Tod*[60], in dem er wahrhaftig, konsequent und konkret die Frage zu Ende denkt, wie denn das Leben in einem Land wäre, in dem es keinen Tod mehr gibt.

Die Feuerwehrleute ziehen verletzte, blutende Menschen aus den Trümmern eingestürzter Häuser oder zerstörter Autos nach schweren Unfällen, aber keines dieser Unfallopfer stirbt auf dem Weg ins Krankenhaus und auch nicht danach. Man musste feststellen, *der größte Menschheitstraum aller Zeiten, nämlich das ewige Leben auf Erden, sei nun Allgemeingut geworden*, aber die daraus folgenden Probleme waren unübersehbar. Die Regierung richtet einen Krisenstab ein und mahnt zur Besonnenheit. Die Kirche ergreift eine wahre Panik, denn wie soll man die Menschen zu einem gottesfürchtigen Leben und vor allem in die Kirchen bringen, wenn die Unsterblichkeit zum Alltag geworden ist. Tröstlich erscheint da nur, dass außerhalb der Landesgrenzen weiterhin gestorben wird. Die Menschen hissen vor lauter Begeisterung und patriotischem Eifer in einer spontanen Aktion überall im Land die Nationalflagge. Nicht wenige allerdings waren unzufrieden mit dieser neuen unerklärlichen Situation, allen voran der nationale Verband der Bestattungsunternehmen. Ebenso klagten die Krankenhäuser über eine unerträgliche Überfüllung; wenn nicht bald wieder gestorben würde, käme es zu einem Zusammenbruch des gesamten Gesundheitssystems. Auch das Versicherungsgewerbe fragte sich, wie denn nun mit den Lebensversicherungen zu verfahren sei. Und Philosophen und Kriminologen diskutieren die Frage, ob nicht auf einmal alles erlaubt wäre, wenn die Menschen nicht mehr sterben würden. Barmherzige Menschen machen sich heimlich mit den halbtoten

Körpern ihrer noch lebenden Angehörigen nachts auf den Weg, diese unsterblichen Menschen an geheimen Orten über die Grenzen zu schaffen, damit sie dort endlich und in Frieden sterben können. Denn so manches Mal sehen sie auch ihre Erbschaften in Gefahr, man hat schließlich damit gerechnet und muss Kredite zurückzahlen. Von diesen nächtlichen Sterbefahrten ins Ausland profitieren natürlich Schieberbanden und Transportunternehmen, dabei entstehen vollkommen neue Märkte mit ungeahnten Profitraten. Deshalb stellt die Regierung an den Grenzen Wachen auf. *Doch dann beklagten sich die Wachleute zunehmend über Drohanrufe, in denen man ihnen riet, bei den illegalen Todkrankentransporten ein Auge zuzudrücken*[61]. Von Regierungsseite wird über eine große Werbekampagne nachgedacht, bei der die Menschen dazu aufgerufen werden sollen, die todkranken Angehörigen aus Barmherzigkeit nach Hause zu sich zu nehmen. Aber die Mafia macht zu einem attraktiven Pauschalpreis das Angebot, unkompliziert unsterbliche Angehörige über die Grenzen zu entsorgen. Die Nation ist angesichts der großen Probleme tief gespalten, das öffentliche Leben weitgehend lahm gelegt, man diskutiert nur noch ein Thema. Was war passiert? Der Tod hatte aufgehört zu töten! Der Tod ist eine zeitlose Dame, die in ihrer Arbeit plötzlich und für sie unerklärlich nachlässig geworden war. Sie hatte vergessen, einem nur mit seinem Hund lebenden Cellisten den Todesbrief zu schicken und der war daraufhin eben nicht gestorben, obwohl er auf ihrer Liste stand. Tod hatte sich unsterblich (!) verliebt! *Tod legte sich wieder ins Bett, umarmte den Mann, und ohne zu verstehen, was ihr, die niemals schlief, geschah, spürte sie, wie der Schlaf ihr sanft die Augenlider schloss. Am darauffolgenden Tag starb niemand.*[62] So endet das wunderbare Buch, in dem die Liebe das Sterben beendet und den Tod besiegt. Wenn alle Menschen unsterblich wären, dann wäre die Zeit kein Problem mehr, dann hätten wir Zeit im Überfluss, ein schier undenkbares Szenario.

Zeitmangel

Die Zeit ist für den modernen Menschen ein permanentes Ärgernis. Man hat ständig zu wenig davon, sie vergeht entweder zu schnell oder zu langsam. Aber was wäre das richtige Tempo, kann man noch ein eigenes haben? Dem Sog der allgemeinen Beschleunigung unseres Lebens scheint sich nichts entziehen zu können. Wir wünschen uns mehr Zeit, obwohl wir noch nie soviel davon hatten. Das durchschnittliche Lebensalter der Menschen in den Industriegesellschaften steigt permanent und dennoch haben wir alle das Gefühl, zu wenig Zeit zu haben. Und da Mangelgefühle schon immer ein wichtiger Ursprung von Sehnsüchten war, wünschen sich die Menschen mehr Zeit.

Woher kommt dieser Zeitdruck? Ist es die technische Beschleunigung unseres Lebens durch E-Mails, Autos, Flugzeuge und Internetkonferenzen? Ist es der schnelle Wechsel unserer Arbeitsstellen und Lebensorte? Ist es die Flexibilisierung unserer Lebens- und Liebesbeziehungen, der Ehen, Familien und Lebensabschnittspartner? Ist es das Alltagstempo mit Fastfood, Powernapping, Multitasking und Speeddating? Oder sind dies alles nur Symptome einer kulturellen Verarmung, hinter der sich auch eine grandiose Verleugnung unserer Endlichkeit und letztlich des Todes verbirgt? Wollen wir durch die Beschleunigung unserer Lebensabläufe zwei bis drei Leben in eines hineinpressen, weil wir damit dem Tod ein Schnippchen schlagen wollen? Oder ist diese Unruhe nur Ausdruck eines Sinnverlustes?

Nur selten erleben wir Momente des Glücks und der Zufriedenheit, aber auch dann sind wir unzufrieden, weil diese seltenen Momente zu schnell vergehen und wünschen uns nichts sehnlicher, als die Zeit anzuhalten. Die Gegenwart gilt eher als schwierig, lediglich als eine Art Durchgangsstadium zwischen Vergangenheit und Zukunft. Meistens wollen wir die Zeit zurückdrehen in eine Vergangenheit, in der die Welt noch in Ordnung war. Oder wir wollen möglichst schnell die Zukunft erleben, weil wir uns von ihr die Erfüllung unserer Wünsche erhoffen. Wir wollen der Zeit entfliehen, vor allem wenn die Gegenwart unbefriedigend erscheint. Kein Wunder also, dass ein wesentlicher Teil unserer Sehnsüchte um die Zeit kreist. Manche Liebesbeziehungen sind ohne Handy, Internet und Flieger heute gar nicht mehr denkbar und lebbar, aber unkomplizierter werden sie damit auch nicht.

Living apart together!

Erst haben wir uns noch darüber gestritten, wie wir das Wochenende verbringen wollen und am Ende haben wir uns dann wieder einmal getrennt. Diesmal scheint es endgültig zu sein, nicht so wie sonst. Sie ist für mich nicht mehr erreichbar. Wenn ich könnte, würde ich die Zeit gerne zurückdrehen und einiges ungeschehen machen. Jetzt muss ich dauernd an sie denken und habe eine große Sehnsucht nach ihr … Irgendwie ist das alles falsch gelaufen. Ich hatte eine total stressige Woche hinter mir, hab' gerade noch den Flieger nach Nürnberg erwischt und bin dann wie immer mit dem Leihwagen zu ihr gefahren, es sind ja nur ca. 80 km bis Bayreuth. Es war dichter Verkehr auf der Autobahn und ich kam schon genervt bei ihr an. Als ich bei ihr zur Tür hereinkam wusste ich schon, dass wir beide ganz schlecht drauf sind und es nur eine Frage der Zeit ist, bis unsere leidige Diskussion um die gemeinsame Zukunft wieder los geht. Aber anstatt mich erst einmal zu beruhigen, habe ich gleich Streit mit ihr angefangen. Sie wollte, dass ich mich umziehe, frisch mache und vor allem beeile, denn sie hatte uns mit Freunden in einem Theater verabredet. Ich hatte das total vergessen und überhaupt keine Lust dazu. Ich wäre lieber zusammen mit ihr in die Sauna gegangen, dann etwas trinken und danach hätten wir schönen Sex haben können. Als ich ihr das sagte, hat sie mich gleich angeschnauzt, ich sei ein typischer Mann, wolle immer nur das eine und sei ein Kulturbanause. Sie wolle nicht die ganze Woche auf mich warten, um dann das Wochenende mit mir im Bett zu verbringen, sondern ausgehen und das Leben genießen. Ich habe ihr geantwortet, Kultur hätte ich die ganze Woche über in Hamburg genug, dazu müsse ich nicht nach Bayreuth fahren. Kennen Sie Bayreuth? Alles dreht sich für ein paar Wochen im Jahr um die Wagner-Festspiele und ansonsten ist da tote Hose. Nach dem Theater sind wir mit den Freunden noch in die Kneipe »Oskar« auf ein Bier gegangen, danach haben wir uns weiter gestritten und ich habe auf ihrem Sofa geschlafen. Am nächsten Tag hatte sie sich mit einer Freundin verabredet und ich war wieder sauer. Warum kann sie das nicht während der Woche machen, wenn ich nicht da bin? Sie hat mir geantwortet, es würde sich nicht immer alles um mich drehen. Also war auch der Samstag für mich gelaufen, ich bin auf dem Sofa geblieben und habe Sport im Fernsehen gesehen, am Sonntag bin ich dann eine Maschine früher zurückgeflogen, weil wir uns wieder gestritten haben. Es geht immer um das Gleiche: Sie will, dass wir zusammenziehen und ich sage ihr, dass das keinen Sinn macht, wenn wir uns noch nicht einmal ein Wochenende lang verstehen … In meinen Gedanken gehe ich das Wochenende immer wieder durch und frage mich, was ich hätte anders machen sollen. Man müsste Zeitreisen machen können. Rückwärts würde ich das Wochenende besser machen und vorwärts würde ich dann mal schauen, ob wir doch noch zusammen sind und vielleicht sogar Kinder haben.

Entweder Kinder oder Trennung? Eine radikale Alternative, dachte ich. Das Paar lebt seit eineinhalb Jahren eine Wochenendbeziehung nach dem modernen Beziehungsmuster eines living-apart-together. Aus paartherapeutischer Perspektive handelt es sich dabei um ein Arrangement rund um die Ängste beider, aber davon wollen sie meist nichts hören. Sie tun so, als ob die räumliche Trennung ihr einziges Problem sei, anstatt zu sehen, dass sie eine wesentliche Grundvoraussetzung ihrer Beziehung darstellt. Dann frage ich solche Paare immer, welchen Sinn es macht, dass sie getrennt leben. Wirklich verstehen können sie diese Frage meist erst dann, wenn sie über ihre Schwierigkeiten mit Nähe und ihre Ängste vor Verlusten sprechen.

Mit dem Klienten habe ich allerdings etwas ganz anderes gemacht: Wir haben gemeinsam eine Zeitreise in die Vergangenheit seines Wochenendes und in die Zukunft seiner Familie mit ihr gemacht, ganz so, wie er es sich gewünscht hatte. Denn in Therapien ist es wie mit der Sehnsucht: Man kann die Gesetze von Raum und Zeit hinter sich lassen und getrost mal Zeitreisen machen. Danach hat er ihr das Protokoll unserer Zeitreise geschickt, mir hat er auch eine Kopie gegeben. Zwei Tage später hat sie geantwortet und ihn eingeladen. Bedingung sei allerdings, dass dieses Wochenende genau so verlaufen solle, wie er es im Protokoll beschrieben hatte. Über die Zeitreise in die Zukunft werde natürlich erst danach entschieden.

Zeitreisen

Würden Sie lieber einen noch nicht geborenen Menschen in der Zukunft besuchen oder einen verstorbenen in der Vergangenheit? Sie könnten sehen, was aus ihren Kindern und Enkelkindern wird, wie sie leben werden, welche Partner sie geheiratet haben, welche Probleme sie gelöst und welche neuen sie sich dafür eingehandelt haben. Und was würden Sie dann mit diesen Informationen machen, wenn Sie wieder in die Gegenwart zurückkehren? Würden Sie dann die Gegenwart ändern, um die Zukunft zu verhindern oder sie erst zu ermöglichen?

Sie könnten aber auch einer berühmten Persönlichkeit der Vergangenheit einen Besuch abstatten und dabei ein Gespräch führen, das den Verlauf der Geschichte vielleicht verändern würde. Würden sie Cäsar vor Brutus warnen, oder Jesus vor Judas, würden sie das Attentat auf Hitler gelingen lassen, würden sie schon die Erfindung der Atombombe oder erst ihren Abwurf verhindern wollen? Würden sie einen Unterstützungsfond für Mozart gründen, mit Freud über Psychologie und das Kokain sprechen oder Marilyn Monroe von den Affären mit den Kennedy-Brüdern und ihrem Suizid abhalten wollen? Bei solchen Zeitreisen in die Vergangenheit könnten sich allerdings einige Folgeprobleme einstellen. Wenn jeder an der Vergangenheit Korrekturen vornehmen könnte, gäbe es keine konsistente Geschichte, sondern nur viele alternative. Auch würde sich die Frage stellen, warum uns aus der Zukunft noch keiner besucht hat, um unsere Gegenwart und damit seine Vergangenheit zu korrigieren. Aber vielleicht ist dies ja täglich der Fall, wir merken es nur nicht? Bei den Reisen in die Vergangenheit könnten wir den Verlauf der Geschichte und damit auch unsere eigene Gegenwart beeinflussen, wohingegen wir bei Besuchen in der Zukunft vor unliebsamen Überraschungen nicht sicher wären.

Wir könnten ganz bescheiden auch nur in unserem eigenen Leben zurückgehen und Ereignisse korrigieren, die unserem Leben eine andere Wendung geben würden: Wir könnten in eine andere Familie hineingeboren werden, auf eine andere Schule gehen, einen anderen Menschen heiraten, andere Kinder bekommen, andere Jobs annehmen, andere Ausbildungen machen oder in einem anderen Land leben. Manchmal würde eine einzige Veränderung dieser Art unserem Leben eine gänzlich andere Wendung geben. Viele Menschen wären in ihrer Sehnsucht damit schon zufrieden. Und der Chaos-Theorie zufolge würde eine solche Veränderung auch ausreichen, um nicht nur unser eigenes Lebens gänzlich anders verlaufen zu lassen, sondern auch das vieler anderer.

Anders sieht es mit Zeitreisen in die Zukunft aus. Dabei sind wir vor unliebsamen Überraschungen nicht sicher. Früher war die Zukunft sicherer, denn wir kennen die Geschichte und die Gegenwart, aber eine Reise in eine ferne Zukunft könnte in einer kurzen Nachricht enden: Planet Earth is dead! Ende der Nachricht! Das Leben im Jahr 2222 kann kein Zeitreisender kennenlernen, weil die Geschichte der Menschheit bereits 55 Jahre vorher plötzlich endete. Vielleicht wurde unser Sonnensystem von einem riesigen schwarzen Loch geschluckt und es gab den Big Crunch, von dem die Astrophysiker so fasziniert sind. Dann buchen wir doch lieber eine Zeitreise in die Vergangenheit, denn da wissen wir mit größerer Wahrscheinlichkeit, was uns erwartet.

Die alte menschliche Sehnsucht einer Zeitreise ist heute aus der Sicht der Theoretischen Physik möglich, wenn wir es irgendwann schaffen sollten, die Schranke der Lichtgeschwindigkeit zu durchbrechen. Wir schaffen es heute schon, Elementarteilchen in Teilchenbeschleunigern, wie dem *Europäischen Laboratorium für Teilchenphysik CERN*, auf 99,99 % der Lichtgeschwindigkeit zu beschleunigen, aber die Antriebsenergie reicht immer noch nicht aus, um sie über die Schranke der Lichtgeschwindigkeit hinaus zu beschleunigen. Vielleicht hilft uns die Stringtheorie oder die Theorie der Wurmlöcher irgendwann, durch eine besondere Verbindung von Raumzeiten das Problem zu lösen. Dazu müsste Raumzeit gekrümmt werden, man bräuchte Materie mit negativer Energie und man müsste die Schwarzen Löcher im Universum besser verstehen können. Manche Astrophysiker haben das Gefühl, dass drei Raumdimensionen und eine Zeitdimension dazu nicht wirklich ausreichen. Sicher ist dagegen spätestens seit Einsteins Relativitätstheorie, dass die Zeit keine absolute, sondern eine relative Größe ist. Zwar kann man physikalisch feststellen, dass die Sekunde genau 1192.631700 Schwingungen der Strahlung beim Übergang zwischen zwei Energiestufen des Isotops Cäsium 133 entspricht. Aber das hilft nur begrenzt weiter. Die Zeit ist und bleibt relativ und weitgehend subjektiv.

Schon Shakespeare stellte lapidar fest: *Die Zeit vergeht bei verschiedenen Menschen verschieden schnell*[63] Und wie ist es bei Ihnen? Wenn Sie Ihren eigenen persönlichen Umgang mit der Zeit auf diesem Planeten kennenlernen möchten, dann sollten Sie sich ehrlich(!) folgende Fragen beantworten: Wie fahre ich Auto? Wie schnell gehe ich gewöhnlich? Wie viel Zeit lasse ich mir beim Sex? Wie ist mein persönliches Verhältnis zur Langeweile? In welcher durchschnittlichen Geschwindigkeit esse oder rede ich? Wie sieht mein Wochenplan aus? Arbeite ich gern mit Zeitplanern und To-do-Listen? Werde ich bei Verspätungen leicht nervös? Kann ich warten, erwarten und abwarten? Habe ich ein großes Interesse an Pünktlichkeit? Kann ich im Urlaub abschalten? Vielleicht verstehen Sie nach diesem persönlichen Zeit-Checkup Ihre manchmal von Ihnen genervten Mitmenschen besser oder auch einige Ihrer psychosomatischen Probleme und sollten mal Ihren Hausarzt oder Psychotherapeuten konsultieren.

Grundsätzlich ist der Umgang mit der Zeit eine ganz persönliche Angelegenheit und hat zunächst einmal überhaupt nichts Falsches oder Richtiges, Gesundes oder Krankes an sich. Es erscheint vollkommen plausibel, dass die Zeit für hysterische, paranoide, schizophrene oder manische Menschen schneller läuft als für depressive, ängstliche oder melancholische. Erstaunlich ist dagegen die scheinbar empirisch erwiesene Tatsache, dass übergewichtige Menschen die Zeit besser einschätzen können als normalgewichtige und extravertierte besser als introvertierte. Ebenso unverständlich erscheint es, dass die Zeit für ältere Menschen schneller vergeht als für jüngere. Aber damit wissen wir endlich auch, warum ältere Menschen an den Kassen der Supermärkte immer so drängeln müssen, sie haben einfach subjektiv weniger Zeit. Daher sollten wir in solchen Fällen altersbedingter Hektik mit jugendlicher Gelassenheit begegnen.

Nach neuesten Erkenntnissen sind es fünf Faktoren, die eine subjektive Wahrnehmung von Zeit und Dauer beeinflussen. So vergeht die Zeit in der Regel für die meisten Menschen dann schneller, wenn sie einer angenehmen Beschäftigung nachgehen, sich dabei nicht unter Zeitdruck fühlen, beschäftigt sind, Abwechselung haben und ihre Denkstrukturen der rechten Hirnhälfte aktiviert sind.[64] Die rechte Hirnhälfte ist anscheinend zuständig für intuitives, ganzheitliches, nonverbales Denken, bei dem man leicht die Zeit vergisst, wie beim Malen, Musizieren, künstlerischen Schaffen oder Schreiben. Das vollkommene Vergessen der Zeit wird Flow genannt, weil man so vollkommen in der jeweiligen Beschäftigung aufgeht, dass man die Zeit vergisst und daher glücklich ist. Dies betrifft auch das kindliche Spiel oder Momente der Liebe. Hegel hat dieses Flowgefühl am Beispiel der Liebe bereits wunderbar in einem Satz beschrieben: *Das wahrhafte Wesen der Liebe besteht darin, das Bewußtsein seiner selbst aufzugeben, sich in einem anderen Selbst zu vergessen, doch in diesem Vergehen und Vergessen sich erst selber zu haben und zu besitzen.*[65]

Im seelischen Erleben verläuft die Zeit niemals gradlinig, sondern meist in Sprüngen, Kurven, kurzen Erregungen und langen Verläufen, mal langsamer und mal schneller. Mal leben wir mehr in der Gegenwart, mal mehr in der Zukunft und mal wieder mehr in der Vergangenheit. Wer einen geliebten Menschen verloren hat, der lebt eine ganze Weile mit seiner Trauer in der Vergangenheit. Wer heiratet, eine Familie gründen oder ein Haus bauen will, der investiert nicht nur in die Zukunft, der beschäftigt sich auch eine ganze Weile intensiv mit ihr. Und manchmal scheint die Zeit auf quälende Weise still zu stehen, weil die Gegenwart schwer erträglich geworden ist.

Kann die Sehnsucht auch zu einer Qual werden? Ja, wenn sie immer wieder aufrechterhalten wird und weder befriedigt noch vergessen werden kann. Wenn man einen Menschen permanent mit dem Objekt seiner Sehnsucht konfrontiert, aber zugleich die Befriedigung verhindert. Schon in der griechischen Mythologie wird davon erzählt.

Die Qual ewiger Sehnsucht

Götter können manchmal grausam sein, wenn sie herausgefordert werden. Wer den Göttern das Essen von der Tafel stehlen, sie betrügen oder gar hintergehen will, der muss mit fürchterlichen Strafen rechnen. Dann werden alle Nachkommen über Generationen mit einem Fluch beladen und der Betrüger selbst muss grausame Qualen erleiden. König Tantalos hat die Götter auf eine solch hinterlistige Weise herausgefordert und musste danach Qualen erleiden, die seitdem als Tantalosqualen bekannt sind. So hatte Tantalos Durst, das frische Wasser umspülte sein

Kinn, aber sobald er trinken wollte, versickerte es im Boden. Er hatte Hunger, die frischen Früchte, wie Birnen, Feigen, Äpfel, Granaten und Oliven hingen um seinen Kopf herum, aber sobald er von ihnen essen wollte, wirbelte ein Sturm sie hinweg. In der Geschichte von Tantalos, wie der griechische Dichter Homer sie in der Odyssee beschrieben hat, bestrafen die Götter nicht nur einfach mit Hunger und Durst. Dazu hätte es gereicht, ihm nichts zu essen und zu trinken zu geben und ihn einfach sterben zu lassen. Die göttliche Strafe bestand vielmehr darin, ihm all die Objekte seiner Sehnsucht vor die Augen, die Nase und den Mund zu halten, ihn das Wasser spüren und den Duft der Früchte riechen zu lassen, damit sein Begehren beständig aufrechtzuerhalten und ihm dann die Befriedigung zu versagen. Das sind die unerträglichen Qualen des Tantalos.

Solche Tantalosqualen gibt es aber nicht nur beim Essen und Trinken, sondern bei fast allen menschlichen Bedürfnissen, also auch in der Liebe. Dann hat man den geliebten Menschen immer vor Augen, kann ihn aber niemals erreichen. Dann ist der Körper des begehrten Menschen nur einen Meter entfernt, man kann ihn aber niemals berühren. Dann hört man die Bitten und Fragen des anderen, kann aber nicht wirklich antworten. Manchmal erleben wir im Traum solche Situationen der Ohnmacht, die so unerträglich werden können, dass wir uns zwingen aufzuwachen, um nicht weiterträumen zu müssen. Diese Tantalosqualen entstehen aus unerfüllbarer Sehnsucht. Zumindest erging es Francesca und ihrem Geliebten Paolo so.

Francesca war nach allen Regeln der Standesheirat mit dem Herrn von Rimini, Gioanciotto Malatesta verheiratet, liebte aber dessen Bruder Paolo. Sie lebten ihre Liebe heimlich, bis der gehörnte Ehemann davon erfuhr und beide auf der Stelle erschlug, wozu er im mittelalterlichen Italien anscheinend das Recht hatte. Damit endet die Geschichte aber nicht, sondern beginnt erst richtig. Francesca und Paolo werden nach ihrem irdischen Tod in die Hölle verbannt und erleiden dort Qualen, die denen des König Tantalos in nichts nachstehen. Sie müssen einen niemals enden-denden Flug als körperlose Schatten entlang der Felsen der Hölle fliegen. So sind sie sich immer nah und können sich doch niemals berühren, sind immer beieinander und doch niemals vereint. Ihre Strafe besteht darin, ewig die Sehnsucht nach dem anderen zu spüren, ohne jegliche Aussicht auf Erfüllung. Die Hölle verweigert ihnen das Vergessen, darin besteht die Qual und die Strafe zugleich. Der Dichter Dante, der dieses Paar zusammen mit seinem Dichterfreund Vergil in der Hölle besucht, hat die Geschichte dieser beiden Liebenden in seiner Dichtung *Die Göttliche Komödie* aufgeschrieben. Nachdem er mit ihnen gesprochen hat, ist er von ihrem Leiden sehr berührt und er ruft aus: *So süßes Sinnen, solch allmächtig Sehnen!*

Sehnsucht wird nur dann zu einer Strafe, wenn sie auf Dauer ohne Erfüllung bleiben muss und alle Beteiligten dies von Anfang an wissen. Eine Sehnsucht, die auch nur halbwegs eine Aussicht auf Erfolg hat, kann dagegen manchmal ein ganzes Leben ertragen werden, ohne in ihrer Kraft nachzulassen. Wenn Francesca und Paolo gewusst hätten, dass sie diese Strafe für viele Jahre ertragen müssen, aber dann vereint wären, wäre ihnen die Hölle plötzlich wie der Himmel erschienen, dann hätten sie die Jahre der Entbehrung mit wahrer Vorfreude überstanden. Die Qual und die Strafe bestand in der Verurteilung zur Ewigkeit, erst dadurch wurde ihre Sehnsucht aussichtslos.

Aber selbst in solchen aussichtslosen Fällen schafft es die Sehnsucht manchmal dennoch, sich gegen alle Gesetze der Logik, der Natur und des Verstandes durchzusetzen und beharrlich an ihre Verwirklichung zu glauben. Auch wenn dabei Jahre und Jahrzehnte vergehen, eine wirkliche, tiefe, liebende Sehnsucht hat stets das große Ziel vor Augen und kann warten, wenn es sein muss auch 51 Jahre, neun Monate und vier Tage lang.

Das ganze Leben

Der Reeder Florentino Ariza war erst 18 Jahre alt, als er sich unsterblich in Femina Daza verliebte. Die aber heiratete den angesehenen Arzt Doktor Juvenal Urbino und war mit ihm mehr als 50 Jahre verheiratet. Sie führten ein gutbürgerliches und angesehenes Leben. Währenddessen arbeitete sich Florentino Ariza vom Telegrafisten zum Direktor der Karibischen Flussschifffahrtsgesellschaft empor. Er lebte ein herrschaftliches Leben ohne Familie mit vielen Geliebten, aber im Stillen liebte er immer nur Femina Daza. Er wartet auf sie, bis seine Chance sich einstellt. Eines Tages erleidet Doktor Urbino einen tödlichen Unfall und noch am Abend der Beerdigung gesteht Florentino seiner geliebten Femina erneut seine glühende Liebe, die seit 50 Jahren noch nicht erloschen ist. Er beginnt, ihr täglich Liebesbriefe zu schreiben, wartet gar nicht auf eine Antwort und freut sich schon darüber, dass sie nicht zurückgeschickt werden. Er lässt sein Haus neu renovieren und besucht weiterhin Huren, um mit 76 Jahren nicht aus der Übung zu kommen. So bereitet er sich seiner jahrzehntelangen Sehnsucht folgend auf die erfüllte Liebesbeziehung mit Femina Daza vor. Femina *hatte die Briefe nicht nur erhalten, sondern auch mit großer Anteilnahme gelesen und darin bemerkenswerte Gründe zum Weiterleben gefunden*[66]. Dann besucht er sie in ihrem Haus und bei jedem weiteren Besuch werden seine Hoffnungen auf eine späte Erfüllung seiner Liebessehnsucht größer.

Nach langem Werben lädt er sie schließlich auf eine Erholungsreise auf eines seiner Schiffe ein. Als sie sich endlich küssen, hat sie dafür eine schamhafte Erklärung: *Mein Gott, rief sie aus, was bin ich auf Schiffen verrückt*[67]. Sie kommen sich körperlich so nah, wie sie es geistig schon sind und sie kommentiert dies lapidar: *Wenn wir schon Dummheiten machen, bitte schön, dann doch wie erwachsene Leute.*[68] Sie überwindet die Scham, ihren alten Körper bei Licht vor dem vier Jahre älteren Liebhaber zu entblö-

144

ßen, denn sie ist alt und hat zu viel erlebt. *Seit über zwanzig Jahren war es das erste Mal, dass sie mit einem Mann schlief.* Und wie alle Liebenden fragen sie sich danach, wie es nun weitergehen soll. Wollen sie zusammenbleiben, in ein Haus ziehen, es den Kindern sagen? Nein, sie entscheiden sich, auf dem Schiff zu bleiben und einfach immer weiter den Fluss auf und ab zu fahren. Der Kapitän ist verwirrt über diese Anweisung seines Chefs und fragt: *Und was glauben Sie, wie lange wir dieses Scheiß-Hin-und-Zurück durchhalten können? Florentino Ariza war seit dreiundfünfzig Jahren, sieben Monaten und elf Tagen und Nächten auf die Frage vorbereitet: Das ganze Leben, sagte er.*[69] So endet die Geschichte über *Die Liebe in Zeiten der Cholera.* Und die Leser schmunzeln voller Verständnis über die beiden alten Verliebten, die ihre restlichen Lebensjahre allein für sich auf dem Schiff verbringen wollen. Sie wollen die Zeit anhalten, zeitlos weiterleben und auf diese Weise dem Tod noch viele Jahre abtrotzen.

Selbstbestimmte Lebenszeit

Gibt es eigentlich einen selbstbestimmten Umgang mit der Zeit? Unbedingt ja! Manchmal erscheint dies beschwerlich, aber wie wir am Beispiel von Kapitän John D. Franklin in dem Buch *Die Entdeckung der Langsamkeit* von Sten Nadolny gesehen haben, kann das Langsamsein manchmal sogar schneller sein. Und ein verlangsamtes Leben kann durchaus intensiver und lebenswerter sein. Die eine Richtung im Umgang mit der Zeit besteht in den vielen verschiedenen Versuchen, die Zeit anzuhalten, hinauszuzögern, zu intensivieren, also dem Leben ein Mehr an Lebenszeit abzuringen. Dieser Umgang mit der eigenen Lebenszeit gilt als normal und menschlich.

Eine gegensätzliche Richtung besteht darin, die Lebenszeit bewusst, gezielt und geplant verkürzen zu wollen. Dazu gehören ein ungesundes Leben durch exzessives Rauchen, massiven Alkoholkonsum oder riskantes Sexualverhalten. Dies erscheint aufgrund des Genusscharakters oftmals auch verständlich. Auch bei lebensbedrohlichen Krankheiten sind wir gewillt, die Selbsttötung oder gar Sterbehilfe als eine verständliche Möglichkeit anzuerkennen, auch wenn wir sie nicht gutheißen oder gar legalisieren wollen. Wenn jemand nur noch kurze Zeit zu leben hat und diese Leidenszeit beenden möchte, erscheint ein Suizid menschlich nachvollziehbar und tolerierbar. Aber kann es auch jenseits solcher nachvollziehbaren Gründe einen selbstbestimmten Umgang mit dem Suizid geben? Wo endet die Selbstbestimmung des Menschen im Umgang mit seiner Lebenszeit?

Darf man seinen eigenen Tod bestimmen und selbst beschließen, wann und wie man sterben will? Ist der Suizid vielleicht sogar ein Akt der Autonomie? Wenn es eine Lebenssehnsucht gibt, die sich aus Lebenshunger und Liebesdurst speist, dann gibt es vielleicht auch eine Todessehnsucht. Und woraus entsteht und besteht sie? Sind es vielleicht sogar *Humanität und Dignität*, wie Jean Amery in seinem Plädoyer für den Freitod meinte? Steht ein solcher Mensch *vor dem Absprung gleichsam noch mit einem Bein in der Logik des Lebens, mit dem anderen aber in der widerlogischen Logik des Todes?* Was ist denn diese *widerlogische Logik des Todes*[70]? Muss man nicht eher davon ausgehen, dass ein Suizid niemals Ausdruck einer freien Willensentscheidung ist, sondern gerade ein Symptom für eine schwere krisenhafte Krankheit? Kann man Menschen diese Art des Umgangs mit ihrer Lebenszeit verbieten? Muss man sie vor sich selbst schützen und sie zur Not auch gegen ihren erklärten Willen in eine psychiatrische Klinik einweisen, um sie von diesen selbstzerstörerischen Gedanken und Absichten zu heilen?

Sterben ist eine Frage der Moral

In Taiwan gibt es eine Firma namens Foxconn, die jetzt ihre Mitarbeiter schriftlich verpflichten will, auf einen Suizid zu verzichten. Allein im ersten Halbjahr des Jahres 2010 haben sich elf Mitarbeiter vom Dach des Elektronikkonzerns in den Tod gestürzt.[71] Darf ein Mensch seiner Todessehnsucht nachgeben? Und wenn er dies trotz schriftlicher und moralischer Verbote dennoch tun will, müssen oder dürfen wir ihn daran hindern? Ist die Todessehnsucht Ausdruck einer geistigen, seelischen oder moralischen Schwäche oder der letztendlichen Autonomie des einzelnen Menschen – auch gegenüber Gott?

Über kaum eine andere Frage erscheint die Philosophie zerstrittener. Platon hat den Suizid verurteilt, weil der Mensch nicht ein Leben beenden könne, das er von den Göttern bekommen habe. Aristoteles war dagegen der Meinung, der Selbstmord sei zwar ein Unrecht gegenüber der Gemeinschaft, aber nicht gegen sich selbst (Nikomachische Ethik). Der römische Philosoph Seneca dagegen bezog eine interessante, beinahe postmoderne Position: Die Frage sei nicht, ob oder wann man sterbe, sondern ob man gut oder schlecht sterbe. Die gesamte philosophische Geschichte erscheint rund um die Frage des Selbstmordes gespalten, die einen lehnen ihn prinzipiell ab, die anderen sehen ihn als eine sehr persönliche Entscheidung an. Fichte, ein Vertreter des deutschen Idealismus war gegen den Suizid, weil er darin eine Vernichtung der Zukunft sah. Kant sah ihn – wie nicht anders zu erwarten – als eine Pflichtverletzung an, als eine Verletzung einer Pflicht gegen sich selbst[72]. Und natürlich waren Nietzsche und Schopenhauer ebenso vehement dafür, wie Kant dagegen war. So schreibt Nietzsche 1884 in *Also sprach Zarathustra: Den freien Tod predige ich euch, der nicht heranschleicht wie Euer grinsender Tod, sondern der da kommt, weil ich es will.*[73] Und Albert Camus schreibt mitten im Kriegsjahr 1942 in seinem Mythos des Sisyphos: *Es gibt nur ein ernstes philosophisches Problem: den Selbstmord. Die Entscheidung, ob das Leben sich lohne oder nicht, beantwortet die Grundfrage der Philosophie. Alles andere – ob die Welt drei Dimensionen und der Geist neun oder zwölf Kategorien habe – kommt erst später. Das sind Spielereien; zunächst heißt es Antwort geben*[74]. Seine Antwort, stellvertretend für die existentialistische

Philosophie des 20. Jahrhunderts und im Einklang mit Jean Paul Sartre lautet: *Und ich lehne den Selbstmord ab.*[75]

In der Todessehnsucht erscheint der eigene Tod positiv: Das Licht am Ende des Tunnels, der Ausweg aus einer hoffnungslosen Situation, die Lösung eines Problems, das Ende des Leidens, die Wiedergutmachung für eine aufgeladene Schuld oder gar als Ehrenrettung. Schon in der Bibel werden mindestens neun Suizide geschildert[76], die einen Einblick in die unterschiedlichen Motive des Suizids und der Todessehnsucht geben. Der berühmteste Fall ist sicher Judas Iskariot, einer der zwölf Jünger von Jesus. Er hat sich nach seinem Verrat an Jesus erhängt, und dieser Suizid wird in der christlichen Kultur nicht nur verstanden, sondern auch gut geheißen.[77] Sein Suizid war Sühne zugleich, eine letzte Entschuldigung für die Schuld, die er durch den Verrat auf sich geladen hatte. Diese Schuldgefühle spielen eine bedeutsame Rolle im Verständnis der Suizidalität und der Todessehnsucht.

Todesphantasien

Den besten Aufschluss über die Motive der suizidalen Menschen und die Inhalte ihrer Todessehnsüchte geben ihre Phantasien unmittelbar vor den Suizidversuchen. Der Österreicher Erwin Ringel hat bereits in den 1950er Jahren 745 Patienten nach ihren Phantasien unmittelbar vor ihrem Suizidversuch befragt und seine Ergebnisse in dem *präsuizidalen Syndrom* zusammengefasst. Danach lassen sich die Phantasien von Menschen unmittelbar vor ihrem Suizidversuch durch drei Charakteristika beschreiben: eine Einengung in ihren Gedanken und ihren wichtigsten Beziehungen; eine immer stärker werdende Aggression, die zugleich nach außen nicht ausgelebt werden kann; und eine Flucht in irreale Phantasien.

In ihren Gedanken kreisen suizidale Menschen um Gefühle der persönlichen Wertlosigkeit sowie der Hoffnungslosigkeit und Sinnlosigkeit. Sie ziehen sich aus dem sozialen Leben zurück, sehen für sich keine Zukunft mehr, werden zunehmend ängstlich und einsam. Die Schuld für dieses unerträgliche Leben wird bei sich selbst gesucht und die Wut und Aggressionen werden gegen sich selbst gelenkt. Meist sind es dann nur geringfügige Anlässe, die das Fass zum Überlaufen bringen, eine suizidale Krise auslösen und in einer Entladung der Aggressionen gegen sich selber enden. Bei all diesen einsamen und schuldbeladenen Gedanken entsteht eine innere Welt, die mit der äußeren immer weniger zu tun hat. Im psychiatrischen Sinne bauen sie sich zunehmend eine Scheinwelt auf und leiden unter einem Verlust an Realitätskontrolle. In ihren Phantasien sind sie dann tot, liegen auf der Bahre, beobachten ihr eigenes Begräbnis, sehen die vielen trauernden Menschen, lesen die Zeitungen mit der eigenen Todesanzeige, hören den Angehörigen zu, die sich starke Selbstvorwürfe machen und den Toten als einen wertvollen Menschen loben, den sie zu wenig beachtet und wertgeschätzt haben, und den sie schließlich in ihrer tiefen Trauer um Verzeihung bitten. Diese Wunschphantasien haben den Charakter einer umfassenden Wiedergutmachung für all das erlittene Leid, zeigen aber auch die versteckten Aggressionen und das Selbstmitleid, das Balsam für die wunde Seele darstellt.

Suizidalität ist letzter und tiefster Ausdruck einer schweren Depression, bei der Selbstvorwürfe, Selbstentwertungen und Selbstschuldzuschreibungen eine wichtige Rolle spielen. Und bei der die aufgestauten Aggressionen letztlich gegen sich selbst gewendet werden. Es sind seelische Krisen, aus denen dem Menschen herausgeholfen werden kann. Schon nach wenigen Tagen führt bei den meisten suizidalen Menschen eine psychiatrische Behandlung zum Erfolg, nach zehn Tagen in einer Fachklinik tritt eine deutliche Besserung bei über 90 % der Betroffenen ein. Von den ca. 1000 Menschen, die sich jeden Monat in Deutschland das Leben nehmen, sind annähernd die Hälfte über 60 Jahre alt. Die Dunkelziffer wird auf mindestens das Dreifache geschätzt. Durch Suizid sterben also mehr Menschen als durch Verkehrsunfälle, Gewalttaten, illegale Drogen und Aids zusammen.

90 % der Suizidversuche sind nach wissenschaftlicher Meinung Ausdruck einer psychiatrischen Störung, bei mehr als der Hälfte einer Depression. Der Suizid trägt die Handschrift des Alters, bemerkt der Hamburger Psychiater und ehemalige Leiter des Therapiezentrums für Suizidgefährdete Paul Götze. Nahezu jeder Suizidversuch bei einem 85-jährigen Mann endet mit dem Tod, junge Erwachsene brauchen dagegen 30–50 Suizidversuche. Männer sind dabei erfolgreicher und brutaler, sie erhängen sich, während Frauen sich vor den Zug werfen oder aus dem Fenster springen. Manchmal nehmen sie auch Medikamente. Als Marilyn Monroe am 5. August 1962 an einer Überdosis Schlafmittel starb, war der Suizid die erste und wahrscheinlichste Erklärung, denn sie hatte jahrelang all ihren Freunden von ihrer tiefen Todessehnsucht erzählt. In ihren Aufzeichnungen, die erst viele Jahre nach ihrem Tod zufällig gefunden und im Jahre 2010 unter dem Titel *Tapfer lieben* veröffentlicht wurden, schreibt sie:

> Ich glaube, ich bin tief *einsam*. Ich sehe mich jetzt im Spiegel, die Stirn gerunzelt – wenn ich mich vorbeuge, werde ich sehen, – was ich nicht wissen will – Anspannung, Traurigkeit, Enttäuschung, meine Augen stumpf, die Wangen rot vor Äderchen, die aussehen wie Flüsse auf Landkarten – Haar wie Schlangen. Der Mund macht mich noch trauriger, zu meinen toten Augen.[78]

Sie war stets das ungeliebte Kind geblieben, als ungewolltes Kind geboren, bei einer alleinerziehenden Mutter mit Alkoholproblemen aufgewachsen, dann in eine Pflegefamilie abgeschoben und anschließend auch noch in ein Waisenhaus verbannt. Zeitlebens war sie auf der Suche nach dem rettenden Vater. Später nannte sie ihren Mann Arthur Miller liebevoll Daddy. Aber mehr noch suchte sie Liebe und Zuwendung. Sie wurde immer wieder geliebt, aber sie konnte diese Liebe nicht annehmen. Sie hatte wahrscheinlich nicht genügend Selbstliebe, keinen ausreichend gesunden Narzissmus, um sich selbst und damit auch andere lieben zu können.

Eine narzisstische Krise

Ein Suizid kann auch Folge einer sogenannten narzisstischen Krise sein.[79] Dabei wird das Hauptaugenmerk nicht auf die Depression und die gegen sich selbst gerichtete Aggression gerichtet, wie Freud dies tat, sondern auf die Krise infolge einer schweren narzisstischen Kränkung. Der narzisstisch gestörte Mensch – zu unterscheiden von einer narzisstischen Persönlichkeitsstörung – zeichnet sich durch ein sehr geringes Selbstbewusstsein und Selbstwertgefühl aus. Der Suizid wäre dann so etwas wie der letzte verzweifelte Versuch, das eigene Selbstwertgefühl zu retten, eine letzte stolze Selbsterhaltung angesichts einer massiven und nicht mehr zu verarbeitenden Kränkung. Oftmals bestehen neben den Minderwertigkeitsgefühlen kompensatorische Grandiositätsgefühle, die sich in einer Überschätzung der eigenen Fähigkeiten bemerkbar machen. Sie dienen eher der eigenen Stabilisierung und der Aufrechterhaltung einer sozialen Fassade. Solche Personen können weder sich selbst noch andere realistisch einschätzen. Sie sind emotional unsicher und versuchen dies zu kaschieren. Meist ist das größte Problem dabei die Unfähigkeit zu wirklicher Empathie bzw. einem echten Einfühlungsvermögen, was sich besonders in Liebesbeziehungen und Eltern-Kind-Beziehungen negativ bemerkbar macht. Solche narzisstischen Menschen leben in intimen Beziehungen, von denen sie einerseits stark abhängig sind, bei denen sie aber die Bedürfnisse, Wünsche und Gefühle der anderen nicht wahrnehmen können und daher diese immer wieder verletzen, zurückweisen oder vor den Kopf stoßen. Damit kommt es in Reaktion darauf immer wieder zu Kränkungen, Verletzungen, Zurückweisungen oder auch Trennungen. Da die letztendliche Trennung durch den Partner nicht ertragen bzw. narzisstisch verarbeitet werden kann, wird die Aggression gegen sich selbst gerichtet und es kommt zum Suizidversuch, um den Partner nicht zu verlieren oder ihn weiter an sich zu binden. Daher entstehen solche narzisstischen Krisen in der Regel aus schweren Partnerschaftskonflikten.

Sehr romantische Menschen haben allerdings die Vorstellung, dass es gar keiner narzisstischen Probleme bedarf, sondern dass der gewählte Tod letzter und konsequentester Ausdruck einer verzweifelten Liebe sei. Wenn man endlich den einen Menschen auf dieser Welt gefunden habe, der die einzige, wahre und große Liebe des Lebens ist, dieser Mensch aber an einen anderen gebunden ist, dann könne man mit dem Schmerz eben nicht so einfach weiterleben. Viele Dichter teilen diese Position und einer ganz besonders: Goethe.

Der Werther-Effekt

Anfang der 1980er Jahre strahlte das ZDF eine sechsteilige Serie mit dem Titel *Tod eines Schülers* aus. Darin wurde der fiktive Suizid eines 19-jährigen Schülers geschildert, der sich vor die Bahn wirft. Danach kam es zu einem erheblichen Anstieg von Eisenbahnsuiziden bei Jugendlichen in ähnlichem Alter. Solche Nachahmungen finden sich in der Geschichte immer wieder. In der Psychologie spricht man von einer Imitation, Suggestion oder Ansteckung. Auch im Zusammenhang mit dem Suizid von Marilyn Monroe kam es vermehr zu suizidalen Handlungen nach gleichem Muster. Berühmt geworden sind sie durch eine wahre Suizidwelle, die durch das Buch *Die Leiden des jungen Werthers* von Johann Wolfgang von Goethe im Jahre 1774 ausgelöst wurde. Viele der Suizidanten kleideten sich bei ihrem Suizid genauso wie Werther oder sie trugen das Buch bei sich.

Werther, ein junger Mann, den es aufs Land zieht und der die Natur in vollen Zügen genießt, lernt den Amtmann des Ortes Wahlheim kennen. Erst später trifft er dessen älteste Tochter Lotte, die für die acht Geschwister die Mutterrolle übernommen hat, denn der Amtmann ist Witwer. Werther freundet sich mit der ganzen Familie an und *verliebt* sich unsterblich in Lotte. Sie gehen tanzen und sie zeigt ihm ihre Zuneigung. Aber dann kehrt Albert, Lottes Verlobter, von einer Geschäftsreise zurück. Werthers Stimmung verdüstert sich, er zieht sich zurück, freundet sich dann aber sogar mit Albert an. Seine Gefühle für Lotte bleiben unverändert stark und so versucht er, durch eine Reise und eine Anstellung bei Hofe, also durch äußeren Abstand innere Ruhe zu finden. Als er zurückkehrt, sind Lotte und Albert verheiratet, seine Gefühle für Lotte sind dennoch unvermindert. Als Albert auf einer Reise ist, kommt es zu einer leidenschaftlichen Szene zwischen Lotte und Werther, aus der sie flüchtet. Um ihre Ehe nicht zu gefährden, beschließt Werther, sich das Leben zu nehmen. In seinem Abschiedsbrief schreibt er an beide:

Ich habe den Frieden deines Hauses gestört, ich habe Misstrauen zwischen euch gebracht. Leb' wohl, ich will's enden. O dass ihr glücklich wäret durch meinen Tod! Albert! Albert! Mache den Engel glücklich. Und so wohne Gottes Segen über dir! (…) Für dich zu sterben, Lotte, für dich mich hinzugeben. Ich wollte mutig, ich wollte freudig sterben, wenn ich dir die Ruhe, die Wonne deines Lebens wieder schaffen könnte. (…) So sei's denn – Lotte! Lotte leb wohl! Leb wohl![80]

Sinngemäß besagen diese Zeilen auch: Durch diese Tat erhält mein Leben einen Wert und einen Sinn, denn ich verhelfe damit denjenigen, die ich liebe, zu einem sorglosen und harmonischen Leben. Zugleich werde ich damit von einer Schuld befreit, die mir das weitere Leben nicht mehr möglich macht.

Solche spektakulären Suizide durch berühmte Persönlichkeiten sind allerdings nicht die Ursache von gehäuften Imitationen, sondern eher der Auslöser. Suizide treten bei depressiven Personen mit einer suizidalen Bereitschaft, einer gewissen Empfänglichkeit für diese Art des Suizids, fehlender sozialer Unterstützung in der Lebenskrise und einer besonderen sozialen Belastungs- und Stresssituation auf. Nur bei diesen Vorbedingungen kann der

Suizid durch ein Vorbild ausgelöst werden, zumal sich damit die Hoffnung verbindet, durch die eigene Tat noch einmal eine besondere Aufmerksamkeit zu erlangen, was bei narzisstischen Krisen durchaus bedeutsam sein kann. Wie also kann man Todessehnsüchte verstehen?

Todessehnsüchte

Todessehnsüchte sind meist die emotionalen Begleiter einer schweren Depression. Sie entstehen aus dem versagenden oder misslingenden Leben, in dem sich Menschen allein gelassen und hilflos fühlen. *Die Wahrheit ist, dass mir auf Erden nicht zu helfen war*, schrieb Heinrich von Kleist, bevor er seine Geliebte Henriette Vogel und danach sich selbst erschoss. In dem kleinen Wort *war* hat er nicht nur literarische Genauigkeit bewiesen, sondern auch seinen eigenen Tod vorweggenommen. Liebe und Tod gehörten für ihn zusammen, das hat er schon in seinem Werk *Penthesilea* deutlich werden lassen. Die zentrale Aussage heißt: *Wir töten, was wir lieben!* Die Amazone Penthesilea tötet in Raserei zusammen mit ihren Hunden den geliebten Achill, der sich nicht gegen sie wehrt, weil auch er sie liebt. Besudelt von seinem Blut wird sie aus einem bösen Traum wach und kann nicht glauben, dass sie ihn tötete.

Sind suizidale Menschen lebensmüde oder todessehnsüchtig oder beides zusammen? Hat die Todessehnsucht mehr mit dem misslingenden Leben zu tun oder gibt es auch unabhängig davon eine Sehnsucht nach dem Tod? Wäre es allein das misslingende Leben, dann könnten wir wahrscheinlich all den Menschen helfen, die sich das Leben nehmen wollen. Aber wenn der Tod selbst ersehnt wird, sind wir hilflos, denn dies widerspricht allen Gesetzen des Lebens. Oder ist der Tod auch ein Teil des Lebens? Alle Religionen weisen uns darauf hin, dass das Leben nicht mit dem irdischen Tod endet, sondern dass es ein Leben danach gibt. So sagt der Mönch in dem Film *Von Menschen und*

Göttern, er sei wirklich neugierig darauf, was ihn nach dem Tod erwarte.

Zwei Denkrichtungen erscheinen möglich, wenn man Todessehnsüchte verstehen und erklären will, eine in Richtung des Lebens und eine in Richtung des Todes. Das Leben ist so unerträglich, daher wähle ich den Tod, sagt die eine. Das klingt rational und nachvollziehbar. Außerdem gibt es für diese Position viele verständliche Gründe, selbst für all diejenigen, die trotzdem weiterleben wollen. Der Tod ist so süß und verlockend, sagt die andere Position. Was kann so verlockend am Tod sein? Wie kann er warm und angenehm erscheinen, ja sogar erstrebenswert und anziehend? Für Menschen, die das Leben lieben ist dieser Gedanke kaum denkbar. Vielleicht gehört schon eine Portion Skepsis dazu, der Zweifel und etwas Depression. Der Tod ist so erstrebenswert und verlockend, weil man mit ihm Liebe verbindet, eine Liebe in ihrer symbolischen Bedeutung. Wenn der Tod synonym für eine geliebte Person steht, dann erscheint im Tod auch eine symbolische und emotionale Nähe zu der verstorbenen Person. Dann verliert der Tod seinen Schrecken und wird mit dem Gesicht der geliebten Person verbunden. Der zu früh gestorbene Vater, die tote Mutter, das verlorene Kind, der verstorbene Freund. Sie alle werden mit dem Tod assoziiert und der Tod verspricht, zumindest eine symbolische Nähe zu der geliebten toten Person wiederherzustellen. Dann verbindet sich mit dem Tod nicht nur ein Ende des Leidens, sondern zugleich eine Vereinigung mit einer großen Liebe, ob im irdischen oder auch religiösen Sinne.

7. An die Freude – Die symbolischen Wunscherfüllungen

Die Wirklichkeit hat es noch nie gekonnt,
weil sie nichts hält,
Und strahlend überschleiert mir dein Blond,
die ganze Welt
Kurt Tucholsky
Sehnsucht nach der Sehnsucht

Es scheint, als habe jeder Mensch seine ganz besonderen Sehnsüchte, die Ausdruck seiner Einzigartigkeit sind. Frauen und Männer haben ihre eigenen Sehnsüchte, ebenso Liebespaare, Hochzeitspaare, Ehepaare, Eltern, Familien, Jugendliche und Kinder. Manchmal haben sogar ganze Dorfgemeinschaften, Landstriche oder Volksgruppen eine Sehnsucht, die kaum ein Außenstehender versteht. So treffen sich jedes Jahr im Dezember in Japan mehr als 10 000 Menschen jeden Alters in einem riesigen gemischten Chor, um als ungeübte Sängerinnen und Sänger mit einem großen Orchester die Neunte Symphonie in d-Moll op. 125 von Ludwig van Beethoven zu proben und aufzuführen. Damit entsteht alljährlich ein grandioses Ereignis, bei dem die Teilnehmer zu Tränen gerührt sind. Japaner scheinen Beethovens Neunte einfach zu lieben, sie singen sogar den Text von Friedrich Schiller – die *Ode An die Freude* – in deutscher Sprache. Irgendetwas an dieser offiziellen Europahymne scheint ihre fernöstlichen Seelen zu berühren. Welche Bedeutung hat das gemeinsame Singen dieser einmaligen Symphonie in einem Chor mit 10 000 Menschen, welche Sehnsucht wird damit befriedigt?

Jedes Geschlecht, jedes Alter und jede Beziehungsform hat Wunschträume, aber nur selten können diese direkt und offen zum Ausdruck gebracht werden. Denn sie sind wie fast alles in menschlichen Beziehungen auch mit Ängsten verbunden oder schlummern tief im Unbewussten. Manchmal kommen die geheimen Wunschträume dann doch ans Tageslicht, allerdings gut getarnt in aufwendigen Verkleidungen und kunstvollen Maskierungen, so dass sie nicht nur von anderen, sondern auch von den Betroffenen selbst manchmal kaum erkannt werden. Aber es gibt einen Weg, ihnen dennoch nachzuspüren. Ihre Verkleidungen verraten sie manchmal, denn diese sind nicht zufällig. Wenn man die Verkleidungen nicht als das sieht, was sie vorgeben zu sein, sondern ihre symbolische Botschaft versteht, dann kommt man den Wunschträumen und Sehnsüchten hinter den Masken auf die Schliche.

Eine weit verbreitete Verkleidung der Sehnsucht ist die Wendung eines persönlichen Wunschtraumes in einen materiellen Wunsch. So verbergen sich hinter den materiellen Wünschen oft die ideellen, die durch einen materiellen Wunsch nur symbolisch zum Ausdruck gebracht werden. Dann machen sich die persönlichen Sehnsüchte fest an Wünschen nach und Träumen von irgendwelchen Dingen, die der Zeitgeist und die jeweilige Kultur geprägt haben, die aber eigentlich gar nicht gemeint sind. Insofern gibt es auch echte und künstliche Wunschträume. Nur wer die Masken und Verschleierungen der Symbolik kennt, kann die dahinter verborgenen Sehnsüchte erkennen.

Freiheit und Motorradfahren

Wenn jemand Freiheit sucht und sie in seinem Leben nicht verwirklichen kann, dann kauft er sich ein Motorrad. Im Motorradfahren glaubt er, Freiheit finden zu können. Dies sind von der Sehnsuchtsindustrie gezielt hergestellte Missverständnisse, denn sie will von den Sehnsüchten der Menschen profitieren. Wenn der Motorradfahrer schließlich mitten im Stau feststellt, dass sich das Gefühl der Freiheit doch nicht so recht einstellt, wie er sich das wünschte, dann wird ihm schnell ein anderer Weg zur Freiheit angeboten, der natürlich auch wieder etwas kostet. Vielleicht ein Wohnmobil, ein Caravan oder ein Urlaub am FKK-Strand.

Die großen menschlichen Sehnsüchte beziehen sich z.B. auf Liebe, Nähe, Geborgenheit, Spiritualität, Freiheit, Sorglosigkeit, das Paradies, die Überwindung des Todes oder Gott. In unserem westlichen Denken werden alle diese Sehnsüchte vorzugsweise materialisiert, indem die Ideen an Dinge geknüpft werden. Diesen Vorgang nennt man Symbolisierung. Ein Symbol ist ein Zeichen für etwas und fortan unterscheidet man das Ding an sich von seiner symbolischen Bedeutung. Unser Leben und unsere Kultur sind voller Symbole: Der Adler ist das Symbol der Bundesrepublik Deutschland, das Kreuz ist das Symbol der Christen und der Halbmond das der Muslime, die Blaue Blume war das Symbol der Romantiker, der Kranich ist das Symbol der Lufthansa, der gelbe Mustang ist das Symbol von Ferrari, ein Hamburger steht für Fastfood, eine Baseballkappe für Sportlichkeit, der nasse Look von Haaren voller Gel soll Frische und Fitness symbolisieren, ein Hosenanzug bei Frauen soll Durchsetzungsfähigkeit signalisieren und nicht zuletzt ist der Schlips das Symbol des gepflegten Mannes. Nichts ist, wie es scheint. Jedes Utensil und jede Handlung hat eine eigene Bedeutung. Es scheint, als lebe die gesamte Industrie von der Symbolik und jede Marke, jedes Label stehe für einen eigenen Lebensstil und eine andere, alte oder neue Sehnsucht.

Manchmal brauchen die Menschen eine ganze Weile, bis sie dieses Missverständnis erkennen: dass sich das Glück nicht im Einkaufszentrum kaufen lässt. Aber so lange sie daran glauben und die wirklichen Sehnsüchte sich kaum oder nur schwer verwirklichen lassen, bleibt dieses Missverständnis bestehen. Und die Industrie investiert sehr viel Geld, um diesen Irrglauben aufrechtzuerhalten, denn vor allem daran verdient sie. Bei dieser Kommerzialisierung der Sehnsüchte werden aber nicht nur die bestehenden Sehnsüchte auf die Abwege der symbolischen Ersatzbefriedigung gelenkt, es werden auch neue geschaffen und das führt zu weiteren Missverständnissen, Problemen und auch Kosten.

Um also die heutigen menschlichen Sehnsüchte zu verstehen, müssen wir quasi den umgekehrten Weg der Symbolbildung gehen. Wir müssen in den Dingen wieder die Sehnsüchte erkennen, die sich in ihnen versteckt haben. Dies ist zum einen eine kulturelle Aufklärung und zum anderen eine individuelle, denn manche Sehnsüchte sind von der Kultur, dem Kommerz und dem Zeitgeist geschaffen worden und andere sind nur individuell nachvollziehbar. Denn diese individuelle Seite hat auch etwas mit den vielfältigen menschlichen Ängsten zu tun: mit der Angst zurückgewiesen zu werden, zu versagen, nicht zu genügen, nicht liebenswert zu sein, oder wieder verlassen zu werden. Diese Ängste verhindern, dass wir unsere Sehnsüchte offen zeigen können und dann lieber den angstfreundlichen Weg der Symbolisierungen gehen, um unsere Sehnsüchte zeigen zu können. Damit hat nicht nur die Industrie ein Interesse an der Symbolisierung der Sehnsucht, sondern wir selbst auch – und im günstigsten Falle treffen sich beide Interessen.

Weibliche und männliche Sehnsüchte

Wenn die weibliche Sehnsucht in einem Paar Schuhe symbolisiert wäre, dann wären es die High-Heels der Sexkolumnistin Carrie Bradshaw, gespielt von Sarah Jessica Parker, in der Serie *Sex and the City*. Carrie trägt in jeder Serie brandneue, absolut heiße, schlicht atemberaubende High-Heels, und die modischen, selbstbewussten Frauen dieser Welt, insbesondere die Singles unter ihnen, kauften sich nach jeder neuen Serie diese als Schuhe getarnte Sehnsucht. Manchmal schien es, als warteten sie nur deshalb so sehnsüchtig auf die neue Staffel, um die neuen High-Heels zu bewundern, die nicht selten einige Hundert Dollar kosten. Wenn man also die durch diese High-Heels ausgelöste Hysterie bei Frauen um die 30 – weniger biologisch als gefühlt – verstehen will, dann sollte man symbolisch denken können. Für den profanen Materialisten und Realisten sind Schuhe nichts als Schuhe, für den Symboliker können sie pure Sehnsucht sein. Es empfiehlt sich daher, zwischen dem banalen Schuh und seiner glamourösen Bedeutung zu unterscheiden. Es liegen symbolisch gesehen Welten zwischen Pumps, Stiefeletten, Peeptoes, Sandaletten, Stiefeln oder Ankle Boots. All dies sind nicht nur verschiedene Schuhe, sondern ganz unterschiedliche Symbole der Sehnsucht, deren Einsatz wohlüberlegt sein will. Ob die Frau zum ersten Date schwarze Pumps oder rote Peeptoes trägt, eröffnet einen tiefen Einblick in ihren Seelenzustand, ihre erotischen Absichten oder gar sexuellen Verklemmtheiten. Wenn ein Mann dies nicht versteht, ist er nur ein typischer Mann, wenn eine Frau dies nicht weiß, ist sie keine moderne Frau. Mehr noch: Dann beherrscht sie anscheinend nicht das kleine Einmaleins der urbanen Partnersuche. Eine selbstbewusste Frau muss also nicht einfach Schuhe kaufen und tragen, sondern dabei vor allem die Sprache der Symbolik beherrschen, und wenn sie dies nicht kann, dann erhält sie von Carrie Bradshaw Nachhilfeunterricht. Insofern kann man *Sex and the City* auch als einen Lehrfilm in elementarer Symbolik für die moderne Frau ab 30 bezeichnen. Männer sollen diese Symbolik der weiblichen Sehnsüchte nicht lesen können, sondern am besten nur ihr Opfer sein. Leider sind aber auch die Frauen selbst Opfer dieser weiblichen Symbolisierungen der Sehnsucht. Nach einer neueren britischen Untersuchung[81] tragen Frauen im Durchschnitt nur 34 Minuten ihre neuen High-Heels, bevor sie die Schuhe genervt wieder ausziehen. 40 % wollen dann gern in ein bequemes Zweitpaar wechseln und die Mehrheit von 50 % läuft sogar lieber barfuß weiter. Sehnsucht hat also auch eine Schmerzgrenze, das klingt doch beruhigend.

Und was sind die materiellen Symbole der männlichen Sehnsüchte? Alle neuesten Errungenschaften der Computertechnologie, der IT-Branche und vor allem der Autoindustrie. Während die Frau mit großem zeitlichen und finanziellen Aufwand die Mystifikation des eigenen Körpers zur Steigerung ihrer Begehrlichkeit betreibt, materialisiert sich das männliche Ego immer noch am ehesten im Auto. Spätestens seit den Zeiten von Ben Hur sind Wagenrennen mit realen Pferden oder Pferdestärken Symbole der Männlichkeit. Eines der modernen Symbole männlicher Sehnsucht ist der Porsche 911 GT 2 RS mit folgenden atemberaubenden Daten: 620 PS bei 6500 Umdrehungen pro Minute, einer Beschleunigung von 0–100 in sagenhaften 3,5 Sekunden und einer Höchstgeschwindigkeit von 330 km in der Stunde; einem Verbrauch von lediglich 11,9 Liter auf 100 km und einer CO_2 Emission von 284 Gramm pro km. Der Preis wendet sich natürlich nur an Kenner, Liebhaber und Sehnsüchtige: 237578 Euro, natürlich inklusive Mehrwertsteuer. Hat man(n) noch Fragen? Dagegen sind High-Heels doch lächerliche Dinger, oder? Natürlich gibt es einen Porsche auch schon für den halben Preis, den Unterschied erkennen wahre Liebhaber aber auf den ersten Blick.

Die weiblichen und männlichen Statussymbole wie High-Heels und Porsche symbolisieren die Sehnsucht, bedeutsam zu sein und begehrt zu werden, die Blicke auf sich zu lenken, und damit den potentiellen Partner zu verzaubern. So werden die eigenen Symbole der Bedeutsamkeit nicht nur Ausdruck der eigenen Sehnsüchte, sondern zugleich ein Mittel, mit dem Sehnsucht bei anderen ausgelöst werden soll. Sehnsucht soll ansteckend wirken. Dazu bedarf es eines Körperkontaktes für den Raum zwischen einem Blick und dem möglichen sexuellen Kontakt. Die legitime und zivilisierte Form dieser sinnlichen und körperlichen Kontaktaufnahme, bei der zugleich der Virus der Sehnsucht übertragen werden soll, sind die Musik und der gemeinsame Tanz. Dabei sprechen die Körper von den Sehnsüchten der Tanzenden und drücken in ihren Bewegungen das aus, was der Mensch gern sagen möchte oder sich aufgrund seiner Ängste noch nicht zu sagen traut.

Tango ist der Tanz der Sehnsucht

Es gibt viele Gründe, warum unter allen Tänzen der Welt gerade der Tango der Tanz der Sehnsucht ist, denn in den unterschiedlichen Varianten des Tangos geht es immer wieder um die Sehnsucht des Mannes nach dem Weib und damit dem Ende seiner Einsamkeit, nach Liebe und Partnerschaft, nach Flucht aus Elend und Arbeitslosigkeit, nach sozialer Anerkennung und Zugehörigkeit und nicht zuletzt nach Erotik und Sexualität. Dem Mann alleine obliegt die Führung bei diesem Tanz. Und so ist der Tango auch ein stolzer Ausdruck männlichen Leidens und Begehrens, eine Hymne des Mannes auf die Frau, eine Huldigung des Weibes, eine Kapitulation vor ihrer Schönheit, seine getanzte und inszenierte Sehnsucht. Dabei ist der Tango keine rein männliche Selbstinszenierung oder ein getanzter Versuch, die Harmonie eines Paares in Bewegungen umzusetzen, sondern vor allem eine tänzerische Liebeserklärung des Mannes an die Frau, mal melancholisch, mal aggressiv. Auch und vor allem deswegen lieben die meisten Frauen den Tango.

Entstanden ist der Tango am Ende des 19. Jahrhunderts am Rio Plata, in der Gegend von Buenos Aires und Montevideo. Verschiedene Vorformen, wie die Habanera, gab es auf Kuba allerdings schon ein halbes Jahrhundert vorher. Millionen von Einwanderern aus Spanien und Italien, aber auch aus Afrika und Osteuropa suchten in dieser Zeitspanne ihr Glück in Argentinien und Uruguay und die meisten von ihnen endeten in Arbeitslosigkeit, Elend, Existenznot, Perspektivlosigkeit und Einsamkeit. Die traurigen, verzweifelten, einsamen Gefühle dieser Menschen fanden ihren Ausdruck im Tango Argentino. Da die Straßenfeste häufig in Schlägereien endeten und daher verboten wurden, verlegte man die Musik- und Tanzveranstaltungen – die Milongas – in Tanzhallen. Der Tango war von Beginn an ein Tanz und eine Musik der leidenden und elenden Menschen, Ausdruck ihrer Verzweiflung und zugleich ihres Stolzes. Einer ihrer ersten Helden war Angel Gregorio Villoldo, der vor seiner musikalischen Karriere als Fuhrmann, Schlachter, Journalist und Zirkusclown gearbeitet hatte. Sein berühmtestes Stück aus dem Jahr 1903 trägt schon im Namen eine eindeutig sexuelle Anspielung: *El choclo* heißt der *Maiskolben*. Lange Zeit haben die besseren Kreise versucht, diese sexuelle Komponente und auch die sozialkritischen Elemente des Tangos zum Verbot zu nutzen und als dies nicht mehr ging, haben sie nur den Tanz zugelassen und zugleich die Texte verboten. Heute ist der Tango emanzipiert und von musikalischen Größen wie dem international renommierten Geiger Gidon Kremer anerkannt, der in der Tangomusik eine große Aussage spürt: *Solch eine Aussage spüre ich sowohl bei Schnittke als auch bei Piazzolla. Das sind beides große Musiker und Persönlichkeiten mit einer ureigenen Handschrift.*[82]

Der Zusammenhang von Tangotanz und Emotionen ist ein ganz besonderer. Dies betrifft zum einen die Gefühle der Tanzenden und zum anderen die Gefühle der Zuschauer. Gabriele Brandstetter, erste deutsche Professorin für Tanzwissenschaft, beschreibt diesen Zusammenhang so:

Der Zuschauer kann eine stilisierte Haltung bei einer Tangoshow, wenn etwa die Frau das Bein um den Mann schlingt und er sich weit nach hinten beugt, als Pose der Passion lesen und sie ästhetisch genießen, davon aber seelisch unberührt sein. Beobachtet er hingegen ein älteres Paar auf einer Milonga, einem Tanzabend, das ganz versunken ist in eine enge Tangoumarmung, kann es sein, dass er davon viel mehr berührt wird. Das hat nichts mit dem Image des Tanzes zu tun, sondern mit der Übertragung von Emotionen.[83]

Und was fühlen die Tänzer und Tänzerinnen selbst? Man könnte meinen, es seien die Berührungen beim engen Körperkontakt oder die Musik im Einklang mit den Körpern, aber die Sehnsucht findet sich beim Tango eher in den Momenten der äußerst gespannten Erwartung. Eine Tänzerin berichtet:

So sehne ich mich, sobald ich mich auf dem Parkett in die Arme eine Mannes begebe, nach diesem Augenblick des Innehaltens, des spannungsvollen Abwartens, in dem sich mitten im Musikstück ein Solist über jegliche Takte und Tempi hinwegsetzt und einen Ton ins Unendliche ausdehnt.[84]

Diese Schilderung erinnert an den Moment des Orgasmus beim Geschlechtsakt, der auf das körperliche Ringen und das plötzliche Anhalten und Erstarren folgt. Die Sehnsucht ist anscheinend dort am größten, wo dieser Moment der Erstarrung eintritt, kurz vor dem Orgasmus. Die Tänzerin beschreibt diesen gemeinsamen Geschlechtsakt nur in der Symbolik des Tanzes:

Als ich zusammen mit meinem Partner zu lernen begann, wollte ich all die schnellen Drehungen beherrschen, die auf der Bühne so gut aussehen. Jene Figuren, bei denen die Frau ihre Beine wie ein Klappmesser zwischen die Beine des Mannes hindurchschießen lässt, so dass man um seine Weichteile fürchten muss. Mich fasziniert das noch immer, vielleicht sogar mehr als früher, weil ich inzwischen weiß, dass solche Figuren nicht die Folge einer Absprache zwischen dem Tänzer und seiner Partnerin sind, sondern der Mann die Frau so führt, dass ihr gar nichts anderes übrig bleibt, als die Beine so kokett hochzuwerfen … Die Pausen, die ich meine, sind die voller Spannung, Erwartung und Sehnsucht. Und sie schließt ihre tänzerische Beschreibung des Sexualaktes mit den Worten: *Ein guter Tänzer gibt mir das Gefühl, mich nur höchst ungern loszulassen.* Ganz wie ein guter Liebhaber.

Das symbolische Versprechen

Wenn die High-Heels gewirkt haben, dann ist er verzaubert von ihrer umwerfenden weiblich-erotischen Ausstrahlung; wenn der Porsche gewirkt hat, dann erscheint er potent, bedeutsam und wohlhabend; und wenn der gemeinsame Tango gewirkt hat, dann haben sich erotisches Begehren und sexuelle Leidenschaft eingestellt. Der nächste Schritt in der Logik der Liebessehnsucht ist das symbolische Versprechen der Partner in der Verlobung und Heirat. Die Verlobung wird durch Ringe symbolisiert, die Zeit des Prüfens erscheint beendet, die Hochzeit wird geplant. Solche Prüfungen der Partnerwahl können mehr oder weniger symbolisch ausfallen. Man kann probeweise zusammenziehen, eine gemeinsame Kasse machen, sich ein Tier anschaffen oder auf große Reisen gehen, immer stecken dahinter Prüfungen der eigenen Gefühle, des Partners und der Partnerschaft. Bedeutsam bei der Partnerwahl ist manchmal weniger die Wahl des einen, als vielmehr der Ausschluss aller anderen. Diese Exklusivität wird im Zeitalter des Internets immer bedeutsamer, denn nur ein kleiner Versuch in einer Online-Partnerschaftsbörse zeigt jedem Suchenden, dass sich im Umkreis von wenigen Kilometern an-geblich Hunderte von potentiellen Partnern finden, die eine 80-%ige Übereinstimmung mit den eigenen Persönlichkeits-merkmalen mitbringen. Wer also heute noch heiratet, muss wahrlich geprüft haben, ob Herz zu Herz sich findet.

Eine eher direkte Art der Prüfung praktizieren dagegen die Warao-Indianer im Regenwald Venezuelas. Dort, an der Flussmündung des über 2000 km langen Orinoko in den Atlantik, leben die 30 000 Warao-Indianer in friedlichem Einklang mit der Natur ohne die Segen der Zivilisation, also ohne Strom oder Fernsehen, aber auch ohne Kriminalität. Will ein junger Warao-Indianer eine Frau heiraten, so muss er für ein Jahr in das Haus ihrer Familie einziehen und sich dort einer langen Prüfung unterwerfen. In dieser Zeit muss er nicht nur der Familie gefallen und von ihr angenommen werden, er muss auch ein Haus und ein Kanu für sich und seine Familie bauen. Das Haus muss als Pfahlbau gebaut werden, damit die Familie auch in der Regenzeit im Delta trocken bleibt und das Kanu dient der Fortbewegung und dem Fischen in einem Land ohne Straßen. Wenn er nicht das Wohlwollen der Brautfamilie gewinnt, kann er jederzeit rausgeschmissen werden und die Hochzeit ist damit abgesagt.

Eine Hochzeitsfeier ist auch bei uns ein hochsymbolischer und emotionaler Akt, bei dem das äußere Szenario eher nebensächlich und die mit den Handlungen verbundenen Bedeutungen umso wichtiger sind. Verdichtet in einem einzigen Akt findet dieses symbolische Versprechen in der Hochzeitfeier statt und kulminiert in dem Treuegelöbnis *Bis dass der Tod uns scheidet.* Die Insignien der Liebe sind ebenso wichtig: das Hochzeitskleid, der Schleier, die Blumen, die Ringe. Alle organisatorischen Fragen rund um die Hochzeit können dabei zu Grundsatzfragen werden, weil sie auf hintergründige Weise Familientraditionen berühren: Wird zu Hause, bei den Eltern oder Schwiegereltern, im Restaurant oder im Festsaal, im Hotel oder gar einem Schloss gefeiert? Was kostet die Feier, wer bezahlt sie? Wird neben dem Standesamt auch kirchlich geheiratet, wie viel Religion ist im Spiel, wechselt einer der beiden Partner wegen der Heirat seine Religionszugehörigkeit? Wer nimmt wessen Namen an, oder behalten beide ihre Namen? Und wie lautet dann der Familienname, den die Kinder erhalten? Wer wird zur Hochzeit eingeladen und vor allem wer nicht? Wie soll die Sitz- und Tischordnung sein, wer sitzt neben wem und wer sitzt weiter weg vom Brauttisch? Wird ein Cateringservice bestellt oder gibt es ein Menu im Restaurant? Wie ist der Ablauf der Hochzeitsfeier geplant, wer darf wann eine Rede halten und wie kann man andere an einer solchen Rede hindern? Wird bis in den Morgen getanzt? Gibt es eine Mitternachtstorte oder eher eine Suppe? Ist der Schnaps in der Getränkepauschale enthalten?

Jede dieser Fragen kann hochbedeutsam und emotional aufgeladen sein, keine erscheint unwichtig, und der Streit weit vor der Hochzeit erscheint mehrfach unausweichlich. Das Paar sollte bereits viele Konflikte ausgestanden haben und fit in der Erarbeitung von Lösungen sein, um eine Hochzeitsplanung von der verliebten Idee bis zur Durchführung auszuhalten. Auch wenn die Familien des Brautpaares aus all dem herausgehalten werden können, ihre Traditionen, Einstellungen, Meinungen, Wertungen oder Erfahrungen sind durch die Hochzeitspartner vertreten und dabei findet ein stiller Machtkampf statt, der nur eine leise Vorahnung darstellt in Bezug auf die noch zu erwartenden Konflikte rund um das geplante Kind. Denn der Kinderwunsch ist neben der Liebe das Hauptmotiv für die Heirat aufgeklärter Menschen. Dies erscheint manchen Zeitgenossen als eine moderne Errungenschaft, ist aber ein Jahrhunderte alter Brauch. Schon immer musste in nahezu allen Kulturen und Religionen der Vollzug der Ehe gemeldet werden, nachdem möglichst noch in der Hochzeitsnacht zwischen den Jungvermählten Geschlechtsverkehr stattfand. Sind die Kinder dann erst einmal auf der Welt und durchlaufen ihre verschiedenen Entwicklungsphasen, dann erinnern sich beide mit romantischer Verklärung an diese wunderbare Zeit der Liebe und der Hochzeit.

Wenn beide Partner erst einmal in den verkehrsberuhigten Zonen der Zwischenmenschlichkeit im Hafen der Ehe gelandet sind, werden ihnen von ihren Kindern neue Aufgaben gestellt: An welchen Symbolen erkennt man die Sehnsüchte der Kinder? An den Labels auf den Jeans. Da muss es nun mal eine Fubu oder eine Southpole sein, und wer die nicht trägt ist eben out. Was das heißt und welche Konsequenzen dies haben kann, wissen die Eltern nur allzu gut.

Markenlabel und ihre symbolische Bedeutung

Wir haben von der Lehrerin die Nachricht bekommen, dass unser Sohn Leon seit einigen Wochen die Schule nur noch unregelmäßig besucht hat. Manchmal ist er dort gar nicht erst aufgetaucht, obwohl er normal von zu Hause losgegangen ist, und an anderen Tagen ist er in den Pausen einfach verschwunden. Letzte Woche haben wir beide ihn zur Rede gestellt und dabei herausgefunden, dass er sich täglich mit Freunden im Einkaufszentrum trifft und dort viel Zeit verbringt. Dabei kam dann als Krönung des Ganzen heraus, dass er dort geklaut hat und dabei erwischt wurde. Anscheinend macht er das schon länger, hatte bis jetzt aber immer Glück und der Diebstahl wurde nie bemerkt. Er hat Klamotten im Wert von ungefähr 250 geklaut und die Anzeige soll noch kommen. Wir haben mit der Klassenlehrerin offen über alles gesprochen, die hat uns erst mal beruhigt und gesagt, dass sie so was schon öfter erlebt hat mit Jungs in dieser Altersgruppe und uns eine Familienberatung empfohlen. Deshalb sind wir hier. Wir sind einfach ratlos, weil Leon immer so ein ruhiges Kind war und wir dachten, dass alles in Ordnung sei. Was ist denn Ihre Erfahrung, warum verhält er sich so? Warum haut er aus der Schule ab und geht ins Einkaufszentrum klauen? Was steckt denn dahinter?

Mein Gefühl mit der Familie ist erst einmal gut, ich schätze Eltern, die sich um ihre Kinder sorgen, beide in eine Familienberatung gehen, um ihre Familie besser zu verstehen und sich dann auch noch fragen, was hinter den Symptomen möglicherweise an tieferen Themen verborgen sein mag. Insofern hatte diese Familienberatung einen guten Start. Neben den Eltern sind auch beide Kinder gekommen: Leon ist 11 Jahre alt und seine Schwester Natalie 14. Natalie feilt sich die Fingernägel während der Sitzung und wirkt extrem gelangweilt, während Leon schuldbewusst erscheint. Ihn nervt weniger, dass er geklaut hat, sondern dass er so blöd war, sich erwischen zu lassen. Ich frage Leon, wie er sich die ganze Situation erkläre und er antwortet nach einigem Zögern:

Ich habe nur Scheißklamotten im Schrank, mit denen kann ich mich in der Schule nicht mehr sehen lassen. Ich habe nur noch ein Paar Jeans, die ich immer anziehe und deshalb hab ich mir neue geklaut. Meine Eltern geben mir ja nicht genug Taschengeld und die meisten Klamotten, die ich habe, zieh' ich nicht mehr an.

Es stellt sich heraus, dass die Kinder in Leons Klasse nur Markenware tragen. Er hat sich geschämt, in seinen normalen Klamotten in die Schule zu gehen und daher die Markenwaren geklaut. Diese Erklärung von Leon war für die Familie ebenso simpel wie erschütternd. Seine Mutter zählte ihm auf, wie viele Hosen, Hemden, T-Shirts und Pullover er in seinem Schrank habe, aber er winkte nur ab, das sei alles Schrott, das könne man doch in seinem Alter nicht mehr anziehen. Sein Vater rechnete ihm vor, was diese Klamotten mit dem Label alles kosten würden und dass er sich dies nicht leisten könne. Daraus entwickelte sich eine gemeinsame und sehr spannende Diskussion über alle Labels der Familie und wie viel Geld sie kosten würden.

Ich fragte den Vater nach seinen Labels. Als erstes fiel ihm der Stern auf seinem Auto ein, aber der Mercedes garantiere ja nicht nur ihm ein gutes Gefühl auf der Straße, sondern auch Sicherheit für seine Familie. Da er nebenbei erzählte, dass er Tennis spiele, fragte ich ihn nach der Marke seines Schlägers und er antwortete, er spiele nur noch mit Babolat, die seien besser als Wilson, und außerdem würden alle im Verein nur noch mit Babolat-Schlägern spielen. Als ich ihn frage, wo er denn seine Klamotten kaufe, antwortete er, dass er seit Jahren nur noch bei Ansons kaufe, das sei nun mal Qualität, er würde überhaupt nicht mehr in andere Läden gehen. Und meiner Frage zuvorkommend bemerkt er, sein Laptop sei ein Mac, das sei nun mal der Mercedes unter den Laptops, seitdem er den habe, gebe es keine Probleme mit Viren mehr. Der Mann erscheint rundum gut ausgestattet, alles Markenwaren. Er fühlt sich geschmeichelt, als ich seinen guten Geschmack lobe, bemerkt aber einschränkend, dass seine Tennishemden von Lacoste alle auf dem Polenmarkt gekauft worden seien, im letzten Urlaub in der Nähe von Usedom. Seine Frau beginnt ihren kleinen Bericht mit dem Hinweis, ihre Louis-Vitton-Tasche sei ein Imitat aus der Türkei, die habe ganz wenig gekostet, zumindest viel weniger als die echte. Und in ihrer ganzen Modekollektion gebe es nur zwei Artikel von Prada, aber Natalie verbessert ihre Mutter sofort und sagt, es wären fünf. Der vollständige Bericht der Familie, an dem sich zunehmend alle lebhaft beteiligen, besteht aus einer Aufzählung von Marken und Labels. Am Schluss bemerke ich, dass sich ja alle sehr gut auskennen würden und Leon einen guten Geschmack habe, eben ein richtiges Kind seiner Familie sei. Er grinst seinen Vater an und der scheint leicht irritiert.

Dann frage ich sie alle, welche Bedeutung diese Symbole für sie hätten: Der Mercedes steht für Sicherheit und Qualität, Louis-Vitton für Exklusivität und guten Geschmack, Lacoste für Erfolg und Sportlichkeit, Prada für Weiblichkeit und Eleganz usw. Meine Frage, ob sie diese Attribute in ihrem Leben nicht auch anders erreichen könnten, finden die Kinder schräg und die Eltern ungewöhnlich, aber irgendwie auch verständlich. Sie hätten bis jetzt immer gedacht, sie seien normal. Aber anscheinend seien diese Markenlabels doch wichtiger, als sie bislang glaubten. Aber wenn Leon die Schule schwänze, weil er nicht genügend Markenjeans habe und sie dann auch noch klaue, sei irgendwie Schluss mit lustig.

Zudem fällt dem Vater auf, dass diese Symbolik der Markenlabels recht teuer sei, bestimmt ein Drittel des Preises gehe jeweils auf das Label. Symbolik ist eben etwas teurer. Meine Bemerkung, in der heutigen Welt würde mehr Geld für Modeartikel und Kosmetika ausgegeben als für Nahrungsmittel, finden sie nicht ungewöhnlich oder zu moralisch, sondern bestätigt sie in ihrem Gefühl absoluter Normalität. Alle sind sich darin einig, dass Kleidung mehr sein müsse als ein warmer Schal oder bequeme Schuhe. Und Leon ergänzt, dass er sich ohne seine Pudelmütze nackt fühlen würde, so sei das nun mal im Leben. Und warum, frage ich ihn, hat er nun die Jeans geklaut, warum muss es unbedingt die Markenjeans sein? Er zuckt die Schultern und sagt: *Weil die »in« ist, weil sie alle haben, weil ich dazu gehören will und wenn ich die nicht habe, dann bin ich draußen.*

Nur mit dieser Jeans ist er ein Teil seiner Gruppe und das Label symbolisiert seine Haltung, seinen Lebensstil. Wenn er nicht dazu gehören kann, dann besorgt er sich das Label auf seine Art. Er sehnt sich nicht nach einer Jeansmarke, sondern nach Zugehörigkeit zu seiner Gleichaltrigengruppe. Aber die Jeans ist das Eintrittsticket, ohne das er nicht in die Gruppe hineingelassen wird. Man muss die Sache von ihrer Bedeutung unterscheiden, denn eine Hose ist nicht nur eine Hose. Für Leon kann die richtige Hose Freundschaft bedeuten und die falsche zu tiefer Einsamkeit führen. Sehnsüchte haben immer eine besondere Beziehung zur Symbolik. Sie treten auf in einer Verkleidung oder einer Maske und man muss diese lesen können, um die hinter den Dingen verborgenen Sehnsüchte zu verstehen.

Symbolische Handlungen

Wenn eine Fahne ein Symbol darstellt, dann kann das Verbrennen einer Fahne die massiven Aggressionen gegen das Land zum Ausdruck bringen und zugleich können diese Aggressionen in der symbolischen Handlung des Verbrennens zu einem Teil befriedigt werden. Der Anschlag auf die Twintowers des World Trade Centers und das Pentagon am 11. September 2002 hat die US-Amerikaner auch deshalb so verletzt, weil damit nicht nur wichtige Gebäude, sondern nationale Symbole getroffen wurden, neben all den Tausenden von Toten, die dabei starben. Für Al-Qaida und die mit dieser Terrororganisation sympathisierenden Menschen war dieser Anschlag zugleich eine symbolische Wunscherfüllung nach umfassender Rache. Und beide Seiten verbinden mit den Anschlägen bis heute tiefe Gefühle von Demütigung, Schmach, Rache und Stolz. Auch der Streit um die Mohammed Karikaturen wurde deshalb so emotional geführt, weil es sich um heilige islamische Symbole handelt, mit denen sich die Moslems in aller Welt identifizieren. Wenn Menschen irgendwo auf der Welt sich auf besondere Weise mit ihren Symbolen identifizieren, dann wird die Verletzung der Symbole auch als persönliche Kränkung und Verletzung erlebt.

Die Verletzung der Symbole kann persönlichen Schmerz herbeiführen. Auch die besonderen Folterpraktiken der US-Armee im Irakkrieg bestanden neben den physischen Schmerzen vor allem im seelischen Schmerz der tiefen Erniedrigung, Beschämung und Demütigung. Wenn muslimische Männer gezwungen werden, nackt vor weiblichen Soldatinnen der US-Armee zu masturbieren, dann ist der Schmerz der Kränkung, Beschämung und Demütigung für die Betroffenen unerträglich. Symbolik kann foltern.

Auf der anderen Seite kennen wir alle die Politiker, die sich auf ihren Wahlkampftourneen gern mit Kindern zeigen und ihnen über den Kopf streicheln. Damit wollen sie auf hochsymbolische Weise ihre Kinderfreundlichkeit oder auch ihre Väterlichkeit zum Ausdruck bringen. Die Botschaft lautet: Seht her, ich bin ein Freund der Kinder und werde im Amt auch für eure Kinder sorgen. Und mit dieser symbolischen Handlung soll zugleich die verbreitete Sehnsucht der Menschen befriedigt werden, als Politiker nicht nur kalte Technokraten wählen zu können, sondern warmherzig sorgende Menschen.

Symbolische Handlungen haben also mehrere Seiten: Sie sind erstens eine Aussage über diejenigen, die sie ausführen, über ihre Absichten, Ziele und Wünsche. Zweitens sollen sie bei den Empfängern etwas bewirken, sowohl Glück als auch Schmerz, Sorge und Liebe. Drittens sagen sie etwas aus über die Art der Beziehung beider zueinander, dann heißt die Botschaft: Wir haben eine sorgende, eine zerstörerische, eine liebende oder eine Machtbeziehung. Manchmal ist dies alles gar nicht eindeutig, dann zweifelt man, was mit einer symbolischen Handlung ausgedrückt werden soll. Dann sind die symbolischen Handlungen nur in einem individuellen Kontext zu verstehen. Wenn beispielsweise eine Frau ihren Mann streichelt, dann kann dies ein symbolischer Ausdruck einer emotionalen Nähe sein oder der Versuch, damit eine solche Nähe herzustellen. Hier entsteht ein großer Raum für Missverständnisse, den man kaum vermeiden kann. Die Absichten hinter den symbolischen Handlungen müssen ebenso wie die damit verbundenen Ängste thematisiert werden. Dann brauchen wir einen Prozess der gegenseitigen Selbsteröffnung, in dem die Menschen sich öffnen und möglichst angstfrei über die Symbolik ihrer Handlungen informieren. Das Ergebnis dieses Prozesses nennt man Intimität. In einer intimen Beziehung – einer Liebesbeziehung, Partnerschaft, Geschwisterbeziehung oder auch engen Freundschaft – kann ein hohes Maß an Aufklärung über die Absichten symbolischer Handlungen erreicht werden, aber letztlich nie eine absolute Sicherheit. Denn manchmal wissen die Betroffenen selbst nicht, was genau sie nun damit sagen wollten, dann sind ihnen die eigenen Motive nicht bewusst und sie merken vielleicht erst an ihren symbolischen Handlungen, welche Sehnsüchte sie haben.

Eine leidenschaftliche Dienstreise

Sagen Sie mal, ist ein One-Night-Stand auch schon eine Liebesaffäre? Sie sind doch da ein Experte.

Es kommt nicht auf die Dauer an, sondern auf Ihre Gefühle. Wie kam es denn dazu und wie haben Sie sich gefühlt?

Es war eine normale Dienstreise. Wir hatten ein Meeting in Berlin, ein sehr schönes Hotel am Kanal mit großem Schwimmbad und Wellnessbereich, es gab ruhige Zimmer, das Hotel war richtig zum Wohlfühlen. Dann haben wir nach dem anstrengenden Arbeitstag abends noch an der Bar gesessen. Irgendwie hatte es sich so ergeben, dass der eine Kollege aus München und ich die ganze Zeit zusammen waren, seine Gegenwart empfand ich als angenehm, irgendwie intensiv ohne aufdringlich zu sein. Wir haben viel geredet und gar nicht gemerkt, dass wir irgendwann allein waren. Dann kam er auf die verrückte Idee, noch schwimmen zu gehen. Es war eine tolle Atmosphäre in dem Schwimmbad, indirekte Beleuchtung, warmes Wasser, den Cocktail hatten wir mitgenommen, keiner hat uns gesehen. Ich hatte noch nie Sex im Schwimmbad gehabt, einfach toll. Danach sind wir noch auf mein Zimmer und hatten eine leidenschaftliche Nacht.

Und was verstehen Sie daran nicht?

Sie müssen wissen, dass ich seit Jahren glücklich verheiratet bin, und ich betone: glücklich! Ich habe mir hinterher fürchterliche Vorwürfe gemacht, weil ich meinen Mann betrogen habe. Das Schlimmste war für mich, dass ich es so toll fand und dass ich den Mann gerne wiedersehen möchte. Was mache ich nun?

Was fanden Sie denn so toll daran?

Die Leidenschaft, ich habe mich lange nicht mehr so begehrt gefühlt und war selbst auch lange nicht mehr so leidenschaftlich, wie in dieser Nacht. Das war wie eine Droge, das will ich wieder haben. Ich habe eine richtige Sehnsucht nach dieser Leidenschaft gespürt und die lässt mir keine Ruhe.

Und haben Sie nach diesem Erlebnis auch mit Ihrem Mann noch einmal Sex gehabt?

Genau, ja … und das hat meine Sehnsucht nach Leidenschaft nur noch gesteigert.

Das heißt, Sie haben das Erlebnis nicht in Ihre Partnerschaft übertragen können?

Nein, und ich wüsste auch nicht, wie ich das machen sollte.

Sie könnten ja mit Ihrem Mann darüber reden, dass Sie sich nicht mehr so begehrt fühlen und Ihnen die Leidenschaft fehlt. Oder Sie könnten es auch einfach machen und ihn verführen?

Das klingt nach einer kalten Dusche.

Oder nach einem Reanimationsprogramm?

Genau, das ist das richtige Wort, meine sexuelle Beziehung zu meinem Mann liegt im Koma, sie ist tot und braucht eine Reanimation.

Ja, und anscheinend haben Sie damit schon angefangen. Sie haben sich von außen eine große Portion Leidenschaft geholt, mit der Sie Ihre Beziehung zu Ihrem Mann reanimieren könnten, die Frage ist nun, ob Sie das wollen oder nicht.

Warum ist es eigentlich immer so anstrengend bei Ihnen, kann man nicht einfach mal in Ruhe eine Liebesaffäre haben?

Bei dem letzten Satz lacht die Klientin. Bis zu der Dienstreise wähnte sie sich als eine glückliche Frau in einer glücklichen Partnerschaft. Ihre nächtliche leidenschaftliche Begegnung mit einem Kollegen auf der Dienstreise war der symbolische Ausdruck für eine Sehnsucht, die ihr bis dahin gar nicht bewusst war. Sie hat erst an ihren eigenen Handlungen gemerkt, wonach sie sich sehnt, was ihr und ihrer Beziehung fehlt. Erst dadurch konnte sie das Problem der fehlenden sexuellen Leidenschaft mit ihrem Mann angehen. Sie hat beschlossen, mit ihm ein Wellness-Wochenende zu machen und ihn zu verführen. Ergebnis offen, meinte sie.

Eine Pariser Affäre

Im Jahr 2002 wurde der Film *Casablanca* vom *American Film Institute* zum besten US-Liebesfilm aller Zeiten gewählt. Es ist wahrscheinlich auch der beste Film, der jemals über die Liebessehnsucht gedreht wurde. Und auch hier geht es um die Liebesaffäre einer verheirateten Frau.

Es ist das Jahr 1942, die Zeit des Zweiten Weltkrieges. Ilsa Lund (gespielt von Ingrid Bergmann) ist mit dem tschechischen Widerstandskämpfer Victor Laszlo verheiratet, glaubt aber, dass er von den Nazis umgebracht wurde. In Paris hat sie eine leidenschaftliche Affäre mit dem Amerikaner Rick Blaine (gespielt von Humphrey Bogart). Als die Deutschen in Paris einmarschieren, wollen sie gemeinsam fliehen, aber dazu kommt es nicht. Ilsa lässt Rick eine Nachricht zukommen, dass sie nicht mitkommen könne. Rick erfährt den Grund erst in Casablanca: Ilsa hat herausgefunden, dass ihr Mann Victor noch lebt und kehrte zu ihm zurück. Ein Jahr später sind Ilsa und Victor auf der Flucht vor den Nazis und versuchen von Casablanca aus in die USA zu gelangen. Dazu brauchen sie beide ein Visum, das man in Ricks Café bekommen soll. Victor bietet Rick 200 000 Francs, aber dieser lehnt ab. Er liebt Ilsa immer noch und kann sich nicht dazu durchringen, seinem Kontrahenten dabei zu helfen, mit der Frau zu fliehen, die er selbst liebt. Erst als Ilsa ihm gesteht, dass sie auch für ihn noch Liebe empfindet, gibt er ihr und seinem Konkurrenten die Visa und ermöglicht ihnen die Flucht, obwohl er selbst Kopf und Kragen dabei riskiert. Warum hilft er ihr mit ihrem Mann zu fliehen, obwohl er sie liebt? Weil er sie liebt! Warum lässt er sie gehen und versucht nicht, sie bei sich zu behalten? Weil er sie liebt! Liebe ist Verzicht, Liebe ermöglicht Verzicht und aus dem liebenden Verzicht entsteht Sehnsucht. Der Film endet in nächtlicher Melancholie auf dem Flughafen, Rick bleibt allein zurück und alle Zuschauer spüren nicht nur die tiefe Liebe, die ihn zu diesem heroischen Verzicht geführt hat, sondern auch den starken Wunsch, Ilsa irgendwann wiederzusehen und die gemeinsame Liebe doch noch leben zu können. Der Liebeswunsch bleibt jedoch unerfüllt und verwandelt sich in Sehnsucht. Rick tröstet am Ende Ilsa: *We'll always have Paris.*

Die Sehnsuchtsindustrie

Los Angeles hat einen Stadtteil mit der Postleitzahl 90028, in dem eine große Sehnsuchtsindustrie seit Jahrzehnten einen ihrer umsatzstärksten Produktionsorte hat: Hollywood. Werden hier menschliche Sehnsüchte lediglich verfilmt oder gezielt erschaffen? Liefert die Traumfabrik Hollywood nur die Bilder und Filme zu unseren bestehenden Träumen oder kreiert sie neue, die wir sonst niemals träumen würden? Man könnte pragmatisch meinen, dies sei relativ egal, wichtig sei allein der Unterhaltungswert. Aber mit dieser Haltung würden wir allzu unkritisch der Entertainment-Industrie das Wort reden, denn es geht um viel mehr als Unterhaltung und Geld. Die eigentliche Frage lautet: Werden hier menschliche Sehnsüchte auf subtile Weise manipuliert und kommerzialisiert, indem immer mehr künstliche Bedürfnisse und Wunschträume in uns geweckt werden, die uns von den eigentlichen menschlichen Wünschen und Träumen immer mehr entfernen? Oder ändern sich nur die Darstellungen und Inszenierungen, die Show und die technischen Effekte, aber die Themen bleiben grundsätzlich gleich? Ist die Sehnsuchtsindustrie also eher ein Fluch als ein Segen? Zieht sie uns mit Illusionen das Geld aus der Tasche oder hält sie uns den Spiegel unserer tiefsten, unbewussten Sehnsüchte vor? Es gibt einige Gründe zu vermuten, dass sie das eine mit dem anderen versucht: In immer neuen Variationen macht sie viel Geld mit unseren Sehnsüchten, mit den alten, den neuen, den modernen, den ewigen und auch den neu erschaffenen. Aber sie verdient ihr Geld weniger mit der Inszenierung dieser oder jener Sehnsucht, als vielmehr mit unserer Sehnsucht nach der Sehnsucht! Wären Menschen nicht süchtig nach der Sehnsucht, dann hätte die Sehnsuchtsindustrie in Hollywood keine Zukunftschancen mehr. Menschen brauchen anscheinend starke Wünsche und große Träume, um ihrem Leben einen besonderen Sinn zu verleihen, persönliche Ziele zu setzen oder eigene Lebensentwürfe zu entwickeln. Wir alle haben eine Sehnsucht nach der Sehnsucht, nach dem Raum des Möglichen, nach Veränderung in Verbindung mit Hoffnung, so dass nicht nur die Wunscherfüllung das Ziel ist, sondern der sehnsuchtsvolle Zustand, in dem noch alles möglich war, bevor das Leben eine Entscheidung getroffen hat.

Kritik und Utopie

Der Film *Avatar – Aufbruch nach Pandora* ist der erfolgreichste Film aller Zeiten. Er hat bisher mehr als drei Milliarden Dollar eingespielt und ein Ende ist nicht absehbar, denn mindestens zwei weitere Folgen sind für die nächsten Jahre geplant, natürlich in 3D. Der Film spielt im Jahre 2154. Da es auf der Erde keine Rohstoffvorkommen mehr gibt, sucht ein amerikanischer Konzern im Weltall nach Planeten, deren Rohstoffe ausbeutbar sind und findet Pandora. Dort gibt es zwar riesige Rohstoffvorkommen, aber für Menschen keine Luft zum Atmen, gefährliche Tiere, besondere Winde und die menschenähnliche Rasse der Na'vi. Diese Wesen sind über drei Meter groß, haben blaue Haut und gelbe Augen, leben in Einklang mit der Natur und sind zutiefst spirituelle Wesen. Zur Unterwanderung dieses Volkes der Na'vi werden Avatare geschaffen, künstliche Wesen kreiert aus einer DNS von Menschen und Na'vi. Sie sehen aus wie Na'vi, werden aber von Menschen durch Gedankenverbindung gesteuert.

Der ehemalige US-Marine Jake Sully, der nach einem Kampfeinsatz querschnittsgelähmt ist, wird als Avatar auf Pandora eingesetzt. Er ist ein Söldner, der sich verkauft, um damit das Geld für eine große Operation seiner Querschnittslähmung zu verdienen. Auf seinen ersten Erkundungen als Na'vi wird er von Raubtieren angegriffen und durch die Häuptlingstochter Neytiri gerettet. Sie lehrt ihn nicht nur das Überleben auf dem Planeten, sondern auch das Denken ihres Volkes. Beide verlieben sich ineinander. Immer mehr gerät Jake Sully als Avatar in einen inneren Konflikt, ist hin- und hergerissen zwischen seinem ursprünglichen Auftrag, die Na'vi auszuspionieren und seiner zunehmenden Sympathie für ihr Denken und ihre Lebensweise. Als das militärische Einsatzkommando sieht, wie die Unterwanderung durch die Avatare scheitert, beschließen sie nur noch mit Gewalt gegen die Na'vi vorzugehen, um sich den Zugang zu den Rohstoffen zu sichern. Der Film endet in einem klassischen amerikanischen Showdown, dem Kampf zwischen Jake Sully als Avatar und dem militärischen Führer Colonel Quaritch, der durch das Eingreifen von Neytiri entschieden wird. Sie tötet den Militärführer mit zwei Pfeilen und rettet Jake Sully. Die irdische Streitmacht wird besiegt und anschließend gezwungen, den Planeten Pandora zu verlassen. Jake Sully entscheidet sich als Na'vi auf Pandora zu bleiben.

Die symbolische Aussage des Films besteht zunächst in einer scharfen Kritik am US-amerikanischen Imperialismus. Hier wird nicht der typische amerikanische Held gefeiert, der den unterentwickelten Völkern der Welt Frieden und Freiheit, zur Not auch mit militärischer Gewalt bringt. Der amerikanische Söldner in diesem Film verkauft sich anfangs für Geld, um seine eigenen Interessen umzusetzen, erkennt dann aber die Ungerechtigkeit seines Auftrages, wendet sich davon immer mehr ab und öffnet sich für die Gedanken des fremden Volkes, das er eigentlich helfen soll zu unterwerfen. Die US-Militärmaschinerie wird im Film nicht durch ihre ideologischen Ziele verklärt, sondern als eine brutale, dumpfe, rücksichtslose, rassistische und gewaltsame Truppe dargestellt, die ausschließlich militärische Mittel zur Durchsetzung ihrer ökonomischen Interessen einsetzt. Der Film nimmt die Perspektive der Opfer ein, weshalb er von den Republikanern stark angefeindet wurde.

Es scheint, als diene der Film einer kulturellen Entlastung der amerikanischen Seele von massiven Schuldgefühlen. Der sogenannte *Krieg gegen den Terror* hat tiefe Spuren in der amerikanischen Seele hinterlassen, die systematischen Menschenrechtsverletzungen müssen anscheinend kulturell aufgearbeitet werden. So kommentiert die amerikanische Publizistin Naomi Wolf:

Ironischerweise dürfte Avatar mehr dazu beitragen, das verdrängte Wissen der Amerikaner über die Seichtigkeit ihrer nationalen My-

thologie angesichts ihrer repressiven Präsenz in der übrigen Welt zu exhumieren als alle Leitartikel, College-Kurse oder selbst Proteste außerhalb der amerikanischen Grenzen. Nicht, dass ich mich darüber beschweren will; Hollywood hat eben eine derartige Macht. Doch im Falle von Avatar wurde die Macht des amerikanischen Filmwesens ausnahmsweise einmal auf die amerikanische Selbsterkenntnis ausgerichtet, statt auf den amerikanischen Eskapismus.[85]

Man kann den Film also im symbolischen Sinne als eine Selbstaussage oder gar Selbsterkenntnis der US-Amerikaner bezeichnen, in dem tiefe Schuldgefühle aufgearbeitet werden sollen. Aber der Erfolg und die Faszination des Films erklären sich nicht nur damit. Die Kritik der irdischen Militärstrategie ist nur die eine Seite, die andere Seite bezieht sich auf die Vision, wie sie durch das Leben, die Kultur und die schöne Seele der Na'vi in fantastischen Bildern beschrieben wird. Insofern ist Avatar auch ein Film über die Sehnsüchte am Anfang des 21. Jahrhunderts. Wenn man die Zahl der Zuschauer als eine Art Abstimmung versteht, dann würde sich die große Mehrheit der Weltbevölkerung für den Planeten Pandora entscheiden und nicht für die Erde. Der Film Avatar handelt letztlich von der großen Sehnsucht nach einem harmonischen Leben im Einklang mit den Menschen und der Natur. Und am Ende steht eine klare Entscheidung für die Sehnsucht nach einem anderen Leben, gegen eine zerstörerische irdische Wirklichkeit und für die friedliche positive Utopie.

8. Das Paradies und die Hölle –
Von sozialen Utopien

Und es entstand die erste,
die goldene Zeit
Ohne Rächer, ohne Gesetz,
von selber bewahrte man
Treue und Anstand.
Ovid
Metamorphosen

Wie sollte eine Gemeinschaft, eine Gesellschaft oder gar ein
Staatswesen aussehen, in dem möglichst viele Menschen glücklich sind? Wie kann *Das größte Glück der größten Zahl – The
greatest happiness of the greatest number* – in einem menschlichen
Gemeinwesen erreicht werden, wie es Jeremy Bentham in der
nach ihm benannten Formel formuliert hat. Solange es Menschen gibt, haben sie sich mit dieser Frage beschäftigt und für
diese Sehnsucht unterschiedliche Namen gefunden: Paradies,
Utopie, Sozialismus, Atlantis, Ecotopia oder einfach die andere
Welt. Diese Entwürfe einer idealen Gesellschaft kamen häufig als
Satire daher und waren eine beißende Kritik der herrschenden
Verhältnisse. Es sollte weniger das mögliche Paradies beschrieben als vielmehr die bestehende Hölle kritisiert werden. Dazu
wurden die Konzepte in die weite Zukunft oder auf den Mond
verlegt, an das Ende der Welt auf eine ferne Insel oder gar in den
siebten Himmel.

Wie im siebten Himmel

Aller aufgeklärten Vernunft zum Trotz glauben die meisten Menschen an das Paradies und die Hölle. Danach kommen wir Menschen aus dem Paradies und kehren eventuell auch dahin zurück. Dazwischen verbringen wir auf dieser Erde eine gewisse Zeit, die nur in wenigen Momenten paradiesisch genannt werden kann. Viele Menschen erleben und erleiden dagegen viel zu lange »die Hölle auf Erden« und nicht wenige erwartet nach ihrem irdischen Dasein eine noch viel schlimmere Hölle im Jenseits. Einig sind wir uns fast alle darin, dass das Paradies und die Hölle ungerecht verteilt sind. Und gäbe es eine wirkliche Gerechtigkeit, dann müssten viele Menschen, die paradiesisch leben, in die Hölle, und andere, die eine Hölle ertragen müssen, hätten eigentlich das Paradies verdient. Daher ist die menschliche Sehnsucht nach dem Paradies eigentlich eher eine Sehnsucht nach dem Ende der Hölle. Dies wiederum wirft die Frage auf, was eigentlich genau das Paradies sein könnte und wie es dort im Einzelnen zugeht? Aber mit solchen Details befasst sich die Paradies Sehnsucht kaum, darüber geht sie geradezu schwärmerisch und leichtfertig hinweg. Hauptsache Paradies, danach sehen wir weiter. Ob es nun 70 blonde Jungfrauen für jeden Mann sein werden oder doch weniger (was bekommen eigentlich die Frauen?), ob Milch und Honig im Überfluss fließen und die gebratenen Hähnchen einem wirklich auf Wunsch in den Mund fliegen, ob dann alle unsterblich sein werden, ob wir dort alle wiedersehen werden, die wir hier schon lange vermissen, ob im Paradies wirklich immer Mozart erklingt, und ob dieses ganze Paradies auf Dauer nicht eher langweilig wird – dies alles interessiert im Moment nicht wirklich. Man kann sich auf eine einfache Formel einigen: Das Paradies ist einfach zu schön, um wahr zu sein.

Der römische Dichter und Gelehrte Ovid hat in seinen Metamorphosen ein goldenes Zeitalter in einer vorgeschichtlichen

Zeit vor dem Sündenfall beschrieben, in dem die Menschen ein leichtes, sorgenfreies, glückliches und paradiesisches Leben im Einklang mit einer reichhaltigen Natur geführt haben. Die frühesten Paradiesvorstellungen sehen das Paradies in einem ewig fruchtbaren Garten (Eden), der von einem Fluss bewässert wird, der niemals versiegt. Adam und Eva lebten in diesem Garten, bemerkenswerterweise ohne Kinder. Nach islamischem Glauben wurden Adam und Eva an verschiedenen Punkten ausgesetzt und mussten sich erst finden. Dies geschah am Berg Arafat, an dem auch der Prophet Mohammed im Jahre 632 n. Chr. seine Abschiedspredigt hielt. Die Vereinigung von Adam und Eva ist im Islam also eine Liebesgeschichte, während die Geschichte dieser beiden ersten Menschen im Christentum mit dem Sündenfall, ja sogar mit der Erbsünde aller Menschen verbunden wird. Auch im jüdischen Glauben gibt es dagegen keinen Sündenfall und schon gar keine Erbsünde.

Das Paradies ist eine von Gott erschaffene Welt, in der alle menschlichen Bedürfnisse befriedigt werden. Das Paradies wird in einem hierarchischen Zusammenhang gesehen, deshalb spricht man von einem Gefühl »wie im siebten Himmel«. Solche hierarchischen Vorstellungen finden sich im Mittelalter häufig, beispielsweise bei Dante in der *Göttlichen Komödie* (Comedia Divina), in der es mehrere aufsteigende Kreise der Hölle gibt. Hier ist der Gedanke des Gegenentwurfs naheliegend, weil ja auch die gesellschaftlichen Verhältnisse unserer Welt seit jeher hierarchisch sind, daher auch die Konzeption von Paradies und Hölle; das eine himmlisch, also »oben« verortet, das andere »unten«, in den Abgründen.

Tiere, Pflanzen und alle Menschen leben im Paradies in Harmonie miteinander ohne Kriege, Hunger, Durst, Krankheit und Unterdrückung. Es herrschen Frieden, Gerechtigkeit, Gleichheit und ewiges Leben. Beschreibungen des Paradieses finden sich in allen Kulturen und Religionen, insbesondere der Bibel und dem Koran.

Im psychologischen Sinne ist das Paradies immer eine Metapher für ein umsorgtes und beschütztes Leben im Kreise der Familie gewesen. So spricht man von der Vertreibung aus dem Paradies, wenn ein Einzelkind ein Geschwisterkind bekommt und dann nicht mehr allein alle Aufmerksamkeit und Liebe der Eltern bekommt. Auch die Jugendzeit, die mit der Ablösung von den Eltern endet, wird mit einer Vertreibung aus dem Paradies gleichgesetzt. Wahrscheinlich gibt es nur wenige Sozialromantiker, die das Leben in einer Familie als ein Paradies ansehen würden. Der Vergleich mit der Hölle würde schon eher auf Zustimmung stoßen und dies nicht nur bei pubertären Jugendlichen.

Die große Ordnung

Schon vor ca. 2400 Jahren hat Platon mit seinem Werk *Politeia* einen utopischen Entwurf eines Staates beschrieben, der wahrscheinlich ein reales Vorbild in Sparta hatte[86]. Darin spricht er sich für die Abschaffung des Privateigentums aus, es sollte nur noch das Gemeineigentum geben. Alle Bürger sollen also alles gemeinsam besitzen und sich wie Freunde alle Güter teilen, auch die Frauen. Sein Thema ist nicht die Freiheit, Gleichheit oder Gerechtigkeit, sondern die Frage der richtigen Ordnung in einem modernen Staatswesen. Diese Ordnung ist hierarchisch und ergibt sich aus der naturbedingten Ungleichheit der Menschen: Es gibt Menschen wie Gold, die eine Elite darstellen und eher Philosophen und andere Gelehrte sind, andere wie Silber und wieder andere wie Eisenerz, die Arbeiter und Bauern sein sollten. Für den einzelnen Menschen gehe es nicht darum, seine individuellen Bedürfnisse zu befriedigen, sondern seinen Platz in der Hierarchie zu kennen und einzunehmen, also dem Ganzen zu dienen. Wenn es allen gut gehe, dann gehe es auch den Einzelnen gut, anders ausgedrückt: *Das Glück des einzelnen besteht darin, dem Staat zu dienen und damit zum Gemeinwohl beizutragen.* Eine moderne Variante hat J. F. Kennedy durch seinen Ausspruch geprägt: *Frage nicht, was dein Land für dich tun kann, frage, was du für dein Land tun kannst!*

Für die privaten Beziehungen in Platons Staat bedeutet dies, dass nur die Tapferen und Besten miteinander Geschlechtsverkehr haben sollten, um den *Jünglingen, die sich wacker im Kriege oder sonst wo gezeigt haben ... reichlichere Erlaubnis zur Beiwohnung der Frauen, damit zugleich auch unter gerechtem Vorwand die meisten Kinder von solchen erzeugt werden*[87]. Ehe und Familie haben eine geringe Bedeutung: Eher geht es darum, *dass diese Weiber alle allen diesen Männern gemeinsam seien, keine aber irgendeinem eigentümlich beiwohne, und so auch die Kinder gemeinsam, so dass weder ein Vater sein Kind kenne, noch auch ein Kind seinen Vater*[88]. Diese staatlich gelenkte Zeugung der Kinder soll aber nur so lange gelten, wie die Menschen fruchtbar sind, danach können sie sich mischen und paaren, wie es ihnen beliebt. Frauen sind aber in Platons Staat nicht für Schwangerschaft und Geburt, Heim und Herd zuständig, sondern in allen Belangen den Männern gleichgestellt. Männer und Frauen erhalten die gleiche körperliche und musische Erziehung, können alle Berufe frei wählen, und Frauen trainieren sogar nackt zusammen mit den Männern in den Gymnasien. Eine wahrhaft utopische Idee, die nach meiner Kenntnis bis heute noch nirgendwo realisiert wurde.

Utopia

Das Paradies, den Entwurf einer idealen humanistischen Gesellschaft, nennt man seit 500 Jahren eine Utopie. Der Begriff geht auf den englischen Staatsmann und Philosophen Thomas Morus zurück, der 1516 ein Buch über eine Insel am Ende der Welt veröffentlichte, die er Utopia, wörtlich übersetzt *Nicht-Ort* nannte: *De optimo reipublicae statu, deque nova insula Utopia.* Während heute für die meisten Menschen die ideale gesellschaftliche Utopie eher in der Zukunft liegt, war das damalige Denken am geo-

grafisch Unerreichbaren orientiert. Man kann es auch so inter-
pretieren: Da wir heute die Welt bis in die hintersten Winkel
kennen, wissen wir, dass auf diesem Planeten keine ideale
menschliche Gesellschaft existiert, schon gar nicht das Paradies,
und müssen daher unsere Wunschvorstellungen in die ferne Zukunft projizieren.

Fast 500 Jahre nach dem Erscheinen des ersten und zweitens
Buches der *Utopia* und nach Hunderten von Interpretationsver-
suchen dieses außerordentlichen Werkes der politischen Philo-
sophie rätselt die Fachwelt immer noch, was der Autor Thomas
Morus der Welt damit sagen wollte. Alle möglichen Wissenschaf-
ten können sich auf das Buch mit Recht berufen und es als ihr
Grundlagenwerk reklamieren: Sozialisten und Kapitalisten,
Christen und Heiden, Machiavellisten und Reformer.

Obwohl es gar nicht so einfach ist, die Sehnsucht nach einem
menschlichen Zusammenleben konkret werden zu lassen, hat
Thomas Morus den Entwurf einer utopischen Gesellschaft detail-
liert ausformuliert: Zunächst beschreibt er genau die Geografie
des Landes, dann die Städte, die Obrigkeiten, die Handwerke, den
normalen Tagesablauf in Utopia, den Umgang der Utopier miteinander, ihre Reisen, die Rolle der Sklaven, das Kriegswesen, ihre
religiösen Anschauungen, das Gemeinwohl, die Verfassung und
Gesetzgebung und auch das Verschwinden der Religion. Er ist natürlich ein Mann seiner Zeit, wenn er schreibt: *Ehebrecher werden
mit härtester Sklaverei bestraft … Die Ehemänner züchtigen ihre
Frauen, die Eltern ihre Kinder …*[89] Aber in den meisten impliziten
Ansichten ist er ein Vorläufer der Aufklärung. So freut er sich
darüber, dass *dort mit dem Gebrauch des Geldes zugleich die Geld-
gier gänzlich beseitigt ist!*[90] Auch er ist für die Abschaffung des Privateigentums, hält die Armut für die Folge einer egoistischen
Machtpolitik einer reichen Minderheit über eine verarmte Mehrheit und führt die Kriminalität wiederum auf die Armut zurück.

Zur Rolle der Religion schreibt er: *Der weitaus vernünftigste
Teil des Volkes glaubt an nichts von alledem …*[91] Er schlägt vor,

man solle von den 24 Stunden des Tages *nur sechs davon der Arbeit widmen: drei vormittags, worauf sie zum Essen gehen; nach dem Mittagessen ruhen sie dann zwei Nachmittagsstunden, arbeiten wieder drei Stunden und beschließen den Arbeitstag mit dem Abendessen.*[92] Wenn es kein privates Profitstreben gebe, kein Kampf um die Vermehrung des Vermögens oder die Sicherung der Märkte und die meisten Menschen glücklich und zufrieden wären, dann gebe es auch keinen Grund für eine Massen-Aggression wie den Krieg: *Den Krieg verabscheuen die Utopier aufs höchste als etwas ganz Bestialisches.*[93] Und am Ende gesteht er, *dass es in der Verfassung der Utopier sehr vieles gibt, was ich in unseren Staaten eingeführt sehen möchte. Freilich ist das mehr Wunsch als Hoffnung*[94]. Das wichtigste ist für ihn die *Freiheit und Pflege des Geistes*, darin liege nach Meinung der Utopier *das Glück des Lebens.*[95]

Waren die utopischen Überlegungen von Thomas Morus nichts anderes als eine bloße Schimäre, ein phantastisches Ideal jenseits einer realistischen Chance auf Verwirklichung? Friedrich Engels hat diesen Vorwurf in seiner Schrift *Die Entwicklung des Sozialismus von der Utopie zur Wissenschaft* erhoben. Aber muss man sich denn bei der Konzeption einer Utopie immer auch die Frage ihrer Realisierungsmöglichkeiten stellen? Macht es nicht gerade den Reiz einer Utopie aus, dass sie fantastisch, fiktiv oder satirisch daher kommt? Und wie haben Karl Marx und Friedrich Engels dieses Problem gelöst? Beide waren große Humanisten und äußerst profund in ihrer philosophischen und sozialökonomischen Kritik des Kapitalismus, aber dagegen eher unbestimmt kämpferisch in ihrem positiven Gesellschaftsentwurf, wie er im Kommunistischen Manifest entwickelt wurde. Vollkommen gescheitert sind die marxistischen Konzeptionen aber vor allem in ihren leninistischen Realisierungen, sofern das eine mit dem anderen überhaupt etwas zu tun hatte. Hier haben sich die positiven Utopien und die damit verbundenen Sehnsüchte in ihr Gegenteil verkehrt. Aus den Sehnsüchten nach einer humanen Gesellschaft entstanden in nur wenigen Jahren tiefe Sehnsüchte nach dem baldigen Ende dieses gesellschaftlichen Experiments, das sich unter Stalin zu einem *Archipel Gulag* (Alexander Solschenizyn) entwickelt hatte. Denn durch die Ausbeutung, Unterdrückung und Entmündigung der Menschen im Kapitalismus war eine totalitäre Schreckensherrschaft entstanden, die die vorherigen kritisierten Zustände bei weitem übertraf. Aus der positiven Utopie war eine negative geworden, aus der Sehnsucht nach dem Paradies war die Sehnsucht nach dem Ende der Hölle entstanden.

Die negativen Staatsutopien oder die Sehnsucht nach dem Ende der Hölle

Kaum ein Buch hat die Kritik am Stalinismus als einer inhumanen und totalitären Schreckensherrschaft so einfach und zugleich eindringlich beschrieben, wie der 1945 erschienene Roman *Farm der Tiere* (Animal Farm) von George Orwell. Es ist eine Satire, eine Fabel und eine negative Utopie (Dystopie) in einem. Von der Oktoberrevolution bis zur stalinistischen Diktatur wird die Geschichte der Sowjetunion anhand einer Tierfarm dargestellt, bei der die Schweine unter ihrem Anführer Napoleon zunächst den Bauern Jones vom Hof jagen und schließlich das Regiment auf dem Hof übernehmen. An die Stelle der alten Herrschaft des Bauern (Zaren) tritt die subtile Herrschaft der Schweine (Bolschewistische Partei). Die *Farm der Tiere* wurde von vier Verlagen in England abgelehnt, wohl weil man diplomatische Komplikationen befürchtete. In der Sowjetunion wurde es sehr schnell auf die Liste der verbotenen Bücher gesetzt, weil die Menschen das Buch politisch verstanden hätten. Es kommt also nicht nur darauf an, wie die utopischen Sehnsüchte oder Ängste beschrieben und formuliert werden, sondern auch darauf, wie sie gelesen und verstanden werden.

Aber der Stalinismus war leider nicht das einzige Schreckens-
system in der Geschichte der Menschheit. Vor allem Deutschland
hat durch die zwei von Ihnen ausgehenden Weltkriege einen
grausamen Beitrag geleistet. Das vergangene 20. Jahrhundert hat
die Menschen auf einzigartige Weise mit der Hölle vertraut gemacht und damit auch ihren Sehnsüchten eine neue Qualität
verliehen. Man denke nur an die allein 20 Millionen Tote durch
den Zweiten Weltkrieg in Russland, sechs Millionen systematisch
ermordeten Juden, ganz zu schweigen von den Folgen des deutschen Faschismus, wie Hunger, Vergewaltigungen, Flucht und
Vertreibung. Durch Auschwitz hat die Menschheit von der Hölle
eine konkrete Vorstellung und vom Teufel ein Gesicht bekommen, es ist ein deutsches. Für die Völker Europas und auch die
meisten Familien im nationalsozialistischen Deutschland war
das Ende des Krieges die größte Sehnsucht, für die Juden im
Warschauer Ghetto noch mehr als das. Häufig wünschten sich
die Menschen nichts sehnlicher, als dass dieser unmenschliche
Zustand möglichst bald beendet sei.

Und heute? Der Krieg in Afghanistan, die Menschen in Darfur,
die Kriege in Angola, die drei Golfkriege im Irak, die jahrzehntelangen Konflikte zwischen Israel und seinen Nachbarn, die Kriege
und Pogrome im ehemaligen Jugoslawien, die eingeschlossenen
Menschen im Gazastreifen, den bewaffneten Konflikt um Kasch-
mir, die Guerillakämpfe in Kolumbien, die Hungersnöte in Nordkorea und den Konflikt mit Südkorea, das Leben der Birmesen
unter der Diktatur des Militärs in Myanmar, die Drogenkriege in
Mexiko, den Bürgerkrieg in Somalia, die chinesische Besetzung
Tibets, die Konflikte in Tschetschenien und den anderen kauka-
sischen Republiken – all dies sind nur einige wenige Beispiele unserer heutigen Zustände. Die Menschen in diesen Konflikten und
Kriegen haben eine sehr prägende und größtenteils traumatische
Erfahrung mit der Hölle gemacht und ihre Sehnsüchte beziehen
sich wahrscheinlich auf nichts mehr als ein menschenwürdiges
Leben in Frieden, Freiheit und Selbstbestimmung.

Negative Utopien setzen in der Regel erst einmal an einzelnen Bedrohungen an: so die Angst vor einer Sintflut, wie im Film *Waterworld* mit Kevin Costner, die Angst vor einem Weltuntergang, wie im Film *Armageddon* mit Bruce Willis oder die Angst vor einem totalen Überwachungsstaat wie im Film *Matrix* mit Keanu Reeves. In diesen Filmen werden Ängste unseres heutigen Lebens in Szene gesetzt, meist ist der Hauptdarsteller der Held des Films und damit zugleich der Retter der Menschheit. Sie sind auf unterhaltsame Weise eine Art Befriedungs- und Beruhigungsstrategie: Man kennt scheinbar die Gefahr und kann ihr mit Heldentum effektiv begegnen. In der Regel ist dies eine extreme Verharmlosung.

In der Kunst und Kultur, der Musik, dem Theater oder der Literatur werden die menschlichen Sehnsüchte, Erfahrungen, Ängste und Verletzungen nie nur widergespiegelt oder abgebildet, sondern es liegt darin immer auch der Versuch, sie zu verarbeiten. Obwohl er sich immer gegen eine solche Interpretation gewehrt hat, sind die Auswirkungen der beiden Weltkriege auf den Roman *Der Herr der Ringe* von J. R. R. Tolkien kaum zu leugnen. Dieser Roman gehört zu den erfolgreichsten des 20. Jahrhunderts und wurde weltweit mehr als 120 Millionen Mal verkauft. Vor dem Hintergrund einer mittelalterlichen Fantasiewelt wird die Geschichte eines Rings erzählt, hinter dem sich der Kampf des Guten gegen das Böse verbirgt, zwischen dem Paradies und der Hölle, den kindlich-freundlichen Hobbits und dem bösen Herrscher Sauron.

Wie nah liegt eine negative Utopie an der heutigen Wirklichkeit? Diese Frage ist nicht nur dramaturgisch entscheidend, sondern auch inhaltlich. So ist der bereits 1932 erschienene Roman *Schöne neue Welt* von Aldous Huxley für alle Menschen der westlichen Kulturen wahrscheinlich besonders einprägsam und in seinen utopischen Visionen beklemmend. Aus heutiger Sicht kommt er unserer Realität in vielerlei Hinsicht mittlerweile bedrohlich nahe. Konsum, Sex und Drogen sind beherrschende Themen einer Gesellschaft im Jahre 2540. Dagegen sind Liebe, Freiheit, Religion oder Kunst aus dem Leben der Menschen verschwunden; Museen wurden geschlossen, Denkmäler zerstört und die meisten Bücher sind verboten. Aus psychologischer Sicht besonders dramatisch ist der Verlust echter Gefühle. Menschen werden durch künstliche Befruchtung gezeugt, wobei über die Sauerstoffzufuhr die Intelligenz und damit die automatische Zugehörigkeit zu einer bestimmten Gesellschaftsschicht gesteuert wird. Dies setzt sich fort in Brutkästen, pädagogischen Zentren und einem Leben in Reservaten. Von der Geburt bis zum Tode wird das Leben gesteuert, die Menschen werden durch Belohnung und Bestrafung konditioniert, und bereits in den Aufzuchtanstalten werden die Kinder während des Schlafes mit Tonbandbotschaften zu glücklichen, zufriedenen und dumpfen Geschöpfen erzogen. Die Sexualität mit häufig wechselnden Partnern ist zu einer oberflächlichen, mechanischen und vergnüglichen Form des Zeitvertreibes geworden, denn Gefühle gefährden die Stabilität der Weltregierung. Hier ist das Individuum zu einem Zombie geworden, einem konditionierten Wesen, das sich selbst glücklich schätzt. Eine Droge namens Soma wird von allen regelmäßig eingenommen, sie wirkt sexuell stimulierend und psychisch aufhellend. Das Alter wird mit Sport und Kosmetika retuschiert, danach geht es sehr schnell zu einem gut organisierten Sterben. Henry Ford und Sigmund Freud sind zu Göttern stilisiert worden, anstelle von *Oh Gott* erklingt nun der Ausruf *Oh Freud*. Nicht nur Woody Allen wäre hier wahrscheinlich der Meinung, dass diese Fiktion aus dem Jahre 1932 viele Aspekte der heutigen Wirklichkeit vortrefflich beschrieben hat. Wer das Buch heute liest bekommt das Gefühl einer satirischen Kritik des modernen Zeitgeistes.

Und wem diese Schreckensvision noch nicht reicht, für den gibt es einen weiteren Klassiker, der im Entwurf einer Anti-Utopie noch einen Schritt weiter geht: *1984* von George Orwell.

Dieser Roman wurde unmittelbar nach Ende des Zweiten Weltkrieges 1946 geschrieben, erschien 1949 und handelt von den menschlichen Folgen eines totalitären Überwachungsstaates, in dem jegliche Individualität ausgelöscht ist. Der Alltag der Menschen wird ständig und überall technisch überwacht und die persönlichen Beziehungen der Menschen werden beherrscht von Misstrauen und Angst. Der »Große Bruder« sieht, hört und weiß alles und hat vor allem immer Recht. Die Wirklichkeit wird stets umgeschrieben, der Krieg wird in Frieden umgedeutet, die Ignoranz in Stärke, die Sklaverei in Freiheit. Und die totale alltägliche Überwachung reicht bis zur Sprache und zum Denken der Menschen. Politisch Abweichende werden nicht nur liquidiert, auch die Erinnerungen an ihr gesamtes Leben werden nachträglich gelöscht, so als ob sie niemals gelebt hätten.

Winston Smith arbeitet beim *Ministerium für Wahrheit* und seine Arbeitsaufgabe besteht darin, ständig die Wahrheit und Geschichte so zu fälschen, dass sie den wechselnden aktuellen Interessen der Staatsführung angepasst sind. Innerlich kann er sich weder mit seiner Arbeit noch dem Staat identifizieren, aber bereits abweichende Gedanken gelten als Verbrechen (thoughtcrimes). Sein Leben wird durch Video und Telescreens total überwacht, schon ein Augenzwinkern zum falschen Zeitpunkt kann zur Verhaftung führen. Aus der Not heraus beginnt er, ein Tagebuch zu führen. Als er sich in Julia verliebt, gerät sein kontrolliertes Leben aus den Fugen. Beide gestehen sich nicht nur ihre Liebe, sondern auch ihre abtrünnigen Gedanken. Sie finden einen Raum ohne Videoüberwachung, wo sie sich vermeintlich ungestört lieben können. Doch sie werden verraten, gefangen genommen, gefoltert und systematisch umerzogen. Er wird im *Doppeldenk* trainiert, der Fähigkeit sich selbst nicht mehr zu trauen und nur noch im Sinne der Staatsführung zu denken. Wenn die Partei sagt, 2 und 2 sei 5, dann übernimmt man das. Doppeldenk bedeutet, dies nicht nur zu sagen, sondern auch zu glauben. Diese Gehirnwäsche gelingt aber nicht völlig, denn er wird dabei erwischt, wie er nachts laut im Traum seine Liebe zu Julia bekennt. Daraufhin wird er in das berüchtigte Zimmer 101 gebracht, in dem jeden eine ganz individuelle Folter erwartet. Hier werden durchaus moderne Erkenntnisse der Psychotraumatologie vorweggenommen. Da bekannt ist, dass er panische Angst vor Ratten hat, werden zwei hungrige Ratten in einem Käfig direkt vor seinem Gesicht aufgehängt mit der Drohung, sie frei zu lassen. Angesichts der neuerlichen Folter bittet er seine Peiniger, anstatt seiner Julia zu foltern. Mit diesem Verrat hat er sich vollends aufgegeben, als menschliches Wrack wird er entlassen. Er trifft Julia noch einmal, die auch nur noch ein Schatten ihrer selbst ist und ebenfalls gefoltert wurde. Bevor er am Ende von der Gedankenpolizei exekutiert wird, dankt er demütig und unter Tränen dem Großen Bruder dafür, ihm dabei geholfen zu haben, sich selbst zu besiegen. Er ist als Individuum nicht mehr erkennbar, völlig zerstört und muss eigentlich nicht mehr umgebracht werden, denn er ist innerlich bereits tot. Solange er noch eine Sehnsucht nach persönlicher Freiheit, politischem Widerspruch und privater Liebe hatte, lebte er noch, mit dem Ende dieser Sehnsüchte war er jedoch kein Mensch mehr.

Humanistische Utopien

Unterscheiden sich positive und negative Utopien am Begriff und Inhalt des Humanismus? Eine positive Utopie ist eine Vorstellung von einer menschlichen Gesellschaft, wie sie bislang noch nicht existierte und eine negative Utopie ist eine unmenschliche Schreckensvision, wie wir sie in der Geschichte schon mehrmals erlebt haben. Alle wurden von Menschen erdacht und somit erschaffen. Und spätestens seit Auschwitz hat die systematische Unmenschlichkeit oder Inhumanität etwas sehr Reales. Wie müssen wir Humanität nach Auschwitz neu verstehen und definieren? Wenn Menschen in der Lage sind, solch eine unfassbare und systematische Unmenschlichkeit zu begehen, dann bekommt der Begriff des Humanen zugleich etwas Bedrohliches. Dann erscheint die Menschlichkeit nicht mehr als Lösung, sondern eher als Problem. Dann muss Humanismus nicht nur neu definiert und verstanden werden, dann müssen wir uns vor allem darüber Gedanken machen, wie wir eine neue und verbindliche Ethik für menschliches Handeln entwickeln können.

Der in wirtschaftlicher Hinsicht viel kritisierte Neoliberalismus hat unter dem Namen Globalisierung auch in den sozialen Beziehungen der Menschen zu immer mehr Flexibilisierung, Optionalisierung und Brutalisierung geführt. Manche kluge Menschen glauben: Wir brauchen *Regeln für den Menschenpark*[96], eine bindende und verbindliche Ethik, die der modernen Schamlosigkeit, der Rücksichtslosigkeit und dem Egoismus Grenzen setzt. Aber Scham und Ethik kann man nicht als Regeln einführen, die moralische Entwicklung eines Menschen und einer menschlichen Gesellschaft ist ein langwieriger und komplexer Prozess, der sich nicht verordnen lässt.

Die moderne Schamlosigkeit hat drei Erscheinungsformen. Erstens den Wertemangel, bei dem ethische und moralische Prinzipien antiquiert erscheinen, die bestenfalls noch für Kirchen und Ethikkommissionen gelten. Zweitens eine Geringschätzung von sozialen menschlichen Gefühlen, wie Mitgefühl, Achtung und Respekt. Und drittens neue ethische Ideale, die alle um das Individuum kreisen, wie Selbstbestimmung, Unabhängigkeit und Autonomie. Es ist eine große Verschiebung der Ideale von der Gemeinschaft in das autonome Individuum, letztlich in das einzelne Ego[97]. Dies bedeutet für die sozialen Utopien, dass sie eben nicht mehr sozial, sondern nur noch individuelle sind. Der positive Entwurf einer humanen Gesellschaft ist nicht nur seit Auschwitz kompliziert bis unmöglich geworden, auch der moderne Zeitgeist der Schamlosigkeit ruft trotzig aus: was kümmern mich die anderen oder die Zukunft, mich interessiert nur mein privates Glück und meine eigene Zukunft!

Ist die Sehnsucht nach einer menschlichen Gesellschaft im Sinne einer positiven Utopie daher überhaupt noch aktuell? Besteht eine begründete Hoffnung? Dazu Sloterdijk: *Wer heute nach der Zukunft von Humanität und Humanisierungsmedien fragt, will im Grunde wissen, ob Hoffnung besteht, der aktuellen Verwilderungstendenzen beim Menschen Herr zu werden. Dabei fällt beunruhigend ins Gewicht, dass Verwilderungen seit jeher gerade bei hoher Machtentfaltung aufzubrechen pflegen, sei es als unmittelbar kriegerische und imperiale Hoheit oder als alltägliche Bestialisierung der Menschen in den Medien enthemmender Unterhaltung.*[98] Hoffnung kann und muss begründet werden! Sehnsucht auch? Ja, unbedingt!

Wenn die Sehnsucht allzu schwärmerisch und romantisch bleibt und nicht durch den Filter der Vernunft auf den Boden der Realität gebracht wird, dann besteht die Gefahr, dass Unmenschliches gerade auch im Namen der Menschlichkeit sich wiederholt. Schon Ernst Bloch war der Meinung, es müsse *zwischen Utopistischem und Utopischem unterschieden werden; das eine bringt sich nur unmittelbar, abstrakt an die Verhältnisse heran, um sie rein aus dem Kopf zu bessern, das andere nahm immerhin dazu auch das Bauzeug von draußen …*[99] Wir wissen aber auch, dass die Wahrnehmung der Wirklichkeit durchaus im Sinne des Konstruktivismus sehr verschieden sein kann, insofern ist die Berücksichtigung der Wirklichkeit kein Garant für die Qualität einer sozialen Utopie, wenn jeder eine andere Wahrnehmung der Realität hat. Wir müssen also in einen Diskurs eintreten über Fragen der Ethik, des gesellschaftlichen Umgangs miteinander und einer realistischen Utopie, einer Vision einer menschlichen Gemeinschaft am Anfang des 21. Jahrhunderts. Der gnadenlose Pragmatismus der Politik, die enthemmten Medien, der nach wie vor herrschende Neoliberalismus mit seiner sozialen Verantwortungslosigkeit machen Visionen nicht nur schwerer, sondern auch nötiger denn je.

Heimat als Utopie

Utopien und Sehnsüchte entstehen immer dann, wenn etwas schmerzlich vermisst wird. Die guten Seiten einer Ehe lernen wir erst schätzen, wenn die Trennung vollzogen ist, die selbstverständlichen täglichen Mahlzeiten werden durch die Erfahrung des Hungers zu etwas Besonderem und die deutschen Verkehrsprobleme erscheinen in den Straßen Pekings lächerlich. Ähnlich verhält es sich mit dem für Deutsche sehr komplizierten Begriff der Heimat. Man lernt Deutschland als die eigene Heimat erst dann schätzen, wenn man längere Zeit im Ausland ist, und dies in manchen Ländern stärker als in anderen. *Heimat ist Utopie. Am intensivsten wird sie erlebt, wenn man weg ist und sie einem fehlt, das eigentliche Heimatgefühl ist das Heimweh.*[100] Und Heimweh ist vor allem Sehnsucht.

Wenn wir uns in der Fremde nach Deutschland sehnen, dann ist dies eine konkrete Erfahrung von Heimat. Auf diese Weise gibt die Sehnsucht eine klare Antwort auf eine Frage, die wir sonst als Deutsche kaum beantworten können. *Statistisch ist Heimat für 31 % der Wohnort, für 27 % der Geburtsort, für 25 % die Familie, für 6 % die Freunde und für 11 % das Land.* Wenn also nur 11 % aller Deutschen unser Land mit der Heimat verbinden und fast 90 % dies nicht tun, dann ist die Angst vor einem Nationalismus immer noch wirksam, weil die Geschichte immer nur verdrängt und verklärt, aber nicht wirklich verarbeitet wurde. Und die Heimat als Erfahrung wird ins Ausland verlegt, wird zur Sehnsucht in der Ferne. Genauso erging es bereits Heinrich Heine, der in Frankreich stets das vermisste, was er in Deutschland erlebte und größtenteils nicht ertragen konnte. In der jüngeren deutschen Geschichte erging es vielen Menschen ebenso: Die Sehnsüchte rund um die Wiedervereinigung waren übergroß und hoffnungslos verklärt, und damit waren Enttäuschungen unvermeidlich. So entstehen Sehnsüchte als Erinnerungen oder Utopien, weil die modernen Realitäten ihre Erfüllung versagen.

Toleranz zwischen Religionen

In den kommenden Jahren – und vielleicht noch viel stärker als in den vergangenen – wird die Welt von Konflikten heimgesucht werden, die stark religiös gefärbt sind. Nicht wenige Politikwissenschaftler sind schon lange der Meinung, dass die Kriege der Bush-Administrationen im Irak und in Afghanistan nicht nur Kriege um Öl, Märkte, Handelswege und geopolitische und militärische Vormachtstellung waren, sondern auch moderne Religionskriege. Ob sich an ökonomische Verteilungsprobleme religiöse Überzeugungen knüpfen oder ob religiöse Konflikte der Kern des Problems sind, wird nur im Einzelfall zu entscheiden sein. Aber eine der großen Utopien der Zukunft wird sich um das friedliche Miteinander, das Verstehen, die Ökumene und um die Toleranz zwischen den großen Weltreligionen ranken. Brennpunkt dieser Frage ist und bleibt der Nahe Osten, die Zukunft des Staates Israel, im engeren Sinne der Stadt Jerusalem.

Der Niederländer jüdischer Abstammung Leon de Winter hat einen beklemmenden Roman über *Das Recht auf Rückkehr* geschrieben. Die Geschichte spielt im Jahre 2024 in Tel Aviv. Der Staat Israel ist auf einen schmalen Küstenstreifen zusammengeschrumpft, in dem nicht mehr viele Menschen leben. Er ist von einer meterhohen Betonmauer umgeben und an den Grenzposten sind DNA-Scanner installiert. Bram Mannheim arbeitet in einer Agentur, die nach verschwundenen Kindern sucht. Er selbst hat vor 20 Jahren seinen damals vierjährigen Sohn verloren. Damals lebte er als anerkannter und erfolgreicher Hochschullehrer in Princeton in den USA. Sein Sohn wurde am hellichten Tag von seinem Grundstück entführt, er hat ihn seitdem nie wieder gesehen. Seine Ehe ist daran gescheitert, ebenso seine berufliche Karriere. Er lebt zwischen Depression und Wut in einer Art Niemandsland, nur die Hoffnung, seinen Sohn Bennie irgendwann wiederzusehen, gibt ihm Kraft. Als es zu weiteren palästinensisch-arabischen Terroranschlägen kommt, aber die

DNA-Scanner keinen Hinweis geben, entsteht ein fürchterlicher Verdacht. Radikale Moslemgruppen entführen israelische Kinder, bringen sie in Umerziehungslager und trainieren sie für die weitere Vernichtung Israels. Am Ende tritt er in eine Falle und steht seinem mittlerweile erwachsenen Sohn gegenüber. Bennie ist leicht irritiert und fragt seinen Vater Bram, ob sie sich schon einmal gesehen haben. Irgendwie scheint er sich dunkel zu erinnern. *Ja, dachte Bram, ich habe gesehen, wie du geboren wurdest, ich habe gesehen, wie deine Mutter dich gestillt hat, und ich habe dich an dem Tag gesehen, an dem du verschwunden bist.*[101] Dann wird Bennie von Sicherheitsbeamten überwältigt und abgeführt.

Während Bram sich der Stadtmitte näherte, fragte er sich, ob Bennie je von seinen Überzeugungen würde abrücken können, oder ob er, wenn sich ihm die Möglichkeit bot, seinen Vater, den verräterischen Juden, mit bloßen Händen töten würde, weil sein Gott nun mal von ihm verlangte, dass er die Erde von Ungläubigen säuberte.[102]

Das ist der reine Horror, wenn gewaltbereite islamische Fundamentalisten die Kinder des Feindes Israel entführen, um sie später als Waffen gegen sie einzusetzen. Wie sind da Toleranz und ein friedliches Miteinander noch denkbar? Bei einer Reise nach Israel im Frühjahr 2010 habe ich von einer besonderen Variante einer utopischen Zwei-Staaten-Theorie gehört, die auf verstörende Weise überzeugend klingt. Es gehe nicht um einen Palästinenserstaat und einen Staat Israel, sondern um einen Staat für die gemäßigten Israelis und Araber und einen Staat für die radikalen.

Vor mehr als 220 Jahren erschien bereits eine Utopie der Toleranz, des Humanismus und der Aufklärung, die auch in Jerusalem spielte: *Nathan der Weise* von *Gotthold Ephraim Lessing*. Seine zentrale Aussage wird in der Ringparabel verdeutlicht: So wie die drei Söhne drei Ringe erhalten, die alle echt seien, so gebe es drei Weltreligionen (Christentum, Islam, Judentum), die alle wahr seien und jeweils ihre Berechtigung hätten. Keine sei besser als die andere, keine solle sich über die andere erheben. Der Vater liebe alle drei Söhne gleich, so wie Gott auch alle drei großen Weltreligionen. Wie Brüder sollten die Religionen friedlich und tolerant miteinander leben. Wahrlich eine schöne, menschliche und utopische Idee.

Moderne Sehnsüchte

Können ganze Religionsgemeinschaften, Gesellschaften und Kulturen auch Sehnsüchte haben? Sicher! So gibt es nach einer langen Phase der Unfreiheit und Unterdrückung die Sehnsucht nach Freiheit, wie es die Bürger der DDR erlebt haben. Und es gibt nach Phasen kriegerischer Konflikte auch eine sehr verbreitete Sehnsucht ganzer Völker nach Frieden, wie in Afghanistan oder dem Nahen Osten. Und sicher gibt es auch die Sehnsucht nach einem Leben ohne Hunger, nicht nur in Nordkorea oder dem Sahel. Auch hier haben die Sehnsüchte der Völker etwas mit dem Leben und Leiden in ihrer Geschichte zu tun. Insofern sind auch ihre Sehnsüchte Formen von Gegenwelten. Wie stark die Sehnsüchte nach Freiheit und Brot sein können und welche ungeheure Macht sie dabei entfalten können, haben wir erst wieder Anfang 2011 durch die Volksaufstände in den nordafrikanischen Staaten erleben können.

Offensichtlich gibt es eine Hierarchie der Sehnsüchte, die sich an den menschlichen Grundbedürfnissen orientieren. Vielleicht muss man die Basissehnsüchte von den erweiterten Sehnsüchten unterscheiden. Völker, die bereits über Jahrzehnte unter Kriegsbedingungen leben müssen, wie in Afghanistan, haben eine tiefe Sehnsucht nach Frieden. Gleiches gilt sicherlich für die Völker im Nahen Osten, die Israelis ebenso wie die Palästinenser, die Ägypter, Syrer usw. Das Bedürfnis nach Liebe, emotionaler Nähe und sorgenden intimen Beziehungen ist ebenfalls ein menschliches Grundbedürfnis, das auch bei Hunger und Krieg immer lebendig ist. Und sicher sind auch kulturelle Bedürfnisse von grundlegender Bedeutung. Man denke nur an die vielen ausgehungerten Menschen, die in einem zerbombten und zerstörten Nachkriegsdeutschland in die unbeheizten und provisorischen Theater strömten, ausgehungert auch nach einer menschlichen Kultur jenseits des faschistischen Kultur- und Propagandaapparates.

Sofern aber nicht zentrale humane Aspekte im Vordergrund stehen – wie Freiheit, Frieden, ein Leben ohne Hunger, Liebe und Kultur – werden die Sehnsüchte eines ganzen Volkes oder einer Kultur komplexer, weil sie nicht nur die Summe aller individuellen Wunschträume darstellen. Was die absolute Sehnsucht für den einen Menschen darstellt kann zugleich die Horrorvorstellung für den nächsten sein. So träumen manche Menschen davon, dass jeder ein eigenes Auto haben sollte und sofort ist für den anderen der ewige Stau mit chronischer Luftverschmutzung die logische Folge. Sollte es jedem Menschen möglich sein, immer online zu sein? Sollte es Alkohol, Haschisch und Drogen frei verfügbar für alle geben? Sollte jeder arbeiten können oder ist der dauerhafte Urlaub die ideale Zukunftsvision? Sollte das Essen für alle Menschen frei sein, so dass niemand mehr hungern muss? Sollten sich Paare nicht trennen können, solange die Kinder nicht aus dem Haus sind oder sollten sich manche Streitpaare eben wegen der Kinder trennen? Sollte es verbindliche Regeln für den sozialen Umgang miteinander geben, und wenn ja, worin bestehen dann die paradiesischen Strafen? Sollte die Krankenversorgung für alle Menschen ein Leben lang frei sein? Sollte die Schule auf Wunsch der Kinder endgültig abgeschafft werden? Sollte immer nur Wochenende sein? … Und selbst, wenn wir uns bei all diesen Fragen jemals einigen könnten, was sicher niemals geschehen würde, wie könnten wir diese Ziele in einer Gesellschaft verwirklichen? Dann müsste man über die Verwirklichung der Sehnsüchte in einer Gesellschaft verhandeln, Kompromisse finden und Prioritäten setzen. Dies ist eine originäre Aufgabe der Politik, die sie bislang vielleicht noch nicht erkannt hat.

Menschliche Sehnsüchte beziehen sich auf das Haben und auf das Sein, auf das Materielle und auf das Geistige. Dabei geht es nicht um *Haben oder Sein* (Erich Fromm), sondern um Haben *und* Sein. Sollte die Menschheit es jemals schaffen, und dies wäre eine wunderbare Utopie, alle Menschen mit guter Nahrung, Kleidung, frischem Trinkwasser, also den Grundbedürfnissen zu versorgen, dann wäre dies ein erster wichtiger Schritt in Richtung einer globalen menschlichen Gemeinschaft. Dieser ist ebenso realisierbar wie wunderbar zugleich. Aber darüber hinaus gibt es noch Sehnsüchte des Seins, eine Psychologie und Philosophie der Sehnsüchte, die ebenso machbar, aber komplizierter erscheint. Wir wissen zwar, dass Sehnsüchte nicht verwirklicht werden können, denn dann wären es keine Sehnsüchte mehr, aber es sind Zielvorstellungen für ein menschliches Beisammensein – nicht mehr und nicht weniger.

9. Das Leben aushalten und gestalten! – Vom Sinn der Sehnsucht

Der Traum
ist der Wächter des Schlafes,
nicht sein Störer.
Sigmund Freud

What a day for a daydream
Lovin' Spoonfull

Wenn die Lebenswirklichkeit unerträglich wird und alle romantischen Versuche, diesem Leben doch noch einen Glanz zu verleihen sich als pure Illusionen erweisen, dann bleibt den Menschen manchmal nichts als die Hoffnung auf bessere Zeiten. Dann können sie das Leben nur noch mithilfe der Sehnsucht aushalten und ertragen.

Endstation Sehnsucht

Endstation Sehnsucht ist ein Theaterstück von *Tennessee Williams*, das von solchen Menschen handelt. Unvergesslich sind Marlon Brando und Vivian Leigh in den Hauptrollen. Er spielt den hart arbeitenden Mann im schweißdurchtränkten Unterhemd, der seine Ehe vorwiegend als sexuelle Beziehung lebt und sich als Hoffnungsträger der amerikanischen Zukunft sieht. Sie ist die verträumte Südstaatenlehrerin, der das Stammhaus der

Familie Belle Reve (schöner Traum) ebenso verlorengegangen ist wie alles Geld, die guten alten Zeiten und mittlerweile auch jeglicher Realitätssinn. Zudem hat sie ihren Job als Lehrerin verloren, weil sie sich mit einem Schüler eingelassen hat. So flieht Blanche aus ihren verlorenen Illusionen zu ihrer Schwester Stella, die mit dem animalischen Macho Stanley Kowalski zusammenlebt, dem sie sexuell hörig erscheint. Das Drama nimmt seinen Lauf, am Ende wird Blanche in die Psychiatrie eingewiesen und die Ehe von Stanley und Stella zerbricht.

Hier hat selbst die Sehnsucht nur noch eine geringe Chance, weil eine humane Kultur im Dschungel der modernen Großstadt verloren zu gehen droht. Es ist eine scheinbar ausweglose Situation, in der man sich wünscht, dass die Sehnsucht nicht nur dabei hilft, das Leben auszuhalten, sondern zugleich den Weg weisen möge, es neu zu gestalten.

Ein Traum

Als ich an diesem letzten Buchkapitel arbeitete, war ich im Frühjahrsurlaub auf Madeira und hatte dort bei wohligem Meeresrauschen folgenden nächtlichen Traum:

> Es standen viele Studierende auf einem Flur und warteten auf ein Seminar, das aber ausfallen sollte, weil ein Kollege krank war. Ich wurde gefragt, ob ich dieses Seminar übernehmen würde. Ich habe zugestimmt und nachgefragt, was eigentlich das Thema sei. Man sagte mir, es gehe um Methodik, und das heutige Thema sei die Frage, wie man Probleme löse. Ich habe dann eine sehr schöne Seminarstunde zu dem Thema gehalten und wachte anschließend mit dem Gedanken auf: Sehnsucht ist das Ergebnis einer geträumten Problemlösung!

Von Träumen und Sehnsüchten

Jeder Mensch kennt die Sehnsucht und manche kennen sie ganz besonders gut. Als ein Gefühl erscheint sie einmalig, umfassend, schmerzlich, unerträglich, phantastisch oder wunderbar zugleich. Sie ist eine sehr komplexe und einzigartige Gefühlsmischung, die sich jeweils aus ganz verschiedenen Gefühlen zusammensetzt. Daher scheint der Versuch sie zu beschreiben allein den Dichtern vorbehalten zu sein. Alle anderen Gefühle des Menschen erscheinen dagegen vergleichsweise einfach zu sein, denn sie werden von typischen Stimmungen begleitet und manchmal merken wir erst an diesen Stimmungen, wie stark unsere Angst, Wut oder Trauer ist, wie sehr wir von Ekel erfasst, von Schuldgefühlen überwältigt, von Neid zerfressen oder von Scham erfüllt sind. Die Sehnsucht hat dagegen eine unvergleichliche Variationsbreite mit ganz unterschiedlichen Erscheinungsformen und Ausprägungen und kann zugleich eine Intensität annehmen, der sich der einzelne Mensch kaum entziehen kann. Sie kann in der akuten Verliebtheit brennen und ziehen, so dass die Menschen vergessen zu schlafen oder zu essen, oder sie kann beim Verlust eines wichtigen Menschen tief schmerzen. Sie schmeckt süß und bitter zugleich. Sie kann vordergründig stark und intensiv, aber auch hintergründig melancholisch wirken; sie kann beherrschend die Menschen in ihren Bann ziehen, oder sie kann ein trauriger, ständiger Begleiter in der Entbehrung und Verzweiflung sein. Sie kann lähmen und auch ungeheure Aktivitäten auslösen. Die Sehnsucht gibt es anscheinend in allen Farben, Dosierungen, Mischungen und Klangformen. Sobald sie in Erfüllung geht, sind wir für den Moment die glücklichsten Menschen, müssen jedoch zugleich Abschied nehmen von diesem einmaligen Gefühl und den sie begleitenden, traumhaften Phantasien. Denn die Sehnsucht stirbt, sobald sie sich erfüllt!

Die Erfüllung der Sehnsüchte kann eine zwiespältige Angelegenheit sein: Dann haben die Menschen erreicht, was sie immer wollten, aber an die Stelle der allumfassenden Wünsche und Möglichkeiten ist eine neue Realität getreten, die selten all das umfasst, was sie sich in ihrer Sehnsucht erhofften. Realität bedeutet im Vergleich zur Sehnsucht meist einen schmerzhaften Verzicht. Daher trauern viele Menschen den Zeiten nach, in denen sie noch sehnsüchtig sein konnten und entwickeln eine wahre Sehnsucht nach der Sehnsucht. Wir wissen allerdings aus Erfahrung, dass aus der neuen Realität auch wieder neue Sehnsüchte entstehen, bis das Leben ein Ende hat und wir von der letzten Sehnsucht träumen, dass es nach dem Tod irgendwie doch weitergehen möge. Erst wenn die Menschen eines Tages keine Sehnsüchte mehr haben sollten, würde es kulturell wirklich bedenklich werden, denn dann hätten wir uns von einem wesentlichen Teil unserer Menschlichkeit verabschiedet: von der Fähigkeit zu träumen. Denn Träume erlauben uns, sowohl die schwierigen Zeiten des Lebens zu ertragen als auch das Leben auf kreative Weise zu gestalten. Der Weg zum Verständnis der Sehnsüchte führt über die Träume, denn Sehnsüchte sind ganz besondere Lebensträume.

Wir alle träumen

Unsere Seele schläft nie! Das Gleiche gilt für unser Gehirn, das ebenfalls immer aktiv ist, im Schlaf nur anders als im Wachzustand. Die nächtlichen Aktivitäten unseres Hirns und unserer Seele produzieren permanent Träume, die sich aus unserem inneren Erleben ergeben, denn der Körper ruht und die sinnlichen Reize von außen sind weitgehend reduziert. Die Unterschiede zwischen Wachzustand und Schlaf sind aber weitaus geringer und die Gemeinsamkeiten größer, als man bislang annahm. Wir träumen nicht nur nachts, sondern auch tagsüber! Dann ist manchmal der Blick etwas nach innen gekehrt, man wirkt irgendwie abwesend oder gar unkonzentriert und ist mehr mit seinen eigenen Gedanken beschäftigt als mit dem äußeren Geschehen. Solche Tagträume sind wichtig und wir sollten sie uns selbst, erst recht unseren Kindern häufiger gestatten, weil sie der Seele eine Auszeit gönnen. In den Träumen der Nacht und des Tages scheinen wir unser Leben seelisch zu verarbeiten, uns innerlich neu zu sammeln, aber auch an Lösungen für unsere Lebensprobleme zu arbeiten. Dies alles geschieht nicht bewusst.

Heute geht man davon aus, dass alle Menschen während des gesamten Schlafes träumen und nicht nur in bestimmten Phasen. Selbst Immanuel Kant, der von sich selbst behauptete, niemals geträumt zu haben, wahrscheinlich aus tiefer Angst vor jeglicher Irrationalität, wird Träume gehabt haben. Allerdings erinnern wir die meisten Träume nicht, denn unsere Erinnerung und unser Gedächtnis sind abhängig von unseren Emotionen. So zeigt sich in empirischen Untersuchungen, dass emotional bedeutsame Ereignisse am Tage häufiger in Träumen auftauchen als emotional weniger bedeutende. Allerdings ist dies individuell sehr verschieden: Was für den einen besonders wichtig und bedeutsam ist, erscheint dem anderen eher belanglos.

Im Traum-Schlaf-Labor des Zentralinstituts für Seelische Gesundheit in Mannheim hat man beispielsweise die Geschlechtsunterschiede beim Träumen empirisch erforscht.[103] Männer träumen demnach mehr von Aggressionen, Waffen und Sexualität als Frauen, aber sie denken auch tagsüber mehr an diese Themen. Das Gleiche gilt für die Frauen: Sie träumen nachts ebenso wie tagsüber mehr von Haushaltsartikeln, Kleidung und von zwischenmenschlichen Konflikten als Männer. Traumforscher nennen dies die Kontinuitätshypothese, nach der wir nachts von dem träumen, was uns auch tagsüber am meisten beschäftigt. Sobald der tägliche Stress nachlässt, wie beispielsweise im Urlaub, und wir daher nicht gleich schon beim Aufwachen mit den Gedanken an den kommenden Tag beschäftigt sind, können wir auch unsere Träume besser erinnern. Das Gleiche gilt für Menschen, die sich in einer psychotherapeutischen Behandlung befinden; sie sind mehr auf ihr inneres Erleben fokussiert und können daher ihre Träume besser erinnern. Auch all diejenigen, die sich in persönlichen Krisen befinden, haben stärkere und bessere Erinnerungen an ihre Träume.

Die wichtigsten Auswirkungen auf unser tägliches Leben haben die Träume nach Ansicht der Schlafforscher auf unsere Stimmungen und unsere Kreativität. Wenn wir gut geträumt haben, sind wir guter Stimmung, und wenn wir richtig geträumt haben, können wir am Tage kreativ sein. Was allerdings bedeutet es, gut und richtig zu träumen? Gibt es demnach auch falsches Träumen? Wäre es ein richtiges Träumen, wenn wir im Traum unsere emotional wichtigen und existenziellen Themen symbolisch bearbeiten? Oder ist ein richtiger Traum eher einer mit einer guten Lösung? Und woran merken wir, ob wir emotional Bedeutsames geträumt haben? An der Stimmung, der Kreativität des nächsten Tages, an der Erinnerung an den Traum oder daran, dass wir ihn vergessen? Um solche Fragen zu beantworten, muss man sich nicht nur mit Gehirnströmen und Traumprotokollen beschäftigen, sondern einen psychologischen Zugang zu Träumen haben. Das heißt, man braucht eine psychologische Theorie, mit deren Hilfe man Träume als Ausdruck des menschlichen Seelenlebens verstehen und erklären kann. Denn zwischen unseren nächtlichen Träumen, den Wach- oder Tagträumen, den Wunscherfüllungen in Träumen, den geträumten Problemlösungen und unseren Sehnsüchten scheint es bedeutsame Zusammenhänge zu geben.

Träume sind Kunstwerke

Träume sind kein wirres Zeug, zusammenhanglose oder gar verrückte Spinnereien, sondern wahre Kunstwerke unseres Seelenlebens, die ganz und gar nicht zufällig entstehen. Man muss nur ihre Sprache, Symbolik und Metaphorik lesen können, um sie zu verstehen. Wer sie Eins-zu-Eins liest oder ihnen eine allgemeine Symbolik unterstellt, der sollte sich auf seinem weiteren Lebensweg mit seinem Horoskop begnügen. Der Zugang zum Verständnis der Träume ergibt sich nur über das träumende Individuum in all seiner Komplexität.

Sigmund Freud war der erste, der davon ausging, dass Träume einen Sinn machen und hat dazu eine umfassende Traumtheorie entwickelt. Dieser Sinn erschließe sich aus dem biografischen und alltäglichen Leben des Träumenden, aus seinen ungelösten Konflikten, alten und neuen Ängsten, persönlichen Wünschen oder moralischen Geboten. Obwohl man Freud die ewige Suche nach dem Pathologischen unterstellt, waren Träume für ihn stets etwas vollkommen Normales. Sie sind normal in dem Sinne, dass Träume eben kein wirres oder pathologisches Zeug sind, und sie sind normal, weil alle Menschen (solch wirres Zeug) träumen.

Ein wesentlicher Grund dafür, dass wir manchmal so hemmungslos triebhaft, unzensiert und unmoralisch träumen können, ist darin zu sehen, dass diese nächtlichen Träume eben nicht gleich in Handlungen umgesetzt werden. Sie sind und bleiben erst einmal eine Art Halluzination, die sich meist nachts im Dunkeln in unseren Betten ereignet. Dennoch stimmt das nicht ganz, denn die Folgen der nächtlichen Träume für das bewusste, alltägliche Leben sind teilweise erheblich. Ganz besonders gilt dies für die Entstehung unserer Sehnsüchte und noch mehr, wenn wir diesen unreflektiert folgen.

Für Freud waren alle Träume Wunscherfüllungen, manche eher direkt und manche mehr symbolisch, aber damit nicht weniger bedeutsam für unser Seelenleben. Er schrieb, *die Traumarbeit beabsichtige die Beseitigung eines den Schlaf störenden seelischen Reizes durch eine Wunscherfüllung*[104]. Was den Traum störe seien vor allem unbewusste Themen und ungelöste Konflikte oder Ängste. Im Schlaf melden sich diese tiefen Gefühle und schieben sich in den Vordergrund unseres Erlebens, weil das Bewusstsein in der Wachsamkeit durch den Schlaf nachlässt. Durch die Traumarbeit werden diese Impulse dann so bearbeitet, dass sie den Menschen weiterschlafen lassen. Daher sind Träume auch die Hüter des Schlafes, und nicht seine Störer.

Kinder träumen anscheinend noch ehrlich und direkt, während Erwachsene ihre Träume immer mehr verstellen, verschieben und symbolisieren, damit der Inhalt nicht mehr erkennbar ist. Manche Träume sind noch einfache oder direkte Träume, weil sie sich auf körperliche Bedürfnisse beziehen, wie Hunger, Durst oder Sexualität. Diese Wünsche können direkten Eingang in den Traum finden und dort als Wunsch erscheinen und geradezu traumhaft befriedigt werden. Viele Bedürfnisse und Wünsche des Menschen sind aber für das bewusste Ich eher bedrohlich und werden daher im Traum so entstellt, dass sie den Träumer nicht allzu sehr ängstigen. Die Traumentstellung ist also eine Folge der Traumzensur. Wir merken die Wirkung dieser Traumzensur daran, dass die erinnerten Teile der Träume im Wachzustand wirr und verrückt erscheinen. Je stärker diese Entstellungen und Verzerrungen auftauchen, desto bedrohlicher sind wahrscheinlich die dahinterstehenden Inhalte. Wir merken die Kraft der Traumzensur auch noch im Wachzustand daran, dass wir uns partout nicht mehr erinnern können, d.h. unser Unbewusstes entzieht dem Bewusstsein alles Bedrohliche, Ängstigende und Schmerzliche, um es zu schützen.

Träume haben eine bereinigende, psychohygienische Funktion für die menschliche Seele, indem in der Phantasie des Träumenden auf symbolische Weise dessen geheime, unbewusste Wünsche erfüllt werden. Diese Wünsche beziehen sich aus heutiger psychoanalytischer Sicht nicht nur auf das, was am Tag nicht befriedigt werden konnte oder was aus unbewussten Themen entstanden ist, sondern auf alles, was sich Menschen wünschen können: Sicherheit, Geborgenheit, Liebe, Bedürfnisbefriedigung, Anerkennung oder auch die Stabilisierung des eigenen Selbst. Diese Wünsche kann man auch als Beziehungswünsche ansehen, denn die Inhalte des Unbewussten bestehen aus psychologischer Sicht heute nicht mehr aus dunklen, dämonischen Trieben, sondern aus Beziehungserfahrungen.

Heute wissen wir auch, dass Träume neben der Wunscherfül-

lung auch der Informationsverarbeitung und der Stressbewälti-
gung im Alltag dienen. Ursprünglich ging Freud davon aus, dass
Träume im wesentlichen unbewusste, frühkindliche Themen be-
handelten, später hat er diese Position revidiert und der Verarbeitung des Tagesgeschehens in den Träumen eine größere Bedeutung beigemessen. So machte er 1923 in seinen *Bemerkungen
zur Theorie und Praxis der Traumdeutung* eine Unterscheidung
zwischen *Träumen von oben und von unten*. Er schreibt:

*Träume von unten sind solche, die durch die Stärke eines unbewuss-
ten (verdrängten) Wunsches angeregt werden, der sich eine Vertre-
tung in irgendwelchen Tagesresten verschafft hat. Sie entsprechen
Einbrüchen des Verdrängten in das Wachleben. Träume von oben
sind Tagesgedanken oder Tagesabsichten gleichzustellen (…)*[105]

Damit war ein wesentlicher Schritt gemacht, Träume nicht nur
in retrospektiver Weise, also im Hinblick auf die Vergangenheit
eines Menschen zu verstehen, sondern auch hinsichtlich der Gegenwart des Träumers, seines konkreten Lebensalltags, das in das
Traumverständnis einbezogen wird.

Warum sind unsere nächtlichen Träume so wichtig für unsere
seelische Gesundheit? Nachts nehmen wir uns in unseren Träumen anscheinend die Zeit, alle Ereignisse, Themen, Probleme
und Konflikte des Tages noch einmal in Ruhe (!) durchzuarbei-
ten, einen Abgleich der inneren Einstellungen mit den äußeren
Erlebnissen vorzunehmen, Bewertungen zu durchdenken und
Probleme zumindest probeweise zu lösen, und das alles ohne
große Hektik, Stress, äußeren Zeitdruck und zu befürchtende
Handlungskonsequenzen. Denn im nächtlichen Ruhezustand ist
unser Gehirn anscheinend in der Lage, ohne den Alltagsstress
und die permanenten Anforderungen von außen, aber auch unter Zuhilfenahme aller unbewussten Kapazitäten, Höchstleistungen zu vollbringen, zu denen unser bewusstes Informationsverarbeitungssystem anscheinend nicht so gut in der Lage ist. Man

geht mittlerweile auf dem Hintergrund der rasanten kognitions-psychologischen Forschungen davon aus, dass unsere nächtliche, nicht bewusste Arbeit des Gehirns und des Seelenlebens effektiver ist als die am Tage.

Denn *das nicht bewusste Informationsverarbeitungssystem, mit dem sich kognitionspsychologische Forscher heute befassen, ist unvergleichbar fähiger, komplexe Wissensstrukturen schneller und auf intelligentere Weise zu verarbeiten, als unser bewusstes Denken.*[106]

Träume haben auch eine Bedeutung für unsere Zukunftsgestaltung. Schon 1912 hatte ein Schweizer Psychoanalytiker, Alphonse Maeder, in seiner Schrift Das *Traumproblem* die vorausschauende oder auch prospektive Funktion des Träumens betont. Wir bereiten uns in unseren Träumen also auch auf zukünftige Anforderungen oder Herausforderungen vor, und wir wollen für unsere seelische Gesundheit anscheinend wissen, wie wir zukünftig mit den gegenwärtigen oder zu erwartenden Problemen umgehen wollen. Diese prospektive Funktion des Träumens ist also genauso eine Traumarbeit an Lösungen und damit bedeutsam für das Verständnis der Sehnsüchte.

Kommen wir noch einmal zu der Ausgangsfrage zurück, warum manche Träume so verrückt und wirr erscheinen. Wenn wir dies verstehen, bekommen wir auch eine Antwort auf die Frage, wie manche Sehnsüchte entstehen und warum wir von ihnen so beherrscht werden, auch wenn diese nicht vernünftig erscheinen. Zwischen der scheinbaren Irrationalität der Träume und der Unvernunft mancher Sehnsüchte gibt es psycho-logische Zusammenhänge. Denn was wir unvernünftig, irrational, verrückt oder wirr nennen, ist das Produkt unserer eigenen seelischen Aktivitäten, der sogenannten Traumarbeit.

Die kreativen Wege der Traumarbeit

Die kreativen Wege der Traumarbeit bestanden für Freud im Wesentlichen aus fünf Elementen. Er nannte sie Verdichtung, Verschiebung, Darstellbarkeit, Symbolik und sekundäre Bearbeitung. Sie führen im Ergebnis auch zur Entstehung unserer Sehnsüchte. Denn die menschlichen Sehnsüchte sind letztlich nichts anderes als geträumte Problemlösungen oder traumhafte Lösungen für unsere verschiedenen Lebensprobleme.

Bei der Verdichtung findet eine Konzentration auf das Wesentliche statt, oftmals auch eine Reduzierung. Wir kennen dieses Phänomen aus unserem Alltag, wenn wir ein einzelnes Erinnerungsstück mit einer ganzen Person oder gar der Geschichte unserer Beziehung zu ihr gleichsetzen. Dann kann ein Foto oder ein Lied in verdichteter Form die ganze Erinnerung repräsentieren. Sobald wir das Lied hören, wird die Erinnerung an die gesamte Beziehung auf assoziative Weise wieder wach. Bei einer Sehnsucht findet ebenfalls eine Verdichtung im Sinne einer Konzentration auf einen zentralen Aspekt statt, dem sich alle anderen unterordnen. Dies kann sowohl einen einzelnen Aspekt betreffen, der die ganze Sehnsucht auslöst. Es kann aber auch sein, dass alle Sehnsuchtsgefühle an eine Person, eine Idee, ein Objekt oder eine Beziehung geknüpft werden, die fortan im Mittelpunkt des Lebens steht.

Bei der Verschiebung wird ein Detail durch ein anderes ersetzt, das Auto durch ein Fahrrad, der Handschuh durch den Schal oder der Hund durch die Katze. Manchmal reicht aber auch nur eine Anspielung oder ein dezenter Hinweis, bei dem es gar nicht mehr nachvollziehbar erscheint, worauf sich diese Anspielung letztlich bezieht. Zwischen den Details der Verschiebung muss es gar keinen logischen Zusammenhang geben. Letztlich besteht die Verschiebung aus einem Ablenkungsmanöver. Auch eine Sehnsucht kann das Ergebnis einer solchen Verschiebung sein und dann ist Vorsicht geboten. Wenn es eigentlich um die Sehnsucht nach Freiheit geht, diese aber auf ein Wohnmobil verschoben wird, dann kann sich das sehr schnell als Trugschluss herausstellen, wenn sich die Freiheit im Stau dann nicht wie ersehnt einstellt.

Mit der Darstellbarkeit meinte Freud die Inszenierung des Traumes, den Film mit all den Farben, der Filmmusik und den Schauspielern in ihren wunderbaren Verkleidungen. Wie im Film werden auch bei der Darstellbarkeit Inhalte und Aussagen in Szenen übersetzt, wird ein Drama, eine Komödie oder eine Tragödie inszeniert, deren Sinn sich manchmal gar nicht so leicht erschließen lässt. Hierbei betätigt sich die Traumarbeit wie ein Regisseur eines opulenten Filmes. Die Schauspieler in diesem Film sind häufig Menschen aus den verschiedenen Lebensabschnitten des Träumenden, die sich in Wirklichkeit niemals begegnet sind. Sie alle sind aber nicht als Personen, sondern als Träger von Botschaften im Traum erschienen. Wundern Sie sich also nicht über die Personen, sondern fragen Sie sich nach den Botschaften, die diese repräsentieren. Ähnlich wie im Traum kann auch die Sehnsucht ein grandioses Szenario entfalten, denn sie malt ihre Erfüllung in den schönsten Farben aus und vernachlässigt dabei alle möglichen negativen Folgen. So wie in jeder Autowerbung das tolle neue Auto stets allein auf wunderbaren, staufreien Straßen fährt, gaukelt uns die Sehnsucht in ihrem eigenen Werbefilm vor, dass das Leben ganz wunderbar, leicht und frei von allen Sorgen verlaufen würde, wenn wir ihr folgten. Sehnsucht ist der Klang der Sirenen, bei dem sich Odysseus an den Schiffsmast binden musste, um ihm nicht zu erliegen.

Um den vierten Aspekt der Traumarbeit, die Symbolik, hat es in der Tiefenpsychologie immer wieder lange Diskussionen gegeben: Sind die Symbole alle individuell oder gibt es nicht doch allgemeine menschliche Symbole? Die Antwort ist recht klar und einfach: sowohl als auch. Aber die allgemeinen müssen individuell nachgewiesen werden, d. h. an der einzelnen konkreten Person in ihrer Bedeutung erkannt werden. Wer glaubt, durch allgemeine Symbole die harte Arbeit der individuellen Analyse ersetzen zu können, der bewegt sich nah am Kaffeesatzlesen. Auch Sehnsüchte haben immer ihre symbolischen Bedeutungen: Das Auswandern steht für ein neues Leben jenseits bisheriger Beschränkungen, die Todessehnsucht für Ruhe und Erlösung von aller Schuld, oder die Geliebte für den Neuanfang und das Ende aller bisherigen Eheprobleme. Für das Verständnis der Sehnsucht ist die Symbolik sehr bedeutsam, denn sie zwingt den sehnsüchtigen Menschen sich ehrlich zu fragen, wofür die Sehnsucht stehen mag, was sich hinter ihr verbirgt, ob sie wirklich so wörtlich und direkt zu verstehen ist, oder ob es nicht vielmehr um etwas ganz anderes hinter dieser Sehnsucht geht. Hier sollte sich der sehnsüchtige Mensch einmal ehrlich fragen, welche andere Veränderung in seinem Leben einen ähnlichen oder vielleicht sogar besseren Effekt haben würde als die Realisierung seiner derzeitigen Sehnsucht.

Bereits jetzt ist deutlich, mit welcher kreativen Energie Träume und Sehnsüchte erschaffen werden, welche Kunstprodukte sie sein können. Denn Verdichtung, Verschiebung, Darstellbarkeit und Symbolik sind nicht alternativ zu sehen, sondern mischen sich in jeweils unterschiedlichen Anteilen und Gewichtungen und erschaffen damit das komplexe Gebilde eines Traumes und einer Sehnsucht. Aber selbst diese Kunstwerke müssen manchmal abschließend noch einmal überarbeitet werden, so wie ein Künstler seinem Kunstwerk einen letzten Schliff gibt. Dies nannte Freud die sekundäre Bearbeitung als letzte Aufgabe der Traumarbeit. Für das Verständnis der Sehnsucht ist diese sekundäre Bearbeitung von ganz besonderer Bedeutung, denn sie macht aus einem starken Wunsch oder einer phantastischen Idee ein kunstvolles Konstrukt, dessen Erfüllung fortan zu einer fixen Idee werden kann.

Die sekundäre letzte Bearbeitung des Traumes in der Traumarbeit geht mit äußerster List vor. Denn sie verwirrt zum einen noch mehr, indem ein weiteres verstörendes Element eingebaut wird und versucht zum anderen dem ganzen Traum einen letzten Anstrich von Logik zu geben. Das Ziel besteht darin, dem wachen Ich bzw. unserem Bewusstsein einen Sinn und eine fertige Interpretation vorzugaukeln und es damit von weiteren Reflexionen und insistierenden Infragestellungen abzuhalten. Die Traumarbeit produziert eine traumhafte Problemlösung, die als einzig sinnvolle, logische und vernünftige erscheinen soll und sagt damit dem Träumer: Dies ist die Lösung deiner Probleme, die musst du in Zukunft hartnäckig verfolgen und umsetzen, mache sie am besten zu deiner Sehnsucht, indem du alle deine Energien in die Erfüllung dieser Sehnsucht setzt.

Wir kennen dieses Vorgehen aus spannenden Kriminalfilmen, wenn der Täter am Schluss noch eine falsche Fährte legt und damit die Kriminalisten in die Irre führen will. Dann werden Motive geschaffen, Verdächtigungen aufgebaut, Täter zu Opfern und umgekehrt, und das Ganze erhält so eine Logik, die dem erfahrenen Kriminalisten zu glatt und einleuchtend erscheint. Die sekundäre Bearbeitung verleiht dem Traum und der erträumten Sehnsucht eine Rationalität und Logik. Die Botschaft an das wache und reflektierte Bewusstsein ist eindeutig und überzeugend: Es stimmt alles so, mach' dir keine Sorgen, du musst nicht mehr weiter nachdenken und dir den Kopf zerbrechen, es ist alles in Ordnung, es gibt keinen rationalen Grund mehr zu zweifeln! Die sekundäre Bearbeitung versucht vor allem, den Zweifel zu besiegen und dabei den wachen Geist mit einer Scheinrationalität einzulullen. Daher sollten wir, bevor wir die Sehnsucht umsetzen, noch ein zweites Mal darüber nachdenken – und viel träumen.

Traumhafte Lösungen

Aus Sicht der modernen Psychologie träumen wir, um emotional bedeutsame Erlebnisse zu verarbeiten und zugleich alte, aktuelle und auch zukünftige Probleme und Konflikte zu lösen. Wir brauchen dazu unser Gehirn mit seinem Langzeitgedächtnis und auch die darin abgespeicherten bisherigen Lösungsstrategien. Wenn das Gehirn von äußeren Reizen unbeeinflusst ist, kann es seine volle Kapazität entfalten, um kreative neue Lösungen zu finden. Der Münchner Psychoanalytiker Wolfgang Mertens drückt dies in einem Fazit so aus:

Die meisten Arbeiten vor allem der zweiten Hälfte dieses Jahrhunderts konnten überzeugende theoretische und empirische Belege dafür erbringen, dass Träumen überwiegend der Lösung emotional bedeutsamer und konfliktträchtiger Ereignisse des Wachlebens gilt; ebenso konnten sie nachweisen, dass hierzu Inhalte des Langzeitgedächtnisses nach entsprechenden erfolgreichen Lösungsstrategien abgesucht werden und dass es bei dieser Suche zu einer Übereinanderlagerung von Problemlösungsmustern kommt, die sich als Verdichtung äußert und streckenweise befremdliche Neuschöpfungen entstehen lässt. Dennoch ist dieser Mustervergleich kein defensiver, sondern ein höchst kreativer Vorgang.[107]

Diese befremdlichen Neuschöpfungen können wahre Kunstwerke sein. So wird berichtet, dass Paul McCartney die Melodie zu Yesterday geträumt habe. Und es können kreative Problemlösungen sein, die im Wachzustand dann als Sehnsucht der Seele keine Ruhe mehr lassen. Aber dann haben wir ein neues Problem: Was machen wir, wenn wir bei diesem kreativen Vorgang mit den geträumten Problemlösungen immer wieder auf dieselben traumhaften Lösungen stoßen? Der erste Impuls wäre natürlich, diese in unseren Alltag zu übertragen, wenn sie denn auch der bewussten Überprüfung und Reflexion standhalten. Und wenn dies nicht möglich ist? Was machen wir, wenn diese traumhaften Lösungen keine Realisierungsmöglichkeit haben? Beispielsweise, weil sie die gesamte derzeitige Lebenswirklichkeit ins Wanken bringen würden? Dann erleben wir ein Dilemma: Die wiederholt geträumten Phantasien, Lösungen oder auch Ideen werden im Traum immer wieder für ideal befunden, immer wieder an der Realität überprüft und stets neu verworfen – und letztlich doch wieder geträumt. Was nachts im Traum so richtig und stimmig ist, das erscheint bei Tage als verrückt oder unmöglich. Ein innerer Kampf ist die Folge zwischen Traum und Realität, Wunsch und Wirklichkeit. Erlebt wird dieser Kampf als eine unlösbare Ambivalenz oder eine qualvolle Gefangenschaft. Wie er letztlich ausgeht ist sicherlich individuell verschieden, aber wir wissen, wovon das Ergebnis abhängt: von der Kraft und Energie, mit der die Sehnsucht ihre eigene Verwirklichung immer wieder aufs Neue einfordert. Manche Menschen finden ihre ganz persönliche Lösung in einem Kompromiss, andere verabschieden sich von ihrer Sehnsucht und betrauern sie, wiederum andere finden eine neue, bessere, manche bleiben ein Leben lang in ihrer Sehnsucht gefangen. Und dann gibt es noch diejenigen, die ihrer Sehnsucht folgen, auch wenn es ihr gesamtes Leben verändert.

Wann soll der Mensch seiner Sehnsucht folgen und wann soll er sie aus vernünftigen Gründen verwerfen oder gar aufgeben? In der Regel würde ich empfehlen, mindestens eine Nacht darüber zu schlafen und viel Traumarbeit zu leisten. Aber es gibt auch andere, vielleicht noch bessere Möglichkeiten zur Entscheidungsfindung.

10. Wohin mit meiner Sehnsucht – Ein kleiner Leitfaden für den Ernstfall

Das Ich schützt sich durch die Realitätsprüfung.
Freud
Abriß der Psychoanalyse, 1938

Wer bestimmt eigentlich über unser Leben? Ist die Idee des autonomen Individuums nicht eine große Seifenblase, letztlich eine Illusion? Beginnt die Selbsttäuschung nicht schon mit dem Schicksal, das wir Eltern, Herkunft oder Heimat nennen? Werden wir nicht alle in das Leben hineingeworfen und müssen dann zusehen, wie wir damit klar kommen? Wäre es nicht zumindest tröstlich, wenn es irgendeine weltliche oder höhere Instanz gäbe, bei der wir uns über die Umstände und Bedingungen unseres Lebens beklagen könnten? Oder sind wir für alles allein verantwortlich?

Und was ist mit den Alternativen in unserem Leben, wie andere Eltern, andere Freunde, andere Partner, andere Perspektiven, andere Jobs oder gar ein gänzlich anderes Leben? Je dringlicher wir sie uns herbei wünschen, desto unerreichbarer erscheinen sie manchmal. Dann machen sie das Leben nicht leichter, sondern erschweren es zusätzlich, weil sie keine Aussicht auf Verwirklichung haben. Wohin mit der Sehnsucht? Wohin mit den Geistern, die wir gerufen? Wahrscheinlich gibt es für jeden Menschen einige wenige Sehnsüchte, die sich in diesem konkreten Leben verwirklichen lassen, und viele unrealisierbare. Diese nennen wir mögliche und unmögliche Sehnsüchte. Aber wie erkennen wir, welche umsetzbar sind und welche nicht?

Die möglichen und
die unmöglichen Sehnsüchte

Sehnsucht ist ein bitter-süßes Gefühl, das von wiederkehrenden Phantasien und intensiven Wunschvorstellungen nach einem anderen, alternativen Leben begleitet wird, das als unerreichbar erlebt wird. Manchmal beziehen sie sich nur auf einen begrenzten Teil des Lebens, auf eine Person, eine Beziehung, eine Krankheit, ein Erlebnis, und manchmal hat man das Gefühl, gänzlich im falschen Leben zu stecken oder ohne die erfüllte Sehnsucht nicht weiterleben zu können. Sehnsucht bezieht sich auf das körperliche und seelische Wohlbefinden, die sozialen Beziehungen rund um Partnerschaft, Familie, Freundschaft und die beiden großen existentiellen Themen des Menschen: Sexualität und Tod. Sie kann leichte bis intensive Formen annehmen, melancholisch und resignativ oder auch kraftvoll und kreativ sein. Sie kann eine große Sehnsucht des Lebens sein und das ganze Leben beeinflussen oder sie kann eine kleine sein, die man sich vornimmt irgendwann einmal zu verwirklichen, wenn der richtige Zeitpunkt gekommen ist. Und sie verändert sich in ihren Inhalten, Richtungen und Energien mit dem Alter bzw. in der menschlichen Entwicklung. Bei jungen Menschen stehen eher die eigene Person und Fragen nach der Ausbildung und der beruflichen Zukunft im Vordergrund, bei Menschen im mittleren Erwachsenenalter sind es eher Fragen rund um Partnerschaft und Familie, und bei den älteren Menschen sind die Gesundheit, die Familie und die Politik bedeutsam. Die Sehnsüchte ändern sich also durchaus im Laufe eines Lebens und spiegeln zugleich die darin enthaltenen Entwicklungs- und Reifungsthemen.

Eine zusammenfassende Darstellung der zentralen Aspekte der Sehnsucht, wie ich sie in den einzelnen Kapiteln beschrieben habe, ergibt folgendes Bild:

Die zentralen Aspekte der Sehnsucht

1. Die ambivalenten, bitter-süßen **Gefühle**

2. Die begleitenden **Phantasien**

3. Die **Symbolik** der Sehnsucht

4. Die Aufhebung der **Zeit** in der Sehnsucht

5. Sehnsucht als Ergebnis einer **Traumarbeit**

6. Traumhafte **Lösungen** für Probleme, Krisen oder Konflikte

7. Die kompensatorische Seite der Sehnsucht: **das Leben aushalten**

8. Die kreative Seite der Sehnsucht: **das Leben gestalten**

9. Das Gefühl der Unvollkommenheit oder **Unvollständigkeit**

10. Die persönlichen Wunschträume und **Lebenskonzepte**

11. Sehnsucht als das Ergebnis persönlicher **Lebensbilanzen**

12. Die **systemische** Seite der Sehnsucht

13. Die **mehrgenerationelle** Perspektive

14. Sehnsüchte als positive und negative soziale **Utopien**

15. Die Sehnsucht und der **Tod**

Wie kann man die möglichen von den unmöglichen Sehnsüchten unterscheiden? Eine einfache und wirkungsvolle Möglichkeit wäre die Unterscheidung nach Vergangenheit und Zukunft. Vergangenes lässt sich nicht mehr korrigieren. Verstorbene Personen können nicht mehr lebendig werden, sie können nur noch in der Trauer verabschiedet werden, bis eine neue Realität ohne sie innerlich akzeptiert wird. Insofern ist der Erfolg der Trauer auch mit dem Ende einer Sehnsucht verbunden. Für verlorene Beziehungen gilt dies nicht in dieser Endgültigkeit. Das Internet ermöglicht es, alte Lieben wiederzufinden und vielleicht zu revitalisieren. Und vielleicht kommt der Betroffene gerade aus einer Beziehung, ist wieder mal allein und frei für eine neue? Hier kann die Sehnsucht wiedererwachen und zukünftige Korrekturen an den verpassten Chancen der Vergangenheit einfordern. Kein unmögliches Unterfangen!

Die Grenzen der Vergangenheit scheinen für die Zukunft nicht zu gelten, hier scheint alles möglich. Wenn es sein muss, kann man dem Wunschprogramm seiner Sehnsucht folgen, und beispielsweise den Partner oder seine ganze Familie von einem auf den anderen Tag verlassen und am anderen Ende der Welt die ersehnte Alternative leben. Es wäre möglich, sagt die Sehnsucht. Es ist unmenschlich, unverantwortlich, unvernünftig, absurd, verrückt, sagt die Vernunft. Aber es wäre dennoch möglich, widerspricht die Sehnsucht …

Die Einteilung der möglichen und unmöglichen Sehnsüchte nach Vergangenheit und Zukunft scheint kompliziert zu sein: Einerseits werden die Sehnsüchte mit zunehmendem Alter eher größer, weil man viel mehr verpasst hat und die Zukunft immer endlicher wird, andererseits ist im Gegensatz zur ungestümen Jugendzeit eine ausgereifte Lebenserfahrung da, mit der man seine Sehnsüchte kontrollieren und beruhigen kann. So hat man in der Jugend vielleicht weniger Sehnsüchte, kann mit ihnen aber noch nicht so erfahren und geschmeidig umgehen wie im Alter, in dem man rückblickend zwar viel mehr Sehnsüchte hat, mit ihnen aber besser leben kann. Vielleicht sind die Stärke der Sehnsucht und der Umgang mit ihr einfach nur ein Indikator für die persönliche Reife einer Person? Wer in seiner Jugend nicht unter seinen Sehnsüchten leidet, der hat kein Herz, und wer es im Alter immer noch tut, der hat keinen Verstand! Hätte sich Goethes Werther wirklich wegen der unmöglichen Liebe zu Lotte umbringen müssen? Wäre nicht ein reiferer Umgang mit der Sehnsucht möglich gewesen? Und hätte sich der alternde Don Juan zu seinem 90. Geburtstag nicht etwas anderes als eine Jungfrau wünschen können, wie es Gabriel Garcia Marquez in seinen *Erinnerungen an meine traurigen Huren* schreibt? Hätte ihn nicht die Altersweisheit vor diesem Wunsch schützen müssen? Wer oder was schützt uns vor der Macht und der Unvernunft der Sehnsucht und wie kann man die möglichen und die unmöglichen erkennen? Es scheint, als müsse jeder Mensch auf diese Fragen seine eigenen, persönlichen Antworten finden.

Aus dieser Erkenntnis solle allerdings nicht der Schluss gezogen werden, dass fortan jeder egoistisch seine eigenen Sehnsüchte leben sollte, ohne Rücksicht, Mitgefühl oder Verantwortung für den Mitmenschen, insbesondere denjenigen, die wir lieben und von denen wir geliebt werden. Wir sollten also nicht nur lernen, die möglichen von den unmöglichen Sehnsüchten zu unterscheiden, sondern auch die wichtigen von den unwichtigen.

Die wichtigen und die unwichtigen Sehnsüchte

Wenn ein Zauberer Sie fragen würde, welche drei Sehnsüchte er Ihnen erfüllen solle, welche würden Sie wählen? Wunschlos glücklich zu sein? Ewige Jugend? Eine Milliarde Euro? Unsterblichkeit? Lebenslange Liebe zwischen Ihnen und einem bestimmten Menschen? Und würden Sie sich Bedenkzeit für die Antwort erbeten? Oder sind Ihnen Ihre Sehnsüchte so bekannt und vertraut, dass Sie sich eine spontane Antwort leisten könnten? Würden Sie sich nur die Erfüllung der unerfüllbaren Sehnsüchte wünschen, weil Sie für die Verwirklichung der erfüllbaren selbst sorgen könnten? Und wären Sie in der Lage, spontan die wichtigen von den unwichtigen Wünschen zu unterscheiden? Oder geht es Ihnen wie den meisten Menschen, die auf die Frage nach den wichtigen Dingen im Leben relativ übereinstimmend seit Jahren antworten: Liebe, Gesundheit, Arbeit, Glück und Wohlergehen.

Diese Klarheit, dass die wichtigen Dinge im Leben nicht materieller Natur sind, klingt erstaunlich und kulturell hoffnungsvoll. Denn die globalen Sehnsuchtsindustrien mit ihren Marketingabteilungen versuchen beständig mit großem Aufwand unsere Gedanken zu verwirren, indem sie die Verwirklichung unserer Sehnsüchte an den Kauf materieller Dinge binden. Und manchmal kostet es viel Geld, Zeit und Nerven, bevor man erkennt, dass sich die wesentlichen Dinge des Lebens nicht kaufen lassen. Besonders versierte Marketingstrategen würden diesem Denken sogar zustimmen und sagen: Natürlich sind die wichtigen Dinge des Lebens Liebe, Gesundheit, Arbeit, Wohlbefinden oder gar Glück. Darüber wollen wir uns gar nicht streiten. Aber wie erreicht ihr dieses Glück? Die schnellen Wege erreicht ihr nur mit dem richtigen Auto, die einfachste Kommunikation nur mit dem richtigen Handy, die Aufmerksamkeit der potentiellen Liebespartner nur mit der richtigen Mode und in der richtigen Partnerschaftsbörse, das Glück nur mit den besten Kreditkonditionen, den besten Absatz nur mit der richtigen Internetstrategie ... Und mit diesen Worten locken sie uns in die Kathedralen der Moderne: die Einkaufszentren, Internetportale, Banken, Wirtschaftszentralen. Heute sind allein die Partnerschaftsbörsen des Internets ein millionenschweres Geschäft mit den Liebessehnsüchten der Menschen.

Vielleicht beantwortet sich die Frage nach den wichtigen und unwichtigen Sehnsüchten zum einen nur individuell, zum anderen aus einer höheren menschlichen Warte. Diese müsste über das Eigeninteresse hinausgehen und dabei soziale, kulturelle und humane Werte miteinbeziehen. Demnach wären wichtige Sehnsüchte solche, die andere Menschen berücksichtigen. Es wären Sehnsüchte, die sich mit Liebe, Verantwortung und Sorge für andere verbinden. Dann wären glückliche und dauerhafte Liebesbeziehungen die wichtigsten Sehnsüchte der Menschen, insbesondere die Liebe zu den Partnern und zu den Kindern, die Sorge um sie und ihre Zukunft.

Wenn ich gefragt würde, was die größte kulturelle Errungenschaft der modernen Zivilisation ist, dann würde ich antworten: die Kindheit. Kann es sein, dass unser Streben darin bestehen sollte, die offenen und stillen Sehnsüchte der Kinder wahrzunehmen? Wäre das nicht eine wichtige Sehnsucht, die zu erfüllen durchaus möglich wäre?

Die Sehnsüchte der Kinder

Haben Kinder Sehnsüchte? Ja und Nein, sagt die moderne Wissenschaft. In der Psychologie der Kindheit gibt es heute zwei Denkrichtungen, die aus unterschiedlichen Blickwinkeln entstanden sind: Mal betrachten sie die Kindheit aus der erwachsenen und mal aus der kindlichen Perspektive. Fragt man die Vertreter der Erwachsenenperspektive, dann haben Kinder noch keine reifen Sehnsüchte, bestenfalls Vorformen dieses komplexen Gefühls. Fragt man die Vertreter einer Kindersicht, dann haben sie natürlich Sehnsüchte, nur andere, vielleicht direktere, einfachere, unkompliziertere, aber nicht weniger intensive.

Die wahrscheinlich wichtigste Sehnsucht der noch kleinen Kinder besteht darin, von den Eltern nicht verlassen zu werden. Meist wird diese Sehnsucht erst erweckt, wenn das Kind verlassen wurde oder sich so fühlt. Freud hat sich anscheinend nur ein einziges Mal zum Thema Sehnsucht explizit geäußert und dies im Zusammenhang mit den Sehnsüchten der Kinder. In seiner

Schrift *Hemmung, Symptom, Angst* aus dem Jahre 1926 spricht er von der Sehnsuchtsbesetzung. Damit meint er die Sehnsucht des Säuglings nach der Mutter, nachdem diese ihn allein gelassen hat. Wenn das Kind eine sichere innere Bindung zur Mutter oder zum Vater aufbaut, kann es Trennungen verkraften. Wird das Kind aber von einem Elternteil oder gar beiden verlassen, so entsteht auch bei älteren Kindern eine tiefe Sehnsucht nach ihnen.

Im Rahmen meiner 20-jährigen Arbeit als Psychologischer Gutachter für Familiengerichte habe ich viele Kinder kennengelernt, die mir von ihren Sehnsüchten erzählten. Ihrer Sehnsucht nach der alten Familie, nach Harmonie und Wiederversöhnung, oder nach unbeschwerten Kontakten zu beiden Eltern. Ich erinnere mich an einen Jungen, der mir seine Sehnsuchtsphantasie in einem Bild malte. Darauf waren zwei Häuser zu sehen, die nebeneinander standen und in denen die getrennten Eltern wohnten. Unter den Häusern verlief ein Schacht, den er sich gegraben hatte und durch den es ihm möglich war, jederzeit von einem Elternteil zum anderen zu gehen. Nur er besaß den Schlüssel zu diesem unterirdischen Schacht zwischen den beiden Elternhäusern. Diese Idee hatte für den Jungen eine heilende Wirkung, sie machte ihm das Leben in den zwei Welten zwischen den Eltern möglich, damit konnte er sein Leben aushalten und zumindest in der Phantasie kreativ gestalten.

Doch nicht nur das Leben selbst, auch die Literatur ist voll von kindlichen Sehnsüchten. Es gibt keinen Autoren, der die Sehnsucht der Kinder in allen Varianten besser beschrieben hat, als John Irving. In *Gottes Werk und Teufels Beitrag* beschreibt er die Sehnsüchte von Kindern im Waisenhaus, die von ihren Eltern verlassen wurden, in *Bis ich dich finde*, seinem Opus Magnum, beschreibt er die Suche eines Sohnes nach seinem Vater, und in *Letzte Nacht in Twisted River* schildert er das Leben eines Jungen, der früh seine Mutter durch Tod verliert und später selbst ein alleinerziehender Vater wird. John Irvings großes Verdienst ist es, das Fühlen, Denken und Handeln, vor allem die Sehnsüchte der

Kinder aus deren Sicht in großartigen Romanen erfasst zu haben. Wer das Denken, die Empfindungen, die Logik und die Sehnsüchte von Kindern kennenlernen möchte, dem empfehle ich John Irving zu lesen.

Und es gibt noch andere Sehnsüchte der Kinder, die ganz dem kindlichen Leben entspringen. Ein wunderbares Beispiel dafür ist die Geschichte von Billy Elliot in *I will dance*. Der Junge wird mit Vater, Bruder und Oma groß, seine Mutter ist gestorben. Er soll auf Wunsch seines Vaters das Boxen erlernen, denn die Bergarbeitergegend Durham in Nordengland ist rau. Vater und Bruder engagieren sich im Streik der Bergarbeiter gegen die Schließung der Zechen, aber Billy geht nicht zum Boxen, sondern heimlich zum Ballett. Als sein Vater hinter Billys Geheimnis kommt tobt er und verbietet ihm das Balletttanzen. Aber Billys Lehrerin Mrs. Wilkinson ist von seinem Talent überzeugt und meldet ihn zum Vortanzen in der Royal Ballet School in London an. Als sein Vater ihn eines Tages beim selbstversunkenen Tanz beobachtet kapituliert er bewegt und wortlos vor der Sehnsucht und Passion des Sohnes und fährt mit ihm nach London zum Vortanzen. Danach wird Billy von der Kommission befragt, wie er sich beim Tanzen fühle und er gibt folgende kindliche, aufschlussreiche Antwort. Er vergesse sich selbst und sein Leben beim Tanzen, fühle sich körperlos, wie beim Fliegen, antwortet er. Er wird wider Erwarten angenommen und es kommt zu dramatischen Abschiedsszenen von der Familie und seinem schwulen Freund Michael. Jahre später sitzt Michael im Parkett, als Billys Vater und Bruder zur Aufführung von Tschaikowskis Schwanensee kommen, in dem Billy der bewunderte Solotänzer ist. Er hat sich seine Sehnsucht gegen alle Widerstände erfüllt. Wer diesen Film gesehen hat kann nicht mehr behaupten, Kinder hätten keine Sehnsüchte.

Ein kleiner Leitfaden für den Ernstfall

Was sind also die Lösungen im Umgang mit der Sehnsucht? Manche Menschen finden ihre ganz persönliche Lösung in einem mehr oder weniger gelungenen Kompromiss; andere verabschieden sich von ihrer Sehnsucht und – wenn es gut läuft – betrauern sie; wiederum andere finden eine neue, bessere oder zumindest tröstende Sehnsucht; und manche bleiben ein Leben lang in ihrer Sehnsucht verfangen. Und dann gibt es noch diejenigen, die ihrer Sehnsucht folgen, selbst wenn sie das gesamte Leben erschwert oder gar umkrempelt. Anscheinend gibt es keinen einfachen Umgang mit der Sehnsucht, man weiß einfach nicht, wohin mit ihr.

Wann soll der Mensch seiner Sehnsucht folgen und wann soll er sie aus vernünftigen Gründen verwerfen oder gar aufgeben? In der Regel würde ich empfehlen, mindestens eine Nacht darüber zu schlafen und viel Traumarbeit zu leisten. Wichtiger jedoch erscheint mir die gezielte und bewusste Reflexion der Hintergründe der Sehnsucht und ihrer möglichen Folgen, was von Psychologen als Realitätsprüfung bezeichnet wird. Wie kann diese aussehen? Wie kann man sich selbst über die Hintergründe der eigenen Sehnsucht klarer werden?

Wenn Sie gewissenhaft und ehrlich versuchen, die folgenden Fragen zu beantworten, dann kommen Sie nicht nur dem Verständnis Ihrer Sehnsucht näher, sondern auch der Antwort auf die Frage, wie Sie mit ihr umgehen können.

Ein kleiner Leitfaden zum Verständnis meiner Sehnsucht

1. Wie würde ich meine Sehnsucht beschreiben oder in Worte fassen? Worin besteht sie, worum geht es dabei? Wie heißt sie?

2. Wann habe ich die Sehnsucht zum ersten Mal empfunden? Gab es zu diesem Zeitpunkt oder in der Zeit kurz davor wesentliche andere Ereignisse oder Veränderungen in meinem Leben?

3. Was assoziiere ich mit meiner Sehnsucht? Wofür steht sie, welche Begriffe, Bilder oder Themen fallen mir ein, wenn ich an sie denke?

4. Wie wichtig ist es mir, das jetzige Leben nicht mehr zu leben? Ist die Erfüllung der Sehnsucht bedeutsamer oder die damit verbundene Veränderung der heutigen Lebenssituation?

5. Wie fühlt sie sich an? Welche Gefühle kommen in mir hoch, wenn ich an die Sehnsucht denke? Was ist süß und was ist bitter? Was verbinde ich mit diesen Gefühlen?

6. Unter welchen Bedingungen spüre ich diese Sehnsucht besonders stark und wann gar nicht? Womit könnte dies zusammenhängen?

7. Gibt es irgendeine Veränderung in meinem Leben, die diese Sehnsucht überflüssig machen würde? Könnte irgendetwas anderes die Sehnsucht ersetzen?

8. Wie stelle ich mir mein Leben nach der Erfüllung meiner Sehnsucht vor? Wie wird es mir dann gehen? Was wird dann besser und was vielleicht auch schlechter sein? Was würde ich vermissen, wenn meine Sehnsucht plötzlich erfüllt wäre?

9. Was sind die Folgen der Sehnsucht für andere Menschen, die Partner, Kinder, Freunde? Was sagen die mir heute schon, was sind ihre Wünsche, Befürchtungen, Ängste oder Empfehlungen?

10. Wer wird sich mit mir am meisten freuen, wenn sich meine Sehnsucht erfüllt, und wem wird es danach schlechter gehen?

11. Wie würde es mir vermutlich ergehen, nachdem ich die Sehnsucht ausgelebt habe und wie, wenn ich dies nicht tun würde?

12. Wer oder was steht der Erfüllung meiner Sehnsucht im Wege?

13. Welches Risiko nehme ich auf mich, wenn ich weiter versuche, meine Sehnsucht zu verwirklichen?

14. Was sind meine eigenen Erklärungen für meine Sehnsucht, wie erklären sie sich für andere, besonders diejenigen, die mich gut kennen?

15. Welche Sehnsucht hatte ich vor dieser? Gab es Vorläufer oder ist sie vollkommen neu? Bin ich ein sehnsüchtiger Mensch?

16. Was würden meine Vorfahren (Großeltern, Mutter, Vater etc.) sagen, wenn sie alles über meine Sehnsucht wissen würden? Kann es sein, dass sie auch schon mal eine solche Sehnsucht verspürt haben? Und wenn ja, wie sind sie damals damit umgegangen?

17. Kann es sein, dass ich meine Sehnsucht für eine andere Person meiner Familie empfinde? Erlebe ich die Sehnsucht also vielleicht nur stellvertretend für diese Person?

18. Wann empfinde ich meine Sehnsucht als Ambivalenz, wann neige ich mehr zu der einen und wann zu der anderen Seite?

19. Welche Phantasien begleiten meine Sehnsucht, wie sehen diese genau aus?

20. Welche Beziehung hat meine Sehnsucht zur Zeit? Wird darin die Zeit zurückgedreht, vorgestellt, außer Kraft gesetzt oder alles gleichzeitig?

21. Wenn meine Sehnsucht ein Traum wäre, was wären meine Assoziationen zu diesem Traum?

22. Welche Probleme, Konflikte, Krisen, Verluste werden durch die Sehnsucht bearbeitet oder sogar gelöst?

23. Gibt es eine kreative Seite meiner Sehnsucht?

24. Wenn die Sehnsucht mir das Gefühl gibt, irgendwie unvollständig oder unvollkommen zu sein, was fehlt mir?

25. Gibt es einen großen Wunschtraum, den ich schon immer hatte oder ein Lebenskonzept, das ich schon immer angestrebt habe? Was hat meine Sehnsucht damit zu tun?

26. Ist meine Sehnsucht auch eine Folge einer Lebensbilanz? Empfinde ich sie besonders stark, wenn ich daran denke, wo ich im Leben stehe, was ich erreicht und was ich nicht erreicht habe? Ist es ein Thema des Habens oder des Seins?

27. Wie würde eine Gesellschaft aussehen, wenn meine Sehnsucht für alle Menschen Wirklichkeit würde? Oder wünsche ich mir die Erfüllung der Sehnsucht ganz für mich allein?

28. Hat meine Sehnsucht eine Beziehung zum Tod? Versucht sie gar den Tod zu überwinden?

29. Was habe ich noch niemals einem anderen Menschen über meine Sehnsucht gesagt?

30. Was fällt mir schwer einzugestehen?

31. Wie werde ich voraussichtlich in fünf oder zehn Jahren über meine Sehnsucht denken, wenn sie sich nicht erfüllt?

32. Wenn ich mit meiner Sehnsucht sprechen oder sogar verhandeln könnte, was würde ich ihr dann sagen?

33. Wie viele Menschen kenne ich, die diese Sehnsucht auch haben? Wie gehen sie mit ihr um?

34. Was würde ich von meinem Leben hergeben, wenn sich die Sehnsucht erfüllen würde?

35. Wie würde es mir gehen, wenn sich meine Sehnsucht so erfüllen würde, wie ich es mir derzeit erträume?

36. Welche Gründe sprechen gegen die Verwirklichung meiner Sehnsucht?

Ziehen Sie abschließend auf einem Extrablatt eine Bilanz aus den positiven und negativen Faktoren und treffen Sie eine Entscheidung!

Wenn Sie nach dieser gewissenhaften Beantwortung der Fragen und einer abschließenden Bilanzierung ruhiger geworden sind und Ihre ganz persönlichen Antworten gefunden haben, dann werden Sie wissen, was zu tun ist. Sollten Sie sich entschieden haben, Ihre Sehnsucht verwirklichen zu wollen, werden Sie sich zugleich von ihr trennen müssen. Denn ein verwirklichter Traum ist fortan Realität und daher ist die Sehnsucht ein unstillbares Gefühl. Aber ich bin mir sicher, Sie finden schnell eine neue.

Endnoten

1 Süddeutsche Zeitung, 2. 9. 2010, S. 42.

2 Hohelied Salomos. Nach der Übersetzung von Martin Luther. Das 5. Kapitel, zitiert nach Schmölders, Claudia. Erfindungen der Liebe, Berühmte Zeugnisse aus drei Jahrtausenden, Insel Verlag, Frankfurt, 2000, S. 23.

3 John Berger. A und X. Eine Liebesgeschichte in Briefen, Carl Hanser Verlag, München, 2010.

4 ebd., S. 124.

5 ebd., S. 130.

6 ebd., S. 159.

7 ebd., S. 165.

8 ebd., S. 169.

9 ebd., S. 201.

10 Ian MacEwan: Am Strand, Diogenes Verlag, Zürich, 2007, S. 12.

11 ebd., S. 126.

12 S. 130.

13 S. 191.

14 Bernhard Schlink. Der Andere, in: Schlink, Bernhard. Liebesfluchten, Diogenes, Zürich, 2002, S. 103.

15 ebd., S. 141.

16 Haruki Murakami. Gefährliche Geliebte, btb, München, 2008, S. 242.

17 Mario Vargas Llosa. Das Paradies ist anderswo, Suhrkamp, Frankfurt, 2004, S. 393.

18 ebd., 386.

19 Paul Gaugin. Vorher und Nachher, Lebenserinnerungen, Köln, Du Mont, 1998, S. 27.

20 ebd., S. 25.

21 ebd.

22 Vargas Llosa, 2004, S. 81.

23 ebd., S. 34.

24 Gaugin, 1998, S. 34.

25 Johann Wolfgang von Goethe. Faust, Erster und Zweiter Teil, herausge-
    geben und kommentiert von Erich Trunz, C. H. Beck, München, 1985,
    S. 47.

26 ebd., S. 39.

27 ebd., S. 66.

28 ebd., S. 127.

29 ebd., S. 348.

30 ebd., S. 41.

31 ebd., S. 104.

32 Gabriel Garcia Marquez. Erinnerung an meine traurigen Huren, Kiwi,
    Köln, 2004, S. 9.

33 ebd., S. 44.

34 Friedrich Nietzsche: Götzen-Dämmerung oder wie man mit dem
    Hammer philosophiert. In: Nietzsche, Friedrich. Werke in drei Bänden,
    Bd. 2, Carl Hanser Verlag, München, 1977, S. 944.

35 Lew Tolstoi. Anna Karenina, dtv, München, 2004, S. 7

36 Milena Agus. Die Frau im Mond, dtv, München, 2009, S. 9f.

37 ebd., S. 100.

38 ebd., S. 64.

39 ebd., S. 135.

40 J. R. Moehringer. Tender Bar, Fischer, Frankfurt, 2007.

41 ebd., S. 109.

42 ebd., S. 10.

43 ebd., S. 36.

44 ebd., S. 59.

45 ebd., S. 73.

46 ebd., S. 698.

47 ebd., S. 699.

48 ebd., S. 702.

49 ebd., S. 704.

50 ebd., S. 704f.

51 DIE ZEIT, Ich habe einen Traum, Hilary Hahn, 25. 7. 2006.

52 Zeruya Shalev. Liebesleben, Berliner Taschenbuchverlag, Berlin, 2005.

53 Erich Valentin. Mozart. Eine Biografie. Diederichs. München, 2006, S. 68.

54 ebd.

55 ebd., S. 11.

56 ebd.

57 Horst Eberhardt Richter. Eltern, Kind, Neurose, 33. Aufl., rororo, Reinbek, 2010.

58 Jonathan Franzen. Die Korrekturen, rororo, Reinbek, 2002.

59 ebd., S. 701.

60 Jose Saramago. Eine Zeit ohne Tod, Rowohlt TB, Reinbek, 2009.

61 ebd., S. 58.

62 ebd., S. 252 f.

63 William Shakespeare. Wie es euch gefällt, zitiert nach Levine, Robert. Eine Landkarte der Zeit. Wie Kulturen mit Zeit umgehen, Piper, München, 2008, S. 50.

64 Robert Levine. Eine Landkarte der Zeit. Wie Kulturen mit Zeit umgehen, Piper, München, 2008, 71.

65 Georg Friedrich Wilhelm Hegel. Vorlesungen über die Ästhetik II, in Georg Friedrich Wilhelm Hegel Werke 14 (stw 14), Suhrkamp, Frankfurt a. M., 1995, S. 155.

66 Gabriel Garcia Marquez. Die Liebe in den Zeiten der Cholera, Fischer, Frankfurt, 2004, S. 437.

67 ebd., S. 490.

68 ebd., S. 495.

69 ebd., S. 508 f.

70 Jean Amery. Hand an sich legen. Diskurs über den Freitod, 13. Aufl., Klett-Cotta, Stuttgart, 2008.

71 Zeit online, Suizid verboten, Mark Spörle, 28. 5. 2010.

72 Immanuel Kant. Die Metaphysik der Sitten, reclam, Ditzingen, 1990.

73 Friedrich Nietzsche. Also sprach Zarathustra, reclam, Ditzingen, 1986.

74 Albert Camus. Der Mythos des Sysyphos, zitiert nach Bronisch, Thomas. Der Suizid. Ursachen, Warnsignale, Prävention. Beck, München, 2007, S. 57.

75 ebd., S. 87.

76 Ebo Aebischer-Cretol. Suizid und Todessehnsucht, Erklärungsmodelle, Prävention und Begleitung, Books on Demand, Schweiz, 2000, S. 17.

77 Neues Testament, Matthäus, 27,5.

78 Marylin Monroe. Tapfer lieben, übersetzt von Uda Strätling, S. Fischer, Frankfurt a. M., 2010.

79 Heinz Kohut. Narzissmus, Suhrkamp, Frankfurt, 1971.

80 Friedmar Apel u.a. (Hrsg.). Goethe Werke, Band 4, Insel Verlag, Frankfurt, 2007, 99 ff.

81 Hamburger Abendblatt, 30. 11. 2010, S. 30.

82 Zeit online, Entertainment ist mir fremd, Gidon Kremer, 29. 10. 2009.

83 Zeit online, Lehre in Bewegung, 4. 1. 2010.

84 Zeit online, Ich tanze Tango, 5. 2. 2006.

85 projekt syndicate, Avatar und die Imperialpolitik, Naomi Wolf, 2010.

86 vgl. Ernst Bloch. Das Prinzip Hoffnung, Suhrkamp, TB Wissenschaft, Frankfurt, 1985.

87 Platon. Politeia. 181, 5. Buch, 460a–b, zitiert nach Gnüg, Hiltrud. Utopie und utopischer Roman, Reclam, Ditzingen, 1999, S. 26.

88 ebd., 179, 5. Buch, 457c, Gnüg, S. 26.

89 Thomas Morus. Utopia, reclam, Stuttgart, 2009, S. 109.

90 ebd., S. 145.

91 ebd., S. 127.

92 ebd., S. 67.

93 ebd., S. 115.

94 ebd., S. 148.

95 ebd., S. 58.

96 Peter Sloterdijk. Regeln für den Menschenpark, Suhrkamp, Frankfurt, 1999.

97 vgl. Wolfgang Hantel-Quitmann. schamlos! Was wir alles verlieren, wenn alles erlaubt ist, Freiburg, Herder, 2009.

98 ebd., S. 3.

99 Ernst Bloch. Einleitung in die Tübinger Philosophie, Suhrkamp, Frankfurt a. M., 1970, S. 95.

100 Bernhard Schlink. Heimat als Utopie, Sonderdruck Edition Suhrkamp, Frankfurt a. M., 2000, S. 32.

101 Leon de Winter. Das Recht auf Rückkehr, Diogenes, Zürich, 2009, S. 547.

102 ebd., S. 550.

103 Michael Schredl. Der ungehobene Schatz, Psychologie heute, 2, 2011.

104 Sigmund Freud. Die Wunscherfüllung, Studienausgabe, Band 1, Fischer, Frankfurt a. M., 1969, S. 217.

105 Sigmund Freud. Bemerkungen zur Theorie und Praxis der Traumdeu-

tung, 1923, zit. nach Wolfgang Mertens. Traum und Traumdeutung, Beck Wissen, München, 2009.

106 Wolfgang Mertens. Traum und Traumdeutung, Beck Wissen, München, 2009, S. 88.

107 ebd., S. 118–119.

Literaturempfehlungen

Aebischer-Cretol, Ebo. Suizid und Todessehnsucht, Erklärungsmodelle, Prävention und Begleitung, Books on Demand, Schweiz, 2000.

Agus, Milena. Die Frau im Mond, Hoffmann und Campe, Hamburg, 2007.

Alighieri, Dante. Die Göttliche Komödie, 1. und 2. Teil, Insel Verlag, Frankfurt, 1974.

Amery, Jean. Hand an sich legen. Diskurs über den Freitod, 13. Aufl., Klett-Cotta, Stuttgart, 2008.

Berger, John, A und X. Eine Liebesgeschichte in Briefen, Carl Hanser Verlag, München, 2010.

Bloch, Ernst, Einleitung in die Tübinger Philosophie, Suhrkamp, Frankfurt a. M., 1970.

Bloch, Ernst. Das Prinzip Hoffnung. Suhrkamp, TB Wissenschaft, Frankfurt, 1985.

Bronisch, Thomas. Der Suizid. Ursachen, Warnsignale, Prävention. Beck, München, 2007.

Casanova, Giacomo. Aus meinem Leben, Reclam, Ditzingen, 2002.

de Winter, Leon. Das Recht auf Rückkehr, Diogenes, Zürich, 2009.

Eugenides, Jeffrey. Middlesex, Rowohlt, Reinbek, 2003.

Flaubert, Gustave. Madame Bovary, Reclam, Leipzig, 2003.

Franzen, Jonathan. Die Korrekturen, Rowohlt, Reinbek, 2002.

Freud, Sigmund. Bemerkungen zur Theorie und Praxis der Traumdeutung, zitiert nach Mertens, Wolfgang. Traum und Traumdeutung, Beck Wissen, München, 2009.

Freud, Sigmund. Die Wunscherfüllung, Studienausgabe, Band 1, Fischer, Frankfurt a. M., 1969.

Garcia Marquez, Gabriel. Die Liebe in den Zeiten der Cholera, Fischer, Frankfurt, 2004.

Garcia Marquez, Gabriel. Erinnerung an meine traurigen Huren, Kiwi, Köln, 2004.

Gauguin, Paul. Vorher und Nachher, Lebenserinnerungen, Köln, Du Mont, 1998.

Glattauer, Daniel. Gut gegen Nordwind, Deuticke, Wien, 2006.

Gnüg, Hiltrud. Utopie und utopischer Roman, Reclam, Ditzingen, 1999.

Goethe, Johann Wolfgang. Faust, Erster und Zweiter Teil, herausgegeben und kommentiert von Erich Trunz, C. H. Beck, München, 1985.

Goethe, Johann Wolfgang. Werke, Band 4, Insel Verlag, Frankfurt, 2007, hier: Werthers Leiden, Die Wahlverwandtschaften.

Hantel-Quitmann, Wolfgang. Liebesaffären, Zur Psychologie leidenschaftlicher Beziehungen, Psychosozial-Verlag, Gießen, 2005.

Hantel-Quitmann, Wolfgang. Der Geheimplan der Liebe. Zur Psychologie der Partnerwahl, Herder, Freiburg, 2007.

Hantel-Quitmann, Wolfgang. Die Masken der Paare, Und welche Gefühle sie verbergen, Herder, Freiburg, 2008.

Hantel-Quitmann, Wolfgang. schamlos! Was wir verlieren, wenn alles erlaubt ist, Herder, Freiburg, 2009.

Hohelied Salomos. Nach der Übersetzung von Martin Luther. Das 5. Kapitel, zitiert nach Schmölders, Claudia. Erfindungen der Liebe, Berühmte Zeugnisse aus drei Jahrtausenden, Insel Verlag, Frankfurt, 2000.

Hustvedt, Siri. Die Leiden eines Amerikaners, Rowohlt, Reinbek, 2009.

Huxley, Aldous. Schöne neue Welt, Fischer, Frankfurt, 2009.

Irving, John. Gottes Werk und Teufels Beitrag, Diogenes, Zürich, 2000.

Irving, John. Bis ich dich finde, Diogenes, Zürich, 2006.

Irving, John. Letzte Nacht in Twisted River, Diogenes, Zürich, 2010.

Kant, Immanuel. Die Metaphysik der Sitten. Reclam, Ditzingen, 1990.

Kohut, Heinz. Narzissmus, Suhrkamp, Frankfurt, 1971.

Levine, Robert. Eine Landkarte der Zeit. Wie Kulturen mit Zeit umgehen, Piper, München, 2008.

Maalouf, Amin. Die Häfen der Levante, Suhrkamp, Frankfurt, 2004.

MacEwan, Ian. Am Strand, Diogenes Verlag, Zürich, 2007.

Mertens, Wolfgang. Traum und Traumdeutung, Beck Wissen, München, 2009.

Moehringer, J. R. Tender Bar, Fischer, Frankfurt, 2007.

Morus, Thomas. Utopia, Reclam, Stuttgart, 2009.

Murakami, Haruki. Gefährliche Geliebte, btb, München, 2008.

Nietzsche, Friedrich. Also sprach Zarathustra, Anaconda, Köln, 2005.

238

Orwell, George. Farm der Tiere, Diogenes, Zürich, 1982.

Orwell, George. 1984, Ullstein, Berlin, 2004.

Ovid, Metamorphosen. Insel Verlag, Frankfurt, 1990.

Powers, Richard. Der Klang der Zeit, Fischer, Frankfurt, 2009.

Powers, Richard. Das Echo der Erinnerung, Fischer, Frankfurt, 2010.

Richter, Horst Eberhardt. Eltern, Kind, Neurose, rororo, Reinbek, 2010.

Roth, Philip. Nemesis, Hanser, München, 2010.

Safranski, Rüdiger. Romantik. Eine deutsche Affäre, Hanser, München, 2007.

Saramago, Jose. Eine Zeit ohne Tod, Rowohlt TB, Reinbek, 2009.

Schlink, Bernhard. Heimat als Utopie, Sonderdruck Edition Suhrkamp, Frankfurt, 2000.

Schlink, Bernhard. Liebesfluchten, Diogenes, Zürich, 2002.

Schlink, Bernhard. Der Andere, in: Schlink, Bernhard. Liebesfluchten, Diogenes, Zürich, 2002.

Schlink, Bernhard. Sommerlügen, Diogenes, Zürich, 2010.

Schmölders, Claudia. Erfindungen der Liebe, Berühmte Zeugnisse aus drei Jahrtausenden, Insel Verlag, Frankfurt, 2000.

Schredl, Michael. Der ungehobene Schatz, Psychologie heute, 2, 2011.

Shalev, Zeruya. Liebesleben, Berliner Taschenbuchverlag, Berlin, 2005.

Sloterdijk, Peter. Regeln für den Menschenpark, Suhrkamp, Frankfurt, 1999.

Tolstoi, Lew. Anna Karenina, dtv, München, 2004.

Updike, John. Die Tränen meines Vaters, Rowohlt, Reinbek, 2011.

Valentin, Erich. Mozart. Eine Biografie. Diederichs. München, 2006.

Vargas Llosa, Mario. Das Paradies ist anderswo, Suhrkamp, Frankfurt, 2004.

Wolf, Ursula (Hrsg.). Platon. Sämtliche Werke, Rowohlt, Reinbek, 2009.